实证研究指南

A GUIDE TO EMPIRICAL RESEARCH

深圳市国泰安信息技术有限公司

经济管理出版社

ECONOMY & MANAGEMENT PUBLISHING HOUSE

图书在版编目（CIP）数据

实证研究指南/深圳市国泰安信息技术有限公司．—北京：经济管理出版社，2014.8
ISBN 978-7-5096-3157-7

Ⅰ．①实… Ⅱ．①深… Ⅲ．①研究方法-指南 Ⅳ．①G312-62

中国版本图书馆 CIP 数据核字（2014）第 125650 号

组稿编辑：魏晨红
责任编辑：魏晨红
责任印制：黄章平
责任校对：赵天宇

出版发行：经济管理出版社
　　　　　（北京市海淀区北蜂窝 8 号中雅大厦 A 座 11 层　100038）
网　　址：www. E-mp. com. cn
电　　话：（010）51915602
印　　刷：北京银祥印刷厂
经　　销：新华书店
开　　本：787mm×1092mm/16
印　　张：15.75
字　　数：326 千字
版　　次：2014 年 8 月第 1 版　2014 年 8 月第 1 次印刷
书　　号：ISBN 978-7-5096-3157-7
定　　价：46.00 元

编　委

编撰单位：

深圳市国泰安信息技术有限公司

主编：

陈工孟　深圳市国泰安信息技术有限公司　董事长
　　　　上海交通大学　金融学教授、博士生导师

执行主编：

高　宁　深圳市国泰安信息技术有限公司　副董事长
　　　　西安交通大学管理学院　教授、博士生导师

执行副主编：

凌宗平　深圳市国泰安信息技术有限公司数据应用事业部群　总经理
李晓龙　深圳市国泰安信息技术有限公司数据与学科建设事业部　总经理

编写人员：

徐子慧　池勤伟　王筠青　林　蕾

深圳市国泰安信息技术有限公司
2014 年 5 月，中国深圳

前　言

2008 年 9 月，国泰安研究所组织专家、学者编写了《实证研究学习园地》一书，在"提升实证研究水平，加强财经学科建设"方面起到了一定的积极作用，得到了社会各界的好评。时至今日，转瞬间已经 5 年过去了。其间，中国经济社会发生了很多变化，新形势、新问题、新需要，对我国学术研究工作提出了新要求，也为我国研究者提供了更广阔的学术研究空间。在这 5 年间，中国学者的实证研究工作也有了很大的变化和提高，实证研究成果的数量和质量均取得了长足的发展。为了更好地适应新形势下的实证研究工作，国泰安研究所再次组织专家、学者更新了《实证研究学习园地》，推出新版的《实证研究指南》。本次修订，具有以下五个方面的特色：

第一，考虑了不同群体的阅读偏好和水平。为了适应不同层次、不同群体读者的需要，本书在编写过程中尽可能地兼顾了多种类型的读者群体。例如，对初学者而言，收集数据并利用计量软件分析数据，是一个必须掌握的基本功，对这样的群体，本书介绍了从 CSMAR 数据库提取数据的方法，并且用图文结合的方式详细介绍了利用 SPSS 软件进行统计分析的操作方法。又如，在介绍如何撰写实证研究论文时，本书区分了学术类实证论文和学位类实证论文，对大多数初学者（如本科生）来说，可能最需要的是在撰写毕业论文的过程中使用到实证研究方法，而对有一定研究基础的群体而言（如硕士研究生和博士研究生），他们可能更关注的是学术类实证论文。综合考虑不同群体的需要，增强了本书的实用性和针对性。

第二，编排体系更加合理。本书的修订，按照"实证研究方法定义——实证研究选题——实证研究数据——计量分析方法——实证论文写作和发表"的思路组织全书。这样的编写思路，既能方便读者（特别是初学者），帮助他们快速建立起实证研究的框架，又能紧扣实证研究的一般思路。

第三，梳理了理论与实证的关系。目前，质疑实证研究、反对实证研究的声音非常多，也存在将实证研究和规范研究决然对立的情况。为了更好地推动实证研究的发展，本书从分析社会科学的特征入手，详细阐述了理论与实证研究之间

互助互依的关系，并且客观评价了实证研究范式对社会科学领域的研究意义。

第四，更新了 CSMAR 数据库以及对应的实证研究例文。本书在修订过程中，更新了对 CSMAR 数据库 13 大系列共 75 个子数据的介绍。为了帮助读者更好地利用 CSMAR 数据库，提高读者获取研究所需数据的效率，本书选取了近 5 年来，与 CSMAR 各个专题系列数据密切相关的实证研究例文，并且将例文期刊定位为国内外的权威（核心）期刊。做这样的修订，是因为本书编写组认为，介绍 CS-MAR 数据库不是本书的主要目的，帮助读者了解实证研究的前沿成果才是更重要的目的，而前沿的实证研究成果往往发表在最新的权威（核心）学术期刊上。

第五，新增了对国内外以实证研究方法为主的学术期刊的介绍。本书介绍了评价学术期刊的方法和维度，并简要介绍了经济学、金融学、会计学、财务学等国内外著名的实证研究学术期刊，所选取的期刊都是国内外学界普遍认可的核心期刊。本书编写组认为，学术期刊数量非常庞大，初学者如果能掌握一些识别学术期刊优劣的方法，对提高文献阅读效率将大有裨益，而介绍国内外实证研究的权威期刊，无疑能提高初学者的研究起点和品位。

本书共分为五个部分。第一部分是导论，在这一部分，总结了社会科学的特征，系统介绍了实证研究范式的内涵，梳理了实证研究与科学理论的关系。第二部分是实证研究选题，内容包括查找学术文献的方法和途径、管理学术文献的工具、评判和识别有意义的研究选题的方法。第三部分是数据与实证研究，介绍了数据对实证研究的重要性，并且重点介绍了 CSMAR 数据库在推动中国实证研究方面的作用，具体内容包括：数据的类型、学术研究数据库的作用、CSMAR 数据库与中国的实证研究。第四部分是实证研究方法，介绍了实证研究的程序、实证设计的方法和注意事项，并简要介绍了几种常用的计量软件和实证分析方法。第五部分是实证研究论文写作与发表，介绍了撰写实证研究论文的方法，并介绍了国内外以实证研究范式为主的学术期刊，并且以学位类实证研究论文为例，详细介绍了论文写作过程中应该注意的事项。

本书编写组希望《实证研究指南》能为初涉实证研究的广大学子提供帮助，能为实证研究领域的专家、学者提供一些有益的参考。当然，限于编者的能力和时间，本书难免存在纰漏或不足之处，欢迎读者批评指正。

深圳市国泰安信息技术有限公司

2014 年 5 月

目 录

第一部分

导　论

实证研究与社会科学

实证研究

一、何为实证研究

实证研究作为一种研究范式，产生于培根的经验哲学和牛顿—伽利略的自然科学研究[①]。法国哲学家孔多塞（1743～1794）、圣西门（1760～1825）、孔德（1798～1857）倡导将自然科学实证的精神贯彻于社会现象研究之中，他们主张从经验入手，采用程序化、操作化和定量分析的手段，使社会现象的研究达到精细化和准确化的水平。孔德在1830~1842年出版的六卷本《实证哲学教程》中，揭开了实证主义运动的序幕，在西方哲学史上形成了实证主义思潮。实证主义所推崇的基本原则是科学结论的客观性和普遍性，强调知识必须建立在观察和实验的经验事实上，通过经验观察的数据和实验研究的手段来揭示一般结论，并且要求这种结论在同一条件下具有可证性[②]。

[①] 本书中对实证研究的定义，综合了网络资源和书籍中的资料。其中，百度词条中"实证研究"的定义，对本书有重要帮助，具体网址如下：http://baike.baidu.com/view/588069htm?fr=aladdin.

[②] 孔德. 实证哲学教程 [J]. 西方现代资产阶级哲学论著选辑，1964（71）.

实证研究通过运用数据，采用客观中立的立场，解释和预测经济、会计、金融实务，回答"实际是什么"的问题。即先提出假设，然后用数据分析的方法加以验证。其中，数据、模型、假设、检验、推理与结论是实证学术研究的六大要素。实证研究方法强调"可证实性"，注意利用数学工具，提倡研究的定量化、精确化，力求保证研究结论的客观、中立。实证研究方法有别于以往的规范研究方法，规范的方法研究"应该是什么"的问题，规范研究主要采用归纳法和演绎法，由一般的概念和原理推导出个别的结论，能够确保理论在构建过程中的逻辑相关性和紧密性，但是这种纯粹的抽象思维缺乏足够的说服力。而实证研究注重以事实为依据，借助数理统计方法建立推导模型，因而其建立在实地观察和实验结果基础上的研究结论显然更有说服力。实证研究和规范研究的区别，可以做如下类比：渡过一条河流，可以通过摆渡也可以通过越桥，实证研究偏向解释前人是摆渡过去的还是从桥上走过去的，而规范研究则偏向说明应该从桥梁上走过去，还是摆渡过去。从这个意义上讲，实证研究更重视科学性，规范研究更重视哲学性。

二、为什么要实证研究

精确性、客观性、系统性是制约社会科学发展的决定性因素，伴随着生产力的发展，对上述三种特征属性的要求也越来越高。在生产力水平比较低下的情况下，社会关系网络也比较简单，人们仅仅凭借简单的主观反映就可以对社会运行的规律进行宏观的、粗线条的控制和调节，此时较低水平的精确性、客观性、系统性即可满足生产力发展对社会科学的要求。生产力的发展推动了社会关系的发展，仅仅依靠人的主观反映来探寻社会运行的规律，偏误和难度加大。尤其是社会分工越来越精细，社会关系网络越来越复杂，社会控制手段越来越多样化，各种法律条文日趋具体化、精确化，这就在技术上产生了对社会科学精确性和客观性越来越高的要求。更高水平的生产力发展阶段，需要社会科学不断提高其客观性、精确性和系统性。高度精确、系统、客观的社会科学研究，集中体现在以下方面：①推理论证遵循严密的逻辑法则；②基于基本公理；③运用数学手段。具体而言，实证研究的主要功能体现在以下三个方面：

首先，实证研究可以检验理论的正确性。对社会科学工作者而言，对同一个问题可能有不同的理论去解释。但是，这些理论哪些是与现实相符的？哪些理论更重要或者更不重要？其实离开实践这一检验标准，我们几乎找不到其他更好的检验标准。大家都知道，评判一个理论是否科学，一个重要的标准就是检验这个理论是否可以被证伪。而实证研究通过客观的数据，采用计量经济学的分析方法，为检验理论提供了一种科学的、可信的手段。

其次，实证研究可以挑战理论并推动理论的发展。一个理论一旦产生，特别是基

于数学建模的理论，一旦建立起完整的理论体系，这个理论就会有自洽性和逻辑的科学性，这个理论在一定情况下是正确的。但是，在某些情况下，我们会发现一些理论和现实情况似乎不吻合。例如，某个理论得出的结论是 x 和 y 是正相关关系，但是实证研究的结果却是 x 和 y 在极特殊的情况下是正相关关系，大多数情况下是负相关关系。如果是这样，就说明既有的理论在一定前提条件满足时是正确的，这个理论还需要进一步完善。在这个层面上，实证研究和理论研究的关系就像实验物理和理论物理一样。

最后，实证研究为定量研究人类活动的净效应提供了科学手段[1]。例如，目前国外有个很著名的争论，就是教育的发展至少可以通过两个办法来实现，第一是培训师资，第二是缩小班级的规模。因为大家都认为班级越大，每个学生得到老师的关注就越少，这时候学生的成绩就会下降。假如政府有 1000 万元的预算来解决教育发展的问题，那么对于政府来讲，就需要考虑这 1000 万元到底去做哪件事情。姑且不说师资和学生之间的相关性、班级的规模和学生之间的相关性，到底是正是负，是否显著，这件事情本身就不确定。就算是确定的，政府也需要知道应该把这笔钱花在缩小班级规模上还是花在提高师资水平上。所以，我们必须知道，在大样本的观察下，去做这件事情对学生成绩的提高程度有多大。对实证研究来讲，一个非常重要的目标就是要准确地让计量结果的系数符合真实效应的大小，这样就可以把一个计量分析里面的不同政策变量的效应去做比较，这就有利于政策效应的提高和资源配置效率的提高，有利于改进人类的福利。而这是理论没有办法解决的事情，理论没有办法告诉我们这个净效应到底有多大。

三、实务与研究

理论研究的最终目的是推动实务的发展，实务或者说职业，都是建立在一个或者多个系统化的知识体系之上的。社会科学领域的研究者往往在以下几个方面发挥作用：①组织和发展该领域的理论知识和实务经验；②创造性地提升职业活动对受众的边际价值；③优化职业标准，保持职业发展向着良性趋势运行。

那么，一个职业中的实务工作者，能够成为本职业对应的科学领域的研究者吗？在 Mauts 教授的讨论中，从事学术研究工作的人通常有一个主要目的，那就是学术工作能够为这些人提供尽可能多的机会进行探索、研究和学术讨论，从而使这些人所具有的强烈好奇心和对真理的探索欲望得到满足；如果自己的研究成果得到了志趣相投的同行的认可，研究者将得到进一步的满足。同时，从事研究的环境应当是研究者尽可能少地受到事务工作压力的影响，从而能够保持相对的独立和客观。

---

① 该观点参考了陆铭的博客文章《把实证研究进行到底》。

上述条件很难存在于实务环境中。实务工作者可能通常习惯于采用实用主义，即以解决现实的工作任务为主要目标，通常较少有时间去关注或者解决与当前问题没有直接关系的研究基础。这并不是说实务工作者对理论不感兴趣，而是其兴趣更可能集中在那些能对其现有做法加以支持和认可的理论上，而不是自由、独立的理论探索。实务工作者有自身的职业责任，即在一定的道德范围下为客户提供专业服务。部分实务工作者可能会挤出时间进行研究，但总体而言，人们并不会预期实务工作者去从事基础研究。人们可能会预期实务工作者尽可能充分地运用研究人员的研究成果以提高事务工作的效率和效果，如果能为研究人员提供实务案例素材或者经验数据则更好。

学术研究所需的条件，包括研究者的独立与自由、研究者的兴趣与价值，以及时间上的充裕程度要求，在学术与教育机构中更容易满足。除了满足自身的研究兴趣，研究者还有传授学生知识和能力的责任和义务。而研究恰恰有助于研究者了解某个领域的知识前沿，从而传授学生较为前沿的知识。因此，在知识和能力上更好地培养学生，也可能成为研究的重要动机和收益之一。相比之下，绝大多数实务工作者不具备上述这些条件。因此，在社会科学的大多数分支领域中，研究者往往是学术与教育机构中的从业者，而非实务界的职业人士。

■ 第二节

社会科学与实证研究

一、社会科学的特征

社会科学（Social Science）是关于社会事物的本质及其规律的系统性科学，是科学地研究人类社会现象的模型科学。法学、经济学、政治学、社会学、历史学等都属于社会科学的范畴。社会科学具有以下特征[①]：

第一，研究对象复杂多样。社会科学所研究的社会事物（或社会历史现象）一般都是非常复杂的，它们受众多自然和社会变量的制约，而这些变量之间往往又是彼此相关的非线性的关系。社会科学所研究的对象一般都具有自我组织、自我创造、自我发展的能力；社会事物的产生往往由偶然的事件或个别人物作为导火索，具有较强的随机性和模糊性；社会科学往往又较多地涉及"应该"、"愿望"等问题，而这些

---

① 此处论述借鉴了百度百科对社会科学的介绍，网址如下：http://define.cnki.net/Error.aspx?aspxerrorpath=/social/WebForms/WebDefines.aspx。

问题的判断较强地依赖于观察者的思想动机，受到众多内外变量的制约，表现出较强的主观性和不确定性。人们很难从这些随机因素背后找出必然性因素，很难从思想动机中发现其客观动因，这就给社会科学进行精确、客观的分析带来了巨大的困难，因而通常大量地采用定性分析的手段。

第二，研究方法天然依赖。一般社会事物都是建立在众多自然事物的基础之上，或者与众多自然事物相联系，因此任何一门社会科学都会涉及众多自然科学领域，在很大程度上依赖于自然科学的全面发展状态。自然科学如果没有得到充分发展，社会科学就难以在精确性和客观性上取得重大突破。

第三，价值判断难以绝对中立。对社会事物的认识和评价要受到众多主观因素（特别是感情因素）的制约，而这主要取决于观察者与观察对象之间的利益关系（特别是经济利益关系），各种社会科学因而很容易带有强烈的民族性和阶级性。这种由利益关系所引起的"先入为主"的主观因素（特别是民族感情和阶级感情），诱导人们形成非中性的、非客观的、非理性的观察态度，这就容易形成代表不同民族利益和阶级利益的"社会科学"，而且互不妥协，各自为政，从而严重阻碍着社会科学的健康发展。

第四，研究结论难以验证。社会事物一般有较长的运行周期，且在时间上具有不可逆性，有些社会事物的运行容易产生巨大的利益冲突，并会引起一些不可预测的灾难，因而难以进行重复性实验，许多社会科学的假设、预言难以在短期内和较小范围内得以验证。

二、社会科学研究范式

社会学家瑞泽尔认为，范式是存在于某一科学论域内关于研究对象的基本意向。它可以用来界定什么应该被研究，什么问题应该被提出，如何对问题进行质疑，以及在解释答案时该遵循什么样的规则。范式是科学领域内获得最广泛共识的单位，可以用来区分不同的科学家共同体或亚共同体。它能够将存在于某一科学中的不同范例、理论、方法和工具加以归纳、定义并相互联系起来。按照瑞泽尔的观点，社会科学研究的范式可以分为以下三种：

第一，功能主义范式。这种范式的基本观点是，社会是由基于共识而形成的相互依赖的各个单元构成，每个单元都对社会的稳定起积极作用。在这种范式下，社会科学的研究对象就应当是不同社会单元之间的关系，如经济组织、政治组织、文化组织之间的功能依赖关系。社会科学研究要解决的基本问题是：社会的结构状况是怎样的、社会的各个结构单元之间的功能关系是怎样的、每个结构单元对于社会整体运行具有什么样的意义、社会系统是如何适应环境的，等等。功能主义范式的代表人物有孔德、斯宾塞、涂尔干、帕森斯、默顿等。

第二，社会冲突范式。这种范式的基本观点是，社会是一个由不平等和冲突驱动的复杂系统，社会科学研究的对象是社会组织体系中不同类型的人与人的关系，社会形成的原因是强势集团压迫弱势集团，人类所需资源的稀缺性成为社会冲突的根源。因此，社会科学研究要关注的问题是，冲突的原因、条件、功能，即分析任何一个层级、类型的组织体系中不同类型的人与人之间的压迫性关系，如世界体系中的发达国家与发展中国家、无产阶级和资产阶级、男性和女性、组织中的管理者与被管理者。社会冲突范式代表人物有马克思、韦伯、齐美尔等。

第三，互动论范式。这种范式的基本观点是，社会就是人机互动过程，没有超越具体的人机互动的宏观社会结构，社会科学研究的对象是个人与个人之间的互动如何形成结构，结构和人际互动又是怎样相互影响的，社会科学研究的基本问题是自我、角色、角色领会与扮演，基本目的是揭示人际互动的一般规律。互动论范式代表人物有詹姆斯、库利、米德、帕克、布鲁默、库恩等。

三、关于实证研究范式的社会学视角

科学知识的生产过程被普遍认为是一种社会活动。一旦一种理论、一个假说或者一组证据被社会群体接受，它就成了一种公共资源，并可进一步用于支持其他理论或者假说，以及作为行动的基础。因此，科学知识无论从其创造过程还是使用过程来看，都具有社会性（Longino，1990）[①]。

有关科学的社会学研究主要考察社会环境和资源如何影响自然科学及社会科学的产出，而十分重要的一个目标是确保产出的科学知识是可靠的。在对科学领域的产出结构研究中，一个非常一致的发现是，几乎所有的学科都是分层的，也就是说一个学科的大部分知识（主要体现为学术成果），是由该学科中的少部分学者完成的；这些学者构成了该学科的精英群体，其声誉通常由学者产出的学术成果的数量和质量建立起来（也受到取得学位的学术机构声誉影响）。学科的阶层化意味着，精英地位的存在使得少数学者拥有控制他人能否进入学科知识主要传播渠道的权利，从而能够控制他人的学术声誉并影响他人参与知识产出过程的能力。

既然精英现象普遍存在于各个学科，而精英群体的存在又对学科知识的产出具有重要影响，那么值得关注的问题就是，什么样的社会力量决定了精英群体的形成，以及这种力量是否公平。精英群体可能是在普适性规范下产生的，也可能是在忠于特定理论的规范下产生的。与忠于特定理论的规范相比，普适性规范通常更容易形成改革性的批评，从而使得该学科的知识更加客观、可靠。

---

① Longino H. E. 系统研究了科学知识的生产、传播过程，本部分的讨论主要基于 Longino 的著作 "Science as social knowledge：Values and objectivity in scientific inquiry"。

不同学科的研究范式一致度水平有差别，自然科学的研究范式一致度比较高，而社会科学的研究范式一致度比较低。在研究范式一致度较低的学科，对于什么是好的学术研究，缺少普遍认同的标准。研究表明，在研究范式一致度较低的学科，学者更可能遵循忠于特定理论的规范而上升为精英。当一个学科的研究范式一致度较低时，其后果就是"某些源于决策者在社会网络中的地位和身份特征而形成的特定标准，将会影响决策结果"（Pfeffer 等，1987）。有证据显示，在自然科学领域，如化学、物理学，不存在明显的忠于某种特定理论的倾向；而在社会科学领域，如会计学、经济学，则存在明显的忠于特定理论的倾向。在研究范式一致度较低的学科，通常存在各种"学派"或者"门户"。在这种情况下，一名作者的以下两项特征对其成果发表的结果往往表现出很大的影响：一是作者取得学位的院校特征，二是稿件所采用的理论和方法特征。

以美国著名的期刊 The Accounting Review（AR）为例。AR 是美国会计学会创办的学术期刊，因此从理论上不应被预期存在单一研究范式的情况。但是基于对 1967~1993 年在 AR 上发表文章的数据分析，AR 存在明显的精英阶层现象，而且精英阶层与特定的毕业院校以及研究范式密切相关（Rodgers and Williams，1996）。统计结果显示，随着时间的推移，AR 越来越多地依赖于金融经济学，因此越来越限制而不是拓展会计领域的知识空间。

本章结语

随着互联网技术的不断进步，人类在迎来科技时代的同时还迎来了数据时代。这种"大数据"的背景不仅为实证研究提供了基本的数据需要，还使实证研究方法成为学术界的主流研究方法之一。本章详细介绍了实证研究的概念、主要功能以及社会科学的特征和研究范式，有助于读者对实证研究和社会科学形成较为全面的认识。社会科学涵盖范围广、知识体系庞大，在研究过程中也存在复杂性、依赖性、主观性和难检验性等特点，传统研究方法对上述问题往往束手无策。这不仅导致一些学科重大问题长期悬而未决，还严重阻碍了社会科学的发展。在社会科学面前，实证研究方法具有其他研究方法难以比拟的优势。通过对理论研究进行数据验证，实证研究避免了传统理论研究中的唇枪舌剑，取而代之的是利用模型设计和大样本检验，对理论研究做出客观、公正的评判。实证研究的意义和重要性正在逐渐被学界认可和接受，可以预见在社会科学不断进步和数据资源迅猛发展的未来，实证研究将会发挥越来越重要的作用。

本章参考文献

［1］Bentley S. D, Chater K. F, Cerdeno-Tarraga A. M, et al. Complete Genome Sequence of the Model Actinomycete Streptomyces Coelicolor A3 (2) ［J］. Nature, 2002, 417 (6885): 141-147.

［2］Liang K. Y, Zeger S. L. Longitudinal Data Analysis Using Generalized Linear Models ［J］. Biometrika, 1986, 73 (1): 13-22.

［3］Sims C. A. Macroeconomics and Reality ［J］. Modelling Economic Series. Clarendon Press, Oxford, 1990.

［4］Watts R. L, Zimmerman J. L. Positive Accounting Theory ［J］. Paper, 2012.

［5］张朝宓, 苏文兵. 当代会计实证研究方法 ［M］. 大连: 东北财经大学出版社, 2001.

［6］陈向明, 林小英, 等. 质的研究方法与社会科学研究 ［M］. 北京: 教育科学出版社, 2000.

［7］陈向明. 社会科学中的定性研究方法 ［J］. 中国社会科学, 1996, 6 (7).

［8］孔德. 实证哲学教程 ［J］. 西方现代资产阶级哲学论著选辑, 1964 (71).

［9］吴溪. 会计研究方法论 ［M］. 北京: 中国人民大学出版社, 2012.

理论与实证研究的关系

一、理论的价值

理论是指人们对自然、社会现象按照已知的知识或者认知，经由一般化与演绎推理等方法，进行合乎逻辑的推论性总结[①]。Liang（2010）系统总结了理论在实证研究中的价值。

（一）理论有助于确定一个实证研究问题

在确定研究问题时，经济学理论关注相关方在选择时所进行的权衡。选择有趣的研究问题，实际上是选择有趣的经济权衡。为了使得选择在理论与实证上有意义，它们一般是选择集中的内点解。如信息披露问题，既存在披露成本，也存在披露收益。不同公司会考虑成本和收益的幅度大小，然后做出信息披露决策。因此，研究者在研究披露问题时，需要考虑的问题是：谁是做出披露选择的人？影响披露函数的因素有哪些？对披露函数中的变量有哪些限制条件？因此，确定一个实证研究问题时，首先需要考虑的是：准备进行检验的实证关系能不能在理论上找到答案。

（二）理论有助于实证研究假设的提出

在形成研究假说时，通过分析决定均衡选择的经济权衡，能够确定研究的经济关系及实证检验。微观经济学理论将这些经济关系称为比较静态分析的结果，它们是实证关系与实证模型的理论基础。

研究问题的经济框架确定以后，最优解对模型中其他变量求偏导数，既可以预测

---

① 本书参考了《现代汉语词典》对"理论"一词的解释。

变量之间关系的正负方向，也可以预测变量之间关系的程度。在有些情况下，理论对变量之间关系的预测可能是正反两个方向都有，这样两个变量之间到底是正向关系还是负向关系，也成为一个需要实证检验的问题。在理论预测的基础上我们可以提出实证假设，搜集数据进行回归分析。

（三）理论有助于实证研究设计及实证检验

在实证研究的设计与检验中，理论能在更加精细的方面发挥作用。如理论有助于我们发现和思考实证模型中的内生性问题。对会计问题进行实证检验时，内生性问题是不可回避的。如果在研究设计时把一个内生性变量错误地处理成自变量，将导致有偏误的回归结果。因此，可以首先在理论模型中对变量的内生性问题进行理论分析。

在理论分析的基础上进行实证检验，可以解决实证中遇到的许多难题。比如，信息不对称程度高的公司，会更多地使用股票和期权激励管理层，同时信息不对称程度高的公司会更多地披露信息；如果直接研究管理层期权激励和公司的信息披露之间的关系，得到的结论可能是不可靠的。总之，理论设计与理论模型决定了实证设计与实证模型。

（四）理论有助于阐述实证分析结果

在解释实证检验结果时，理论有助于我们超越检验结果的表象。在实证模型的构建过程中，研究者通常只关注自己最感兴趣的变量，可能会忽略一些关键变量；并且从理论转化为实证检验时，变量如何权衡也可能导致不同的实证结果。此时，理论有助于我们重新审视实证模型中变量的衡量和实证检验模型的设定是否恰当。

二、理论文献的研读

作为初学者，应充分利用文献和高度重视文献的研读。Liang（2010）曾指出，更好地研读理论文献有助于我们的实证研究，更好地研读实证文献有助于我们的理论创造。因此，无论是理论文献还是实证文献，都需要用心加以研读。

当然，我们可以有自己的侧重点，没有必要为了读懂理论文献中的数学推导过程，强迫自己去学习深奥的数学知识；也没有必要在阅读文献时纠结于数学方面的推导细节。最需要做的是从理论文献中汲取思想，找到实证研究的理论基础。

如果真的对理论研究有浓厚的兴趣，并想致力于理论研究，那么一旦找到一个好的研究思想，也完全可以通过丰富数学和经济学方面的知识，或者寻求在数学和经济学方面精通的合作伙伴来完成。应当记住：思想是理论文献给予我们最宝贵的养分。

三、正确认识理论的价值对进行高质量实证研究的含义

在进行一项实证研究时，首先要思考这项研究在理论上有没有意义、有没有坚定

的理论支撑，否则我们的实证研究很可能变为挖掘数据的游戏。一篇好的实证研究论文，其研究假设是建立在充分的理论基础上的。因此，在进行实证研究时，需要对提出假设过程中所依赖的理论基础进行充分的阐述。

其次要明白研究设计和实证检验也不是表面看到的那样进行回归分析即可，重要的是回归模型中变量的选取。尤其是研究中国问题时，一定要结合中国特殊的制度背景，从理论上分析变量的经济含义，而不是照搬国外研究中的模型和变量。

最后在进行实证结果的分析时，如果实证检验的结果和我们的理论预期一致，这当然是比较理想的结果。但主要结果或者有一些变量的结果和我们的理论预期不一致时，我们不能模棱两可地忽视这些结果，或者只报告、解释自己想要的结果，而应当从理论上论述可能的原因，甚至进一步做更稳健的实证检验。

总之，在进行实证研究时，要时刻考虑自己的研究有没有理论上的价值，而不是简单地处理数据，堆砌出一篇实证论文。

本章结语

本章详细介绍了理论研究的价值和基本研究方法。理论研究和实证研究有着完全不同的研究思路和研究手段，但是这两种研究方法并不是相互割裂的。在健康的科学研究环境中，理论研究和实证研究永远处于一种相互依存、相互促进的发展状态。一方面，理论研究为实证研究提供了理论依据和分析基础。没有了理论研究，实证研究就难以确定研究范围并形成假设，所得出的统计结论也只能是一串毫无经济意义的数字。因此，理论研究构成了实证研究的基石，任何有价值的实证研究一定是建立在丰富、科学的理论研究基础之上的。另一方面，实证研究促进了理论研究的发展。通常情况下，理论研究通过逻辑推理得出结论。但是由于逻辑推理严重依赖于推理的起点、背景和思路，结合社会科学的复杂性，仅仅依靠理论研究往往难以形成具有足够说服力的理论假说。这时就需要实证研究对理论研究给予验证和补充。在现代社会科学的研究背景之下，理论研究和实证研究相辅相成、缺一不可，二者共同促进了社会科学的发展、进步。

本章参考文献

[1] Liang P. J. An Invitation to Theory [J]. China Journal of Accounting Research, 2010, 3 (1)：1-12.

[2] 李醒民. 科学理论的价值评价 [J]. 自然辩证法研究, 1992, 8 (6)：1-8.

[3] 孙铮, 刘浩. 中国会计改革新形势下的准则理论实证研究及其展望 [J]. 会计研究, 2006 (9)：15-22.

［4］马克斯·韦伯. 社会科学方法论［M］. 北京：中国人民大学出版社，1999.

［5］吴联生，刘慧龙. 中国审计实证研究：1999~2007［J］. 审计研究，2008（2）：36-46.

［6］吴溪. 会计研究方法论［M］. 北京：中国人民大学出版社，2012.

［7］严辰松. 定量型社会科学研究方法［M］. 西安：西安交通大学出版社，2000.

第二部分

实证研究选题

第三章

查找学术文献

查阅文献是开展学术研究工作的起点，文献积累越丰富，对文献演进脉络把握越准确，越能够保证学术研究的创新性。实证研究的初学者应该如何查阅研究所需的文献呢？本章将简要介绍查阅文献的方法。

■ 第一节

查找文献的途径

本书所说的文献是一个广义的概念，泛指研究者能获取、浏览、引用、参考的一切资源的总和。如果按照文献的物质载体来划分，可以把文献划分为以下几类：学术期刊、书籍、电子资源、文物史料、会议记录、政府或商业机构的报告、网络媒体、纸媒、多媒体、杂志，等等。简言之，从上述载体获取的文字、影音、动画、史料，都可以称为文献。下面介绍几种常用的文献查阅途径和方法。

一、从图书馆查询系统获取文献

图书馆为实证研究者提供了丰富的资源，可以通过图书馆电子资源数据库快速查阅所需文献。可以在图书馆中通过电子查阅的方式查阅到文献所在的具体的库，如社会科学文献库、自然科学文献库、期刊论文文献库，等等。确定的库一般是按照具体专业和方向来划分的，如经济类、金融类、管理类等，我们可以根据研究对象来寻找

所需要的文献；另外，还可以通过图书馆计算机查询系统查阅到所需要文献的编号，系统会告诉我们该文献所在的库以及该文献的位置。对实证研究初学者来说，如果遇到交叉学科的研究可以根据所交叉的几个学科分别查阅文献。

二、网络查询

随着现代科学技术的发展，资料和信息的来源更为广泛。除了图书、报纸等传统的出版物外，还可以通过网络进行查询。现在以计算机为中心的信息网络发展非常迅速，显著地提高了文献的搜集、检索效率。因此，计算机网络查询是实证研究者应充分利用的现代化手段。

按照学术资源的内容划分，网上资源可分为以下几种类型：

（一）数据库资源

数据库可按照读取方式不同分为网络版或光盘版。以下列举一些和金融会计实证研究相关的国内外著名电子期刊数据库和学位论文、会议文献等其他全文数据库。

1. 中文电子期刊数据库

（1）维普资讯——中文期刊数据库。维普资讯是科学技术部西南信息中心下属的一家大型的专业化数据公司，公司全称为重庆维普资讯有限公司。该数据库是目前中国最大的综合文献数据库。从 1989 年开始，维普资讯一直致力于对海量的报刊数据进行科学严谨的研究、分析、采集、加工等深层次开发和推广应用。自 1993 年成立以来，公司的业务范围已涉及数据库出版发行、知识网络传播、期刊分销、电子期刊制作发行、网络广告、文献资料数字化工程以及基于电子信息资源的多种个性化服务。

详细内容请登录 http：//www. cqvip. com/查询。

（2）万方数据库。万方数据库作为国家"九五"重点科技攻关项目，目前已经集纳了理、工、农、医、人文五大类 70 多个类目的 2500 多种科技类核心期刊，实现全文上网，真正成为科技期刊网上出版社。

详细内容请登录 http：//www. wanfangdata. com. cn/查询。

（3）中国知网。中国国家知识基础设施（China National Knowledge Infrastructure，CNKI）的概念是由世界银行于 1998 年提出的。CNKI 工程是以实现全社会知识资源传播共享与增值利用为目标的信息化建设项目，由清华大学、清华同方发起，始建于 1999 年 6 月。采用自主开发并具有国际领先水平的数字图书馆技术，建成了世界上全文信息量规模最大的"CNKI 数字图书馆"，并正式启动建设《中国知识资源总库》及 CNKI 网格资源共享平台，通过产业化运作，为全社会知识资源高效共享提供了丰富的知识信息资源和有效的知识传播与数字化学习平台。CNKI 是目前世界上最大的连续动态更新的中国期刊全文数据库，积累全文文献 800 万篇，题录 1500 余万条，

分九大专辑，126 个专题文献数据库。其中，包含国内公开出版的 6100 种核心期刊与专业特色期刊的全文。覆盖范围为：理工 A（数理化天地生）、理工 B（化学化工能源与材料）、理工 C（工业技术）、农业、医药卫生、文史哲、经济政治与法律、教育与社会科学、电子技术与信息科学[①]。

详细内容请登录 http：//www. cnki. net/查询。

（4）国家哲学社会科学学术期刊数据库。国家哲学社会科学学术期刊数据库是在中共中央宣传部、中国社会科学院、全国哲学社会科学规划办公室领导下，由中国社会科学院调查与数据信息中心承建的公益性期刊数据平台，是国家社会科学基金特别委托项目。国家哲学社会科学学术期刊数据库以"树立精品意识，弘扬学术创新"为宗旨，努力建成国家级、公益性、开放型数据库。

为贯彻落实中共十七届六中全会和中共十八大精神，推进哲学社会科学创新体系建设，2012 年 3 月，经全国哲学社会科学规划领导小组批准，中国社会科学院调查与数据信息中心承担国家社会科学基金特别委托项目——国家哲学社会科学学术期刊数据库建设。2013 年 7 月 16 日，国家哲学社会科学学术期刊数据库上线仪式在北京举行。

期刊数据库建设以"公益、开放、协同、权威"为定位，以整合学术期刊数据资源，推进学术资源的公益使用、开放共享，推进学术研究方法和手段创新，推进科研成果普及转化，推动哲学社会科学繁荣发展为目标。计划用两年时间，完成学术期刊数据库的建设工作；"十二五"期末，初步建成一个国家级、公益性、开放型的国家哲学社会科学数据库。

2014 年 1 月，经改版升级后的国家哲学社会科学学术期刊数据库，数据容量大幅扩张。在原期刊数据库上线 317 种期刊共 5 万篇论文的基础上，升级版已上线 457 种期刊约 150 余万篇论文和 1000 余万条元数据，期刊论文数据总量提高近 30 倍。期刊数据库升级后功能设计更加人性化、多样化，检索功能更加完善，不仅提供多种期刊导航和信息检索方式，实现学术资源搜索、在线阅读、全文下载等基础性服务，还新增了二次检索、本刊检索、检索结果统计分析、检索结果多种排序、检索结果多种分面显示、检索结果聚类等特色功能。升级版期刊数据库特别增加了"期刊评价"功能，用户单击"查看期刊学术评价"，就可以检索到过去 10 年中该刊的"影响因子"、"立即指数"、"被引半衰期"、"期刊他引率"、"引用半衰期"、"平均引文率"等多种期刊评价指标。

中共十七届六中全会《中共中央关于深化文化体制改革、推动社会主义文化大发展大繁荣若干重大问题的决定》明确指出，"必须坚持政府主导，按照公益性、基本性、均等性、便利性的要求，加强文化基础设施建设，完善公共文化服务网络，让群众广泛享有免费或优惠的基本公共文化服务"。贯彻落实中共十七届六中全会精

---

① 对 CNKI 的介绍，来自 CNKI 的官方网站：http：//www. cnki. net/gycnki/gycnki. htm.

神，加强哲学社会科学信息化建设，要求进一步整合哲学社会科学学术期刊数据资源，建设哲学社会科学学术期刊数据库，扭转学术期刊数据库商业化趋势，实现哲学社会科学学术期刊数据资源开放共享，为学术研究提供有利的基础条件，从而进一步推动哲学社会科学繁荣发展，推动中国哲学社会科学优秀成果走向世界。国家哲学社会科学学术期刊数据库制定了两大建设目标：

①短期目标。用两年时间，完成国家哲学社会科学学术期刊数据库的建设工作，并启动国家哲学社会科学数据库建设的其他工程。

②长远目标。在"十二五"规划末期，初步建成一个国家级、开放型、公益性国家哲学社会科学数据平台（包含学术期刊数据库在内的综合性数据库），为打造社会主义先进文化网络资源中心和社会主义主流意识形态新阵地奠定坚实基础。

相应的步骤安排为：

①2012 年，以建设具有开放获取期刊导航功能的门户平台（国家哲学社会科学学术期刊数据库）为主要任务，有序集成链接约 200 种学术期刊；完成中国社会科学院院属学术期刊和全国社科规划办资助的社科类重点学术期刊的数字化转化和统一入库工作；正式发布平台（中/英文版）。

②2013 年，第一步实现全部约 750 种核心期刊入库，第二步完成国内所有社科类学术期刊的数字化转化和统一入库工作；以丰富和完善平台功能、扩大平台开放获取期刊数量为主要任务，实现开放获取期刊内容在平台上的集成检索，拓展开放获取期刊的数字出版和文献信息服务。

③2014~2015 年，进一步探索平台可持续发展模式，将平台打造成为国内外重要的开放获取期刊资源集聚和发布中心；建成国家社科基金成果综合性数据库、国家哲学社会科学数据库。

详细内容请登录 http：//www.nssd.org/查询。

（5）Apabi 数字资源平台。北京方正阿帕比技术有限公司（以下简称"方正阿帕比公司"）是方正信息产业集团旗下专业的数字出版技术及产品提供商。方正阿帕比公司自 2001 年起进入数字出版领域，在继承并发展方正传统出版印刷技术优势的基础上，自主研发了数字出版技术及整体解决方案，已发展成为全球领先的数字出版技术提供商。

方正阿帕比公司为出版社、报社、期刊社等新闻出版单位提供全面的数字出版和发行综合服务解决方案。目前，方正数字出版系统提供包括电子书、数字报、数字博物馆、各类专业数据库及移动阅读的技术解决方案，并提供丰富多样的数字资源产品的运营服务。中国 90%以上的出版社在应用方正阿帕比（Apabi）技术及平台出版发行电子书，每年新出版电子书超过 12 万种，累计正版电子书近 70 万册，并与阿帕比共同打造推出了各类专业数据库产品；中国 90%的报业集团、800 多种报刊正在采用方正数字报刊系统同步出版数字报纸。此外，全球 8000 多家学校、公共图书馆、教

育城域网、政府、企事业单位等机构用户应用方正阿帕比数字资源及数字图书馆软件为读者提供网络阅读及专业知识检索服务。主要合作伙伴及客户机构有：人民日报报业集团、经济日报报业集团、北京日报报业集团；上海世纪出版集团、中国科学出版集团、北京出版社出版集团、江苏凤凰出版传媒集团；国家图书馆、上海市图书馆、北京大学图书馆、清华大学图书馆、美国皇后区图书馆、德国柏林图书馆、英国牛津大学图书馆；中国中央电视台、中华人民共和国最高人民检察院、中共中央文献研究室、国家外汇管理局等。[①]

详细内容请登录 http：//apabi. nstl. gov. cn/dlib/List. asp？lang＝gb 查询。

2. **外文电子期刊数据库**

（1）Wiley InterScience（英文文献期刊）。Wiley InterScience 是 John Wiely & Sons 公司创建的动态在线内容服务，1997 年开始在网上开通。通过 InterScience，Wiley 公司以许可协议形式向用户提供在线访问全文内容的服务。Wiley InterScience 收录了 360 多种科学、工程技术、医疗领域及相关专业期刊、30 多种大型专业参考书、13 种实验室手册的全文和 500 多个题目的 Wiley 学术图书的全文。其中被 SCI 收录的核心期刊近 200 种。期刊具体学科划分为 Business，Finance & Management（商业、金融和管理）、Chemistry（化学）、Computer Science（计算机科学）、Earth Science（地球科学）、Education（教育学）、Engineering（工程学）、Law（法律）、Life and Medical Sciences（生命科学与医学）、Mathematics and Statistics（数学统计学）、Physics（物理）、Psychology（心理学）。[②]

详细内容请登录 http：//onlinelibrary. wiley. com/查询。

（2）美国 EBSCO（英文文献期刊）。EBSCO 公司从 1986 年开始出版电子出版物，共收集了 4000 多种索引和文摘型期刊和 2000 多种全文电子期刊。该公司含有 Business Source Premier（商业资源电子文献库）、Academic Search Elite（学术期刊全文数据库）等多个数据库。

Business Source Premier 收录了 3000 多种索引、文摘型期刊和报纸，其中近 3000 种全文刊。数据库涉及国际商务、经济学、经济管理、金融、会计、劳动人事、银行等的主题范围，适合经济学、工商管理、金融银行、劳动人事管理等专业人员使用。数据库中有较著名的"华尔街日报"（The Walls Street Journal）、"哈佛商业评论"（Harvard Business Review）、"每周商务"（Business Week）、"财富"（Fortune）、"经济学家智囊团国家报告"（EIU Country Reports）、American Banker、Forbes、The Economist 等报刊。该数据库从 1990 年开始提供全文，题录和文摘则可回溯检索到 1984 年，数据库每日更新。

---

① 对 Apabi 的介绍，参考了百度百科：http：//baike. baidu. com/view/1926080. htm。
② 此处参考了 Wiley InterScience 的官方网站：http：//olabout. wiley. com/WileyCDA/Section/id-390001. html。

EBSCO 内含有两个免费数据库：第一个是 ERIC 数据库。ERIC（Educational Resource Information Center）（教育资源信息中心）是美国教育部的教育资源信息中心数据库，收录 980 多种教育及和教育相关的期刊文献的题录和文摘，包括 250 多种 EBSCO 收录的全文杂志教育文献数据库，数据为 1967 年至今。第二个是 Newspaper Source（报纸资源）数据库，Newspaper Source 收录 159 种美国地方报纸、18 种国际性报纸、6 个新闻专线、9 个报纸专栏，包括基督教科学箴言报、洛杉矶时报等 194 种报纸的全文。另外该数据库还收录了 4 种美国全国性报纸的索引和摘要。①

详细内容请登录 http：//ejournals. ebsco. com/查询。

（3）SDOS 全文期刊数据库。荷兰 Elsevier Science 出版集团出版的期刊是世界上公认的高质量学术期刊。其电子期刊全文数据库——Science Direct OnSite（SDOS）包括 1995 年以来 Elsevier Science 出版集团所属的各出版社（包括 Academic Press）出版的期刊 1500 余种。

详细内容请登录 http：//www. sciencedirect. com/ 查询。

（4）Springer LINK 电子期刊（全文）。德国施普林格（Springer-Verlag）是世界上著名的科技出版社，其通过 Springer LINK 系统发行电子图书并提供学术期刊检索服务。目前拥有 400 多种电子期刊（全文），其覆盖的学科有生命科学、化学、地球科学、计算机科学、数学、医学、物理与天文学、工程学、环境科学、经济学和法律等。可下载并浏览全文，文献全文均以 PDF 格式提供。

详细内容请登录 http：//www. springer. com/查询。

（5）ABI。商业信息全文数据库（Abstracts of Business Information/INFORM Global，ABI），由美国 ProQuest Information and Learning 公司出版，是欧美大学普遍使用的著名商业及经济管理期刊论文数据库。该数据库涉及主题范围有财会、银行、商业、计算机、经济、能源、工程、环境、金融、国际贸易、保险、法律、管理、市场、税收、电信等领域，涉及这些行业的市场、企业文化、企业案例分析、公司新闻和分析、状况和预测等方面的资料。

ABI 收录商业方面的期刊 2590 多种，其中 1820 余种期刊有全文和图像，其余的期刊提供文摘；被 SSCI 和 SCI 收录的期刊有 403 种，其中全文期刊 242 种。

详细内容请登录 http：//proquest. umi. com/查询。

3. 学位论文、会议文献等其他全文数据库

（1）中国学位论文全文数据库。该数据库的资源由国家法定学位论文收藏机构——中国科技信息研究所提供，并委托万方数据加工建库，收录了自 1980 年以来我国自然科学领域博士、博士后及硕士研究生论文，其中文摘已达 30 万余篇，最近三年的论文全文 10 万多篇，每年新增 3 万篇。

---

① 此处参考了 Wiley InterScience 的官方网站：http：//ejournals. ebsco. com/about-this-site. asp.

详细内容请登录 http：//www. istic. ac. cn/查询。

（2）中国学术会议论文数据库。中国学术会议论文数据库是国内唯一的学术会议文献全文数据库。国家级学会、协会、研究会组织召开的全国性学术会议论文。每年涉及 600 余个重要的学术会议，每年增补论文 15000 余篇。数据范围覆盖自然科学、工程技术、农林、医学等所有领域，收录论文十几万篇。学术会议全文数据库既可从会议信息进行查找，也可从论文信息进行查找，是了解国内学术动态的数据来源。

详细内容请登录 http：//www. wanfangdata. com. cn/查询。

（3）中国优秀博硕士学位论文全文数据库（CDMD）。中国优秀博硕士学位论文全文数据库（CDMD）是目前国内相关资源最完备、收录质量最高、连续动态更新的中国博硕士学位论文全文数据库，迄今已完成 2000～2003 年 80000 篇论文的数据加工与入库。每年收录全国 300 家博士培养单位的优秀博/硕士学位论文约 28000 篇，学科覆盖范围包括理工 A（数理化天地生）、理工 B（化学化工能源与材料）、理工 C（工业技术）、农业、医药卫生、文史哲、经济政治与法律、教育与社会科学、电子技术与信息科学。[①]

详细内容请登录 http：//ckrd. cnki. net/查询。

（4）国务院发展研究中心信息网。国务院发展研究中心信息网（以下简称"国研网"），是中国著名的大型经济类专业网站，是向领导者和投资者提供经济决策支持的权威的信息平台。国研网以国务院发展研究中心丰富的信息资源和强大的专家阵容为依托，并与海内外众多著名的经济研究机构和经济资讯提供商紧密合作，全面整合中国宏观经济、金融研究和行业经济领域的专家学者以及研究成果。国研网兼具专业性、权威性、前瞻性、指导性和包容性，以先进的网络技术和独到的专业视角，为中国各级政府部门提供关于中国经济政策和经济发展的深入分析和权威预测，为国内外企业家提供中国经济环境、商业机会与管理案例信息，为海内外投资者提供中国宏观经济和行业经济领域的政策导向及投资环境信息，使投资者及时了解并准确把握中国整体经济环境及其发展趋势，从而指导投资决策和投资行为。[②]

详细内容请登录 http：//www. drc. gov. cn/查询。

（5）中国经济信息网。中国经济信息网（以下简称"中经网"），是国家信息中心联合各地及部委信息中心组建的、以提供经济为主要业务的专业性信息服务网络。中经网继承了国家信息中心长期经济信息工作所积累的信息资源和信息分析经验，将其发展成为丰富的网上信息，以中、英文两个版本为政府部门、企业集团、金融机构、研究机构和海外投资者提供网络经济信息服务。中经网日更新汉字量达到 250 万

---

① 此处参考了 CNKI 的官方网站：http：//ckrd. cnki. net/.
② 此处参考了国研网的官方网站：http：//misc. drcnet. com. cn/us/guanywm. aspx.

字以上，是互联网上最大的中文经济信息库，是描述和研究中国经济的权威性网站。

详细内容请登录 http：//www. cei. gov. cn/查询。

（6）ProQuest 博士论文 PDF 全文数据库。为满足对博士论文全文的广泛需求，中科—亚信协助国内各学术研究单位、高等院校以及公共图书馆，提供 ProQuest 博士论文 PDF 全文的网络共享。为此，中科—亚信协同国内各图书馆组织建立 ProQuest 博士论文中国集团联盟站点。其文摘可以通过博硕士论文数据库（PQDD）查询。

详细内容请登录 http：//proquest. calis. edu. cn/查询。

（二）电子图书

电子图书又称 e-book，是指以数字代码方式将图、文、声、像等信息存储在磁、光、电介质上，通过计算机或类似设备使用，并可复制发行的大众传播体。类型有电子图书、电子期刊、电子报纸和软件读物等。电子图书的价格约为传统纸质图书价格的 1/3，购买者可以利用信用卡或者电子虚拟货币支付购买，购买后可下载进行离线阅读。常见的有如下几种电子图书网站。

1. ebrary 电子图书

ebrary 公司于 1999 年 2 月正式成立，由 McGraw-Hill Companies、Pearson plc 和 Random House Ventures 三家出版公司共同投资组建。ebrary 电子图书数据库整合了来自 500 多家学术、商业和专业出版商的权威图书和文献，覆盖商业经济、社科人文、历史、法律、计算机、工程技术、医学等多个领域。截至 2011 年 12 月，ebrary 的综合学术类收藏（Academic Collection）中，已包含了 7 万多册图书，2004 年以后出版的占近 60%。

2. World eBook Library 电子图书

世界电子书图书馆（World eBook Library，WeL）是世界公立图书馆协会（World Public Library Association，WPLA）的电子图书项目，WPLA 成立于 1966 年，是非营利性的世界组织。

WeL 的资源内容覆盖了 31 个学科大类，共计 152 个学科种类（如文学、历史、政治、社会学、教育、经济、法律、戏剧等学科），以人文社会科学为主，还包括自然科学、农学、医学、工程技术等领域的经典文学作品、书籍、期刊、百科全书、字典、手册等参考资源，共有超过 260 种语言的 280 多万册 PDF 格式电子图书与 23000 多种有声读物。所有电子资源都采用 PDF/MP3/MP4 格式，需要安装 PDF 阅读器（如 Adobe Reader）与 MP3/MP4 播放器，注册后需要安装 PDF 阅读器（如 Adobe Reader）与 MP3/MP4 播放器，也可以将电子图书下载保存到电子书阅读器（iPad、Kindle 等）及 MP3/MP4 播放器中阅读与播放。

3. Springer LINK 电子丛书

德国施普林格（Springer-Verlag）是世界上著名的科技出版集团，通过 SpringerLink 系统提供其学术期刊及电子图书的在线服务。2002 年 7 月开始，Springer 公司和 EB-SCO/Metapress 公司在国内开通了 SpringerLink 服务。

SpringerLink 包含多套电子丛书，其中包括著名的 Lecture Notes in Computer Science 等经典"讲义系列"，以及历史悠久的 Landolt Börnstein 物理与化学物理手册等。

详细内容请登录 http：//springer. lib. tsinghua. edu. cn/查询。

4. 超星数字图书馆

超星数字图书馆成立于 1993 年，是国家"863"计划中国数字图书馆示范工程项目，2000 年 1 月，在互联网上正式开通，目前拥有数字图书 80 多万种。超新数字图书馆提供丰富的电子图书资源，其中包括文学、经济、计算机等 50 余大类，数百万册电子图书，500 万篇论文，全文总量 10 亿余页，数据总量 1000000GB，并且每天仍在不断地增加与更新。用户在使用时无须注册，只要安装专用的浏览器即可下载或在线阅读电子图书。

详细内容请登录 http：//www. ssreader. com/查询。

5. 书生之家

"书生之家数字图书馆"网站于 2000 年开通，是集支持普遍存取、分布式管理和提供集成服务于一身的基于 Intranet 和 Internet 环境下的数字图书馆系统平台。提供分类检索、单项检索、组合检索、全文检索、二次检索等强大的检索功能及书内四级目录导航。"书生之家"所收图书涉及社会科学、人文科学、自然科学和工程技术等类别。

书生电子图书镜像站已拥有几万本图书的数字信息资源。阅读前，必须下载并运行书生阅读器（Reader），下载运行一次即可。以后再读书时，会自动启动 Reader 阅读器。

详细内容请登录 http：//61. 153. 5. 22：88/default. jsp/查询。

（三）学术团体和学术研究机构的网站

在企业和商业部门、国际组织和政府部门、行业协会等单位的网址或主页上，可以查到许多非正式"出版"的文献信息。这些信息也是有一定的学术参考价值的。

（四）学术动态信息

如电子邮件、电子会议、电子布告新闻、专题论坛、专家学者个人主页等。

（五）利用搜索引擎直接查找

搜索引擎是比较新的网络工具，也是实证研究初学者必不可少的工具，在研究中遇到问题时，搜索引擎能够告诉我们在哪里可以找到结果，目前比较常用的几个搜索引擎是：

1. 百度搜索引擎

百度是全球最大的中文搜索引擎和最大的中文网站。2000 年 1 月创立于北京中关村。1999 年年底，身在美国硅谷的李彦宏看到了中国互联网及中文搜索引擎服务的巨大发展潜力，抱着技术改变世界的梦想，他毅然辞掉硅谷的高薪工作，携搜索引擎专利技术，于 2000 年 1 月 1 日在中关村创建了百度公司。从最初的不足 10 人发展至今，员工人数已超过 17000 人。如今的百度，已成为中国最受欢迎、影响力最大的中文网站。百度拥有数千名研发工程师，这是中国乃至全球最优秀的技术团队，这支

队伍掌握着世界上最先进的搜索引擎技术，使百度成为中国掌握世界尖端科学核心技术的中国高科技企业，也使中国成为美国、俄罗斯和韩国之外，全球仅有的 4 个拥有搜索引擎核心技术的国家之一。百度的联网搜索产品及服务主要包括：以网络搜索为主的功能性搜索，以贴吧为主的社区搜索，针对各区域、行业所需的垂直搜索，MP3 搜索以及门户频道、IM 等，全面覆盖了中文网络世界所有的搜索需求，根据第三方权威数据，百度在中国的搜索份额已超过了 80%。[1]

详细内容请登录 http：//www. baidu. com/查询。

2. Google 搜索引擎

Google 公司的创新搜索技术每天为全球数以千亿计的人们提供信息服务。Google 公司于 1998 年由斯坦福大学博士生 Larry Page 和 Sergey Brin 创建。Google 目前已经成为全球所有主要市场中的最有价值的网络资产。

详细内容请登录 http：//www. google. com/查询。

3. 雅虎搜索引擎

20 世纪 90 年代初，搜索引擎的应用起源于少数高校和科研机构中对研究论文的查找。1994 年 4 月，斯坦福大学两位博士生杨致远和 David Filo 共同创办了雅虎，通过著名的雅虎目录为用户提供导航服务。雅虎目录有近 100 万个分类页面，14 个国家和地区当地语言的专门目录，包括英语、汉语、丹麦语、法语、德语、日语、韩文、西班牙语等。自问世以来，雅虎目录已成为最常用的在线检索工具之一，并成功地使搜索引擎的概念深入人心。

详细内容请登录 http：//www. yahoo. cn/查询。

4. 搜狗搜索引擎

搜狗是搜狐公司于 2004 年 8 月 3 日推出的完全自主技术开发的全球首个第三代互动式中文搜索引擎，是一个具有独立域名的专业搜索网站——"搜狗"（ www. sogou. com）。

"搜狗"的问世标志着全球首个第三代互动式中文搜索引擎诞生，是搜索技术发展史上的重要里程碑。搜狗网页搜索是全球首个中文网页收录量达到 40 亿的搜索引擎。

详细内容请登录 http：//www. sogou. com/查询。

5. 天网搜索引擎

由北大网络实验室研制开发的天网中英文搜索引擎是国家"九五"重点科技攻关项目"中文编码和分布式中英文信息发现"的研究成果，并于 1997 年 10 月 29 日正式在 CERNET 上向广大 Internet 用户提供 Web 信息导航服务。

详细内容请登录 http：//e. pku. edu. cn/查询。

---

① 此处参考了百度官方网站的介绍：http：//home. baidu. com/about/about. html.

第二节

网络检索文献——谷歌学术 &springer link

一、谷歌学术检索

（一）Google Scholar 简介

Google Scholar 学术搜索（http：//scholar.google.com/），是网络搜索领域的领头羊 Google 公司于 2004 年 11 月 18 日推出的一项新的搜索服务，它能帮助用户查找包括期刊论文、学位论文、书籍、预印本、摘要和科技报告等在内的学术文献，内容涉及诸多学科，并且经过了业内专家的评审，具有一定的权威性。它以"站在巨人的肩膀上"（Stand on the Shoulders of Giants）为服务理念，重点提供医学、物理、经济、计算机等学科文献的检索，还通过知识链接功能提供了文章的引用次数及链接，人们可以利用它查找文献的被引用情况，这是目前为止除 Web of Science 外的另一个可以检索英文文献被引情况的检索工具。[①]

2006 年 1 月 11 日 Google 推出了 Google 中文学术搜索 Beta 版（http：//scholar.google.com/intl/zh-CN/），用于搜索网上的中文学术文献，同时它还具有检索中文文献被引情况的功能，为科学研究与学术共同体学术评价工作的开展提供了新的工具和途径。

（二）Google 学术搜索检索技巧及实例

1. 技巧一：关键词检索

直接在输入框中输入关键词，可以给关键词加引号（精确检索），也可以用空格将两个关键词逻辑与组配检索，还可以用 OR 运算符连接关键词进行逻辑或组配检索。例如，如果需要检索公司治理方面的信息，键入关键词"公司治理"，检索结果如下：

---

① 百度百科：http：//baike.baidu.com/view/3334454.htm? fr=aladdin.

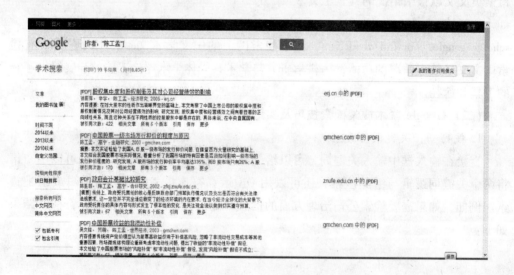

2. 技巧二：作者检索

输入加引号的作者姓名："陈工孟"或者"Chen Gong-meng"。要增加结果的数量，请不要使用完整的名字，使用首字母即可，如"Chen G M"。如果找到太多提及该作者的论文，则可以使用"作者："操作符搜索特定作者。例如，可以尝试［作者："陈工孟"］、［作者："Chen Gong-meng"］或［作者："Chen G M"］。检索结果如下：

二、Springer Link 文献检索

国内读者可以直接登录 http://www.springerlink.com 访问 Springer Link 的主页，登录后读者可以对包括 Springer 网络版丛书在内的 SpringerLink 所有电子出版物（包

括电子丛书和电子期刊），进行浏览、检索和查阅文章标题和文摘。读者可以采用多种方式搜索所需文献，以"关键词搜索"为例，简要介绍该数据库的使用方法。

登录 springer link 主页后，在搜索栏键入关键词，例如"corporate governance"，然后确定搜索，可以看到如下界面：

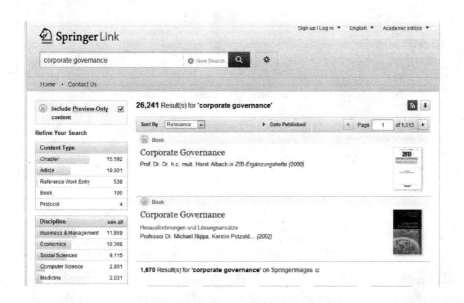

读者可以看到，共有 26241 条搜索结果，这个数量是很庞大的，为了获取公司治理领域最近的研究文献，读者可以缩小搜索范围，可以将搜索结果按照出版时间排列。单击"sort by newsest first"，可以看到如下界面：

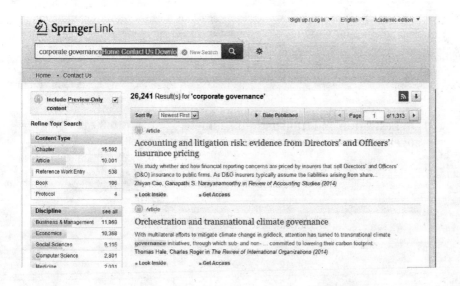

但是从检索结果来看，仍然是 26241 条结果，读者可以缩小检索范围。在网页左侧提供了几种筛选方式，按照"学科"（Discipline）重新搜索，可以看到如下界面：

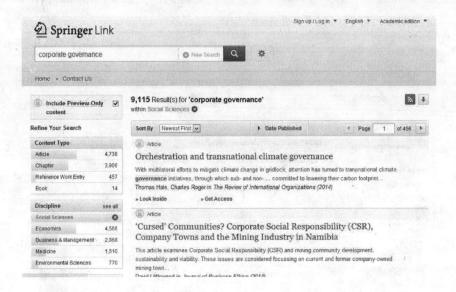

可以发现，当在"Social Sciences"这个学科范围内搜索"corporate governance"的相关文献时，找到了 9115 条检索结果。读者可以根据自己的需求继续筛选。

找到需要的文献后，读者只需单击论文题目，网页就会自动跳转。例如，需要阅读上文检索结果中的第一条，单击论文题目，可以看到如下界面：

单击 Look inside，读者可以看到如下界面：

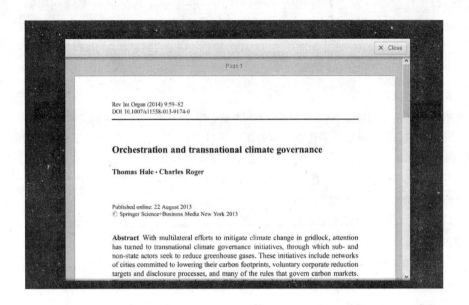

所需文献已经呈现为 PDF 格式，读者可以很方便地在线阅读。

本章结语

实证研究离不开文献的查阅，一方面是因为实证研究本身就建立在理论推理的基础之上。任何理论都是对已有理论的发展和延伸，因此要想提出有价值的理论，首先就需要对现有理论进行仔细的收集和整理，也就是我们经常说的"站在巨人的肩膀上"。另一方面是因为实证研究的过程中需要模型设计和大样本检验，这更加需要文献的查阅和收集。文献查阅技术的优劣决定了一项实证研究是否具有研究价值。因此，学习实证研究的第一步就是查阅文献。本章结合传统文献查阅渠道和现代网络技术，详细介绍了文献查阅的方法。总的来说，文献查阅可以通过图书馆和网络进行。具体的网络查询方法又可以分为数据库资源、电子图书、学术团体和学术研究网站以及搜索引擎等方式。以上每种文献查阅方式在成本、速度和技术支持等方面都有很大的不同。所以，文献查询方式要根据自身特点合理运用，以满足实证研究的需要。

对于不方便访问数据库的用户而言，网络检索是获取文献的便捷途径。本书以 Google 学术搜索和 Springer Link 文献搜索为例，具体介绍了两种网络文献搜索的方法。虽然网络技术大大提升了普通人获得资源的便捷性，但是基于当前数据资源库的庞大规模，要想准确、迅速地找到可以为自己所用的文献仍需要一定的技巧和方法。总体来讲，无论是 Google 学术搜索、Springer Link 文献搜索还是其他任何一种网络搜

索手段，在操作方法上都是大同小异的，使用者只需在输入框中输入自己想要查询的文献即可。在这个过程中，使用者还可以使用一些搜索技巧，如按关键词搜索、按作者搜索、按发表时间搜索或是按出版物搜索等。搜索文献是一个熟能生巧的过程，需要使用者根据自身所处学科和所需信息不断调整，才能逐渐提高文献搜索的效率。

本章参考文献

[1] 陈朝晖．如何通过 Internet 网络检索国外数据库 [J]．现代图书情报技术，1995，6.

[2] 郭卫真，金小燕．数字化图书馆的建设 [J]．辽宁工程技术大学学报（社会科学版），2001（4）：68-69.

[3] 胡成志，郝红梅，赵进春，等．利用期刊数据库提高论文参考文献编辑质量 [J]．中国科技期刊研究，2011，22（2）：282-283.

[4] 黄郴，金燕．美国图书馆协会信息素质研究进展报告简介 [J]．中国图书馆学报，2002，28（3）：64-66.

[5] 马景娣．学术文献开放访问和图书馆的应对策略 [J]．中国图书馆学报，2005，4.

[6] 苏新宁．中国社会科学引文索引设计 [J]．情报学报，2000，19（4）：290-295.

[7] 魏昱．搜索引擎介绍 [J]．现代情报，2003，23（8）：102-104.

[8] 许涛，吴淑燕．Google 搜索引擎及其技术简介 [J]．现代图书情报技术，2003（4）：58-61.

[9] 张梁平．搜索引擎，"百度" 推荐——谈搜索引擎 [J]．现代情报，2004，24（2）：208-209.

[10] 张梦中，马克，霍哲．定性研究方法总论 [J]．中国行政管理，2005（11）：39-42.

[11] 赵厚玲．一种快速查询文献的方法 [J]．图书馆建设，1994，5.

[12] 朱俊卿．搜索引擎 Google 研究 [J]．现代图书情报技术，2002（1）：45-47.

第四章

学术文献阅读和管理

阅读文献

　　查询到所需的文献后，如果只是将文献下载存储在电脑硬盘中，那么我们只是做了一个收藏者，而不是研究者。查询文献的目的，是阅读文献并最终服务于我们的研究工作。面对纷繁庞杂的文献，如果不能带着明确的目标去研读，很容易迷失在文献海洋中。

　　阅读文献的目的，是力求搞清楚一个研究话题或者一个研究话题的某一方面，或者理清一个概念的起源、发展、变化及未来。文献更新的速度非常快，但是经典文献总是会在相关话题的研究文献中闪烁出智慧的光芒。所以，在追求前沿动态、最新文献时，也不可偏废对经典文献的阅读。前沿文献是指明可能存在的创新空间，而经典文献有助于避免犯常识性错误。即使锁定某个具体的研究话题或者研究方向，相关文献的数量仍然是惊人的，如果逐一阅读，效率和效果都难以得到保证。一个可行的办法就是有意识地跟踪、关注学术大家的文献，重点研读某个领域权威级的专家最新的研究成果。同时，要重视高级别期刊中刊出的文献综述，一篇高质量的文献综述，往往能带来一叶知秋的良好效果，对初学者快速了解某一个研究话题非常有帮助。

　　阅读文献仅仅是信息输入的第一步，读者需要将所读文献进行整理和整合，如能在广泛阅读的基础上，将文献归类整理为几个专题，必将加深对所读文献的理解。对于重要的文献，要力争烂熟，如果要研究公司治理与制度环境，那 Shleifer 等人的 "A

Survey of Corporate Governance" 应该是一篇绕不开的重要文献，对于这类型的文献，要精读，甚至反复阅读。

题目和摘要是一篇文献的快照，要给予高度重视，能在阅读题目和摘要的过程中，提炼或推断出文献的思路和架构，这样的训练对提升写作能力非常有帮助。读文献有个量变到质变的过程，阅读量大了，积累多了，需要总结的方面就多了。这样日久天长，通过知识的整合，知识框架会逐渐完善。从初学者到专家的转变，是需要持之以恒的坚持和思考。通过长期不懈阅读文献，在某方面掌握了大多数人不具备的知识、信息，这样才能成为某一话题领域的专家。

当然，上文介绍的阅读方法还略显空洞，为了方便实证研究初学者学习，我们将国内外的一些著名的期刊汇总给大家，初学者可以紧跟这些顶级期刊，当文献积累达到一定水平后，自然会形成阅读文献的习惯和思路，如表4-1、表4-2所示。

表4-1　国内常用实证研究学术期刊（排名不分先后）

学科类别	期刊名称	学科类别	期刊名称
管理学	管理世界	经济金融类	经济研究
	南开管理评论		世界经济
	中国软科学		经济学（季刊）
	科研管理		中国工业经济
	科学学研究		数量经济技术经济研究
	管理科学学报		金融研究
	管理科学		会计研究
	科学学与科学技术管理		中国农村经济
	外国经济与管理		经济科学
	管理工程学报		财经研究
	管理学报		财贸经济
	管理评论		南开经济研究
	中国管理科学		经济学家
	软科学		世界经济研究
	系统工程理论与实践		产业经济研究
	经济管理		经济评论
	预测		审计研究
	系统工程		当代财经
	科学管理研究		财经科学
			证券市场导报
			财贸研究
			财政研究

表 4-2　国际常用实证研究学术刊物（排名不分先后）

类　型	刊物名称
金融类	Journal of Finance Journal of Financial Economics The Review of Financial Studies Journal of Financial and Quantitative Analysis Journal of Financial Research The Financial Review Pacific-Basin Finance Journal Journal of Business Journal of Banking and Finance Journal of Empirical Finance
经济类	Economica American Economic Review Econometrica Journal of Political Economy Journal of Economic Theory Journal of Econometrics Quarterly Journal of Economics Canadian Journal of Economics International Economic Review Journal of Development Economics Journal of Monetary Economics Journal of International Economics Journal of Public Economics
财务与会计类	The Accounting Review Journal of Accounting and Public Policy Journal of Accounting and Economics Review of Quantitative Finance and Accounting Journal of Accounting Research Journal of Management Accounting Research Accounting Organizations & Society Contemporary Accounting Research Journal of Accounting, Auditing & Finance Auditing: A Journal of Practice and Theory Journal of Accounting & Public Policy Review of Accounting Studies Journal of Corporate Finance Financial Management

　　总之，阅读文献有技巧，但是没有速成的捷径。坚持不懈，必须有量的积累，方可实现质的飞跃。

第二节

文献管理——EndNote 软件简介

当获取了大量文献之后，经常会将所需文献存储在电脑硬盘中，文献数量比较少的情况下，我们可能比较容易地从硬盘中调阅所需文献，但是当硬盘中存的文献数量庞大时，如果不对文献加以管理，查阅的时候将是较为麻烦的事情。下面就介绍一种常用的文献管理软件——EndNote。

EndNote 参考文献目录管理软件，是由美国科学信息所研制开发的应用软件，目前已经更新到第 15 版（EndNote X5）。它可以创建 EndNote 个人参考文献图书馆，用以收集储存个人所需的各种参考文献，包括文本、图像、表格和方程式，可以根据个人需要重新排列并显示文献，可以对储存的文献数据库进行检索，还可以按照科技期刊对投稿论文的引用要求和参考文献目录格式和内容的要求，将引用内容和参考文献目录插入和输出到文字处理文件。①

使用 EndNote 软件，可以通过 Internet 连接到文献数据库直接检索后保存到本地数据库中或者读入各种格式的 Medline 检索的结果。参考文献库一经建立，以后在不同文章中作引用时，既不需重新录入参考文献，也不需仔细地人工调整参考文献的格式。使用者可以按作者、出版时间和题目排序，查找文献非常方便。关于 EndNote 软件更详细的使用说明，有兴趣的读者可以自行去网上搜索使用教程。EndNote 的工作原理如图 4-1 所示，文献查找结果如图 4-2 所示。

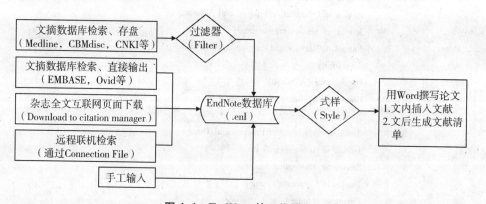

图 4-1　EndNote 的工作原理

---

① ENDNOTE 官方网站：http://endnote.com/about.

图 4-2 文献查找结果

本章结语

实证研究以理论研究为基础，如何对已有文献取其精华，去其糟粕，不仅决定了实证研究的效率，更决定了实证研究的质量和价值。本章主要介绍了文献阅读方法和管理方法。读者在文献阅读过程中需要注意以下两点：第一，精读与略读相结合。精读能够使读者比较深入地掌握文章的内容和思路，但是这种方法往往费时、费力，对于外文文献尤其如此。相比之下略读虽然节省时间和精力，但只能使读者对文章有一个大致了解。读者在阅读文献过程中，要注意将精读与略读相结合，对重点文章、经典文章要精读，要深入领会文章的结构与思路。对一般文章，只需略读做到把握文章精髓即可。第二，有选择地阅读文献。并不是每一篇公开发表的文献都有阅读价值，读者在浩瀚的文海中要选择高质量文献进行阅读。总体上，选择高质量文献最简便的方法，就是阅读高质量期刊中的文章。一般而言，高质量期刊有更加权威、庞大、专业的文章审查团队，这样的审查团队对文章的质量、价值有着更高的要求。通过阅读权威期刊的文章，读者可以较为迅速地了解学科发展动态，并形成良好的学术研究和文章写作习惯。除了文献阅读过程中需要注意的几点，文献管理也是学术研究中需要重视的一个方面。通过文献管理软件的使用，不但可以提高信息获取速度，还有助于提高研究效率。

本章参考文献

［1］陈招亮．阅读技巧与方法浅谈［J］．青海师专学报，2003，4：51.

［2］郭永杰．文献信息管理软件 endnote 应用简介［J］．硅谷，2008（23）：48-48.

［3］焦艳平，孙彩霞，宋燕菊．EndNote 个人参考文献图书馆简介与基本使用方法［J］．现代图书情报技术，2004（4）：82-84.

［4］任胜利．国际学术期刊出版动态及相关思考［J］．中国科技期刊研究，2012，23（5）：701-704.

［5］杨玉圣．学术期刊与学术规范［J］．清华大学学报（哲学社会科学版），2006，21（2）：43-49.

［6］姚炜，陈兰，王德英．用 Endnote 组织参考文献目录的方法——以 CJFD，唯普，万方中文期刊数据库为例［J］．中国索引，2008，5（4）：48-51.

［7］张耀铭．中国学术期刊的发展现状与需要解决的问题［J］．清华大学学报（哲学社会科学版），2006，21（2）：28-35.

［8］朱剑．我国学术期刊的现状与发展趋势——兼论学术期刊改革的目标与路径［J］．传媒，2011（10）：6-10.

［9］朱剑．学术风气、学术评价与学术期刊［J］．苏州大学学报（哲学社会科学版），2011，32（2）：7-13.

第五章　实证研究选题——评判方法与获取途径

■ 第一节
何为有意义的实证研究选题

一、能解决现实世界的问题

John Evans 教授曾经提出这样的观点："在我看来，一个选题是否具有重要影响，关键是看该选题是否具有较为重大的后果。换言之，是看这个选题对社会而言是重要的，对经济是重要的，对企业是重要的，而且该研究的确会有令人惊讶的效果。"由此可见，一个好的实证研究选题，一定是面向现实世界的问题。

当然，有些选题具有一定的超前意识，不一定是面向当前的现实问题，但随着时间的推移，可能从长远来看，这样的选题能够解决未来世界的问题。但是，不管是解决现实问题，还是解决未来的问题，一个有意义的实证研究选题，总是立足于解决一个问题。这一点，是所有研究者的共识。

二、能显著影响已有的文献或知识体系

我们不能要求每篇实证研究论文都能解决一个问题，一些实证研究选题虽然没能解决现实问题，但是能够极大地扩展现有文献的边际，为后续更细致深入的研究打下良好的基础。如果一个实证研究选题能达到这样的效果，那也是有意义的并且是重要的选题。

三、其他评判因素

除了上述两个基本的评判标准外，也有学者认为，研究选题是否对研究者本身具有内在的兴趣和热情是另外的评判标准。正如 George Foster 教授认为的那样："我认为首先要考虑一项研究是否能内在地激发起你的兴趣。它是不是一个你愿意投入时间和资源的项目？这一点其实和学科本身无关。如果这个项目可能需要花上一年或者更长的时间来做，你就必须能够为之早起，为之兴奋。"

也有学者认为，同行引用也是评判一个实证研究选题是否有意义的参考标准。做研究、写论文的重要目的是成果能得到别人的认可，如果自己的研究成果得到同行的引用，至少表明你的选题对同行而言是认可的。从这个角度来看，这样的选题也是有意义的。

四、何为不重要的研究选题

首先，"新瓶装旧酒"式的选题是不重要或缺乏意义的。如果在没有足够的理论价值或者其他有说服力的情况下，盲目模仿和重复前人的研究，这样的选题就不具有重要性和必要性。

其次，"不证自明"式的选题是不重要或缺乏意义的。如果一个研究选题是对显而易见的问题或者现象进行实证检验，这样的选题显然是不重要的。例如，如果我们根据指标 X 确定人们的奖励，你的选题如果是研究人们是否关注指标 X，这个选题是没有意义的，因为人们的奖励是基于指标 X，一个理性的人，显然会关注指标 X。但是换个角度，如果你试图考察人们关注指标 X 时存在一些有趣或者尚未发现的特征，比如，人们对指标 X 的理解存在困惑，或者具有某些特征的人们对指标 X 的反应明显有别于其他人，那么，你的实证研究选题就变得有意义了。

■ 第二节

如何获取有意义的实证研究选题

一、文海拾贝——从文献中获取选题

密切关注文献的进展是识别并深化研究主题的主要途径，当然这样的关注是要具有明显的批判性。例如，Eric Noreen 教授在研究作业成本法时，一直关注在作业成本法及其使用者当中存在一个非常强的假设：成本与作业呈线性比例关系。但是很多文献似乎没有意识到这些假设的存在，也没有文献去研究这些假设在现实中是否成立。Eric 教授从假设出发，最后研究发现作业与成本并非简单的线性比例关系。

二、立足现实——发觉现实世界的问题和需求

在实证研究中，紧跟现实问题，与跟随文献并不矛盾，只是二者在关注起点上有不同的侧重而已。研究者可以先从文献的空白点入手，然后寻找现实世界的问题加以对应；也可以先关注现实世界的问题，然后确定已有学术文献在多大程度上解决了这些问题，进而确定自己的选题可能对解决现实问题产生何种影响。

三、合作共赢——与同事或同行合作

与同事或者同行合作，能够实现研究技能的互补和优势资源的共享，也有助于提高研究工作的效率和研究成果的质量。很多学者指出，同行或同事间的合作过程是一个动态适应调整的过程，合作者之间相互促进和启发，有时经常会产生一些一开始没有预料到的研究思路。周齐武教授曾经有过这样的合作经历：周教授在听一位同事的成本管理会计课程时，正好有一位当地医院的人来举办讲座，讲座主题是关于医院的成本分摊及相关监管。周教授对这个话题产生兴趣，后来去拜访这家医院的负责人以进一步了解医院的成本分摊过程。在与医院负责人的沟通过程中，周教授详细了解了监管部门对医院的监管政策，以及医院固定成本和变动成本如何处理。在了解了这些信息后，周教授突然想到：在监管部门的监管政策框架下，医院可能会与监管制度博弈，操纵向监管层提供的数字。后来，周教授邀请 Eric Noreen 教授合作，取得了医院的实际数据之后，建立了分析模型，最后完成了研究并将研究论文发表在美国会计评论上。

本章结语

好的选题对实证研究非常重要，已经有许多学者投入大量精力来探讨如何评判和识别有意义的研究主题，这些都非常值得我们学习、借鉴和体会。对于什么选题是有意义的这一问题，可能个体差异很大，也难以给出绝对化的评判标准。本章提出的评判标准也只是策略性、框架式的评判体系，对不同的研究者而言，形成自己独立的判断、品位和方法，对评价和识别有意义的选题才是最可靠的。

本章参考文献

［1］Chow C. W, Harrison P. D. Identifying Meaningful and Significant Topics for Research and Publication: A Sharing of Experiences and Insights by "influential" Accounting Authors ［J］. Journal of Accounting Education, 2002, 20 (3): 183-203.

［2］郝清杰. 谈人文学科研究生的研究选题 ［J］. 中国高教研究, 2010 (7): 31-33.

［3］刘艳. 高校学报选题策划的经验分析——以《财经问题研究》为例 ［J］. 东北财经大学学报, 2013 (6): 102-104.

［4］陶媛. 利用网络获取科研选题的方法研究 ［J］. 河南图书馆学刊, 2011 (2): 95-96.

［5］薛清梅. 中国会计学博士论文的选题、方法与理论：趋势与国际比较（2002~2006）［J］. 会计研究, 2010, 5: 13.

第三部分

数据与实证研究

第六章

数据对于实证研究的价值

数据是实证研究最重要也是最基本的要素，在没有数据的情况下做实证研究是没有结果的，好比巧妇难为无米之炊。实证学术研究是以数据来描述经济行为，通过分析、计算、实验、研究得出结论的一种研究方法。在实证学术研究的过程中，如果没有完整准确的数据库作支持，研究者60%以上的时间都会花费在数据的收集、整理上，并且收集到的数据也很难保证完整性、准确性，这不仅大大降低了研究的效率，而且会影响研究结论的得出，进而影响成果的发表。因此，构建符合研究需要的数据库，是开展实证学术研究的先决条件。下面介绍数据在实证研究中的价值以及数据的获取方法。

■ 第一节
学术研究数据库的作用

对初学者来说，学术研究数据库的作用体现在以下两个方面[①]：

（一）降低研究成本，提高研究效率

研究的最大成本就是时间，通过研究数据库提取所需数据可节省研究者收集数据、验证数据与计算数据的宝贵时间，大大提高研究效率。研究者手工收集数据，不仅需要花费大量的时间，而且由于缺乏专业的验证工具，极易造成数据不准确，甚至

---

① 王南. 财经类院校图书馆实证数据库建设探讨 [J]. 中国科教创新导刊，2008（19）：226-227.

数据错误，使数据的实用性大打折扣。

（二）开拓研究思路

运用研究性数据库的专业数据，研究者可对经典文献、经典模型进行方便检验，在检验的过程中发现"偏差"和不同市场的特色，从而构建自己的模型，在前人研究的基础上进行新的尝试，拓展研究思路。

■ 第二节

资讯类数据

在实证学术研究的过程中，学术研究类数据是基础，起主要的作用；资讯类数据也有辅助的参考作用。所以我们也需要了解相应的新闻资讯类数据，它主要包括以下三个方面：

（一）即时数据

即时数据包括股票、基金、债券、期货、指数在内的即时报价数据与成交数据等，研究者通过即时数据，可方便地了解、掌握最新的证券报价、成交状况等。

（二）财经新闻资讯

财经新闻资讯包括市场动态、公司公告、行业新闻、法律法规等，研究者通过财经类新闻资讯的浏览，有助于把握当前的财经热点问题、重大法律法规的变动、行业动态等，挖掘研究热点，寻求研究突破。

（三）研究类新闻资讯

研究类新闻资讯包括学术会议、科研动态、科研基金申请、奖励计划、交流计划等。研究者通过对学术类新闻资讯的浏览，有助于与同行交流、追踪学术热点以及申请研究经费等。

■ 第三节

两类数据的比较分析

学术类数据和咨询类数据对初学者来说都是必要的。学术类数据是进行具体实证研究的工具和条件，而资讯类数据对丰富研究领域知识，及时了解市场动态也是很有帮助的。两类数据的区别如表6-1所示：

表 6-1　学术研究数据和资讯类数据的比较

	学术研究数据	资讯类数据
用途	实证学术研究	投资者即时市场操作
数据特点	侧重于数据的深度和广度，强调对原始数据的深层专业加工、整理，属精准数据。并结合实证研究专题，按研究方向对海量数据进行分门别类，满足不同研究者的需求，帮助研究者最快和最方便地构建研究模型	侧重于实时信息和数据的原发性，没有对原始数据进行深层加工，仅仅是对数据做了初次收集
代表	国泰安 CSMAR、美国 CRSP、COMPUSTAT	Bloomberg、路透终端、国泰安资讯系统

本章结语

　　实证研究同理论研究的最大差异就在于实证研究对模型和数据的运用，因此数据库的构建和使用是实证研究的关键。通常情况下，实证研究的数据大多来自学术研究数据库和资讯类数据库。学术研究数据库是在原始数据的基础上，对数据进行加工处理和分门别类。由于对数据进行了处理，学术数据的即时性较差。学术研究数据库适合进行学术研究的人员使用。尤其是当有些实证研究需要对市场数据进行跨年度的细化分析时，学术研究数据库就更加适用。资讯类数据库是对市场数据做了简单收集而未经任何加工处理，这类数据的时效性更好，同时也较为粗糙。对于需要及时了解市场动态的人员（如股票市场分析师），资讯类数据库更加适用。以上两类数据库各有利弊，需要使用者根据自身情况选择使用。

本章参考文献

［1］李志刚．大数据：大价值、大机遇、大变革［M］．北京：电子工业出版社，2012.

［2］王晓民．数据创造价值［J］．软件和信息服务，2013（8）：14-15.

［3］许冬琦．大数据的价值如何体现？［J］．通信世界，2012（19）：39.

第七章

使用标准数据库的必要性

数据是进行实证研究的先决条件，对于实证研究初学者来说，对数据的了解更有必要，什么是标准的数据库？标准的数据库有什么特点？国内外都有哪些标准的数据库？下面详细阐述这些问题。[①]

■ 第一节

标准的数据库是进行实证研究的保障

在实证学术研究的过程中，如果没有标准的数据库作支持，实证研究者将花费大量的时间从各个地方去收集和整理数据，并且收集到的数据也很难保证完整性、准确性，由于收集的数据比较零散，收集的渠道很多，而且数据容易缺失，即便是直接从证券交易所取得的数据，仍然是不完整的，不能直接用于实证研究，所以这不仅大大降低了研究的效率，而且还会影响研究的结论，进而影响成果的发表。

另外，假如直接利用原始数据来做实证研究，得出的研究结论很可能是不够严谨的、不够科学的。在我国的证券市场上，由于送股、配股、拆细、增发新股、资产重组等原因经常引起股本的变动，交易所公布的收盘价是没有经过调整的数据。从时间上看，交易所公布的收盘价就不具有可比性。因此，在计算证券收益率、股价波动率等指标时，必须考虑除权、除息等因素，把原始的交易数据进行调整后才可以使用。

---

① 本章参考了国泰安 2009 年编写的《实证研究学习园地》相关内容。

如送股和配股，送股是指上市公司将利润（或资本金转增）以红股的方式分配给投资者，使投资者所持股份增加而获得投资收益，配股是股份有限公司在扩大生产经营规模、需要资金时，通过配售新股票向原有股东募集资本金的一种办法。此时的股票价格就会有变动，证券收益率如果直接计算的话，必然会导致错误，而标准数据库考虑了除权、除息的因素，除权是指除去股票中领取股票股息和取得配股权的权利，除息是指除去股票中领取现金股息的权利。例如，深圳某上市公司的总股本为10000万股，流通股为5000万股，股权登记日收盘价为10元，其分红配股方案为10送3股派2元配2股，共送出红股3000万股，派现金2000万元，由于国家股和法人股股东放弃配股，实际配股总数为1000万股，配股价为5元，那么经过计算除权参考价为7.36元，此时计算股票收益率应以7.36元为准。

因此，构建符合研究需要的标准数据库，是开展实证学术研究的先决条件。那么什么是标准的数据库呢？我们接下来介绍标准的数据库的特点：

从国际经验来看，美国实证学术研究的飞速发展得益于CRSP、COMPUSTAT等专业学术研究数据库的支持。专业学术研究数据库有其不同于证券业界资讯类原始数据的独特标准：

（1）专业性。数据设计符合规范化、标准化，数据库的整体架构与实证学术研究方法、模型紧密结合，数据的内容及表现形式满足学术研究的需要，检索方便，易于验证。

（2）准确性。数据不准确，研究的可靠性就无从谈起，研究结论就会受到质疑，数据的准确性是得出有效研究结论的根本保证。研究数据库强调精准，是建立在对原始数据进行了大量的反复校验、调整的工作基础之上的。

（3）完整性。实证研究揭示事物的本来面目，回答"是什么"的问题。完整的数据有助于正确描述事物的本质。学术研究数据库的完整性体现在数据项目、指标、时间区间等诸多方面。

（4）延续性。事物是不断发展的，数据的延续和数据库的不断扩展可以帮助研究者对事物发展的追踪、分析，拓宽研究思路。

▐ 第二节

国际著名的数据库简介

1. CRSP 简介

CRSP 是由美国芝加哥大学证券价格研究中心建置，主要来源为纽约证券交易所（New York Stock Exchange, NYSE）、美国证券交易所（American Stock Exchange,

AMEX）及纳斯达克证券交易所（Nasdap Stock Exchange，Nasdaq）的上市股票，其日交易、月交易及年交易的相关数据，如美国股票价格、NYSE/AMEX、S&P 500 和 Nasdaq 股票指数、股票交易量、物价指数、基金、公债价格、公债指数、股票收盘价等历史资料，与美国企业活动资讯、企业沿革、购并及联盟状况、资本回收、现金流量等基本财务数据。它的收录年代分别为：NYSE（1962 年 7 月起）、AMEX（1962 年 7 月起）及 Nasdaq（1972 年 12 月 14 日起）等。更新频率为每年的 1 月更新。

2. COMPUSTAT 简介

COMPUSTAT 是由美国 Standard & Poor's 公司发行，收录北美近 20 年及全球近 12 年上市公司的财务数据，另外也提供了北美回顾版，提供 400 家公司自 1950 年起的财务数据。该数据库提供 160 种范本报表及上市或下市公司财务数据等信息，并且整合最新或历史性之主要财务数据以制作所需之报表和图表。应用的研究领域包括资产分析、计量分析、竞争者分析、公司资本结构、财务比率、合并与购并、R&D、资本及存货投资、股市报酬及资本市场效率等主题。

（1）COMPUSTAT North America（北美版数据库）。收录近 20 年美国及加拿大地区总共 20000 多家的公司数据，其中 11000 多家公司属于公开交易上市公司。另外，也保留了 10000 多家下市公司的数据。

（2）COMPUSTAT Global Vantage（全球版数据库）。提供近 12 年全球（北美版除外）的 22620 多家全球公司的财务报表与市场数据，包括 3550 家美国、加拿大地区的上市公司。完整的国际数据涵盖了 80 个国家有公开交易的公司，所占全球资本额超过了 80%。

（3）COMPUSTAT North America Backdata（北美版回顾数据库）。北美版数据库仅提供最近 20 年的资料，而北美版回顾数据库收录了大约 400 家美国的主要公司最早可至 1950 年的资料，季资料可至 1962 年。

3. WRDS 简介

WRDS 是 Compustat（标准普尔）、CRSP（芝加哥大学）、TEF（THOMSON）、TAQ（纽约交易所）等著名数据库的代理机构，以高质量的数据、严谨高效的作风和强大的数据查询系统闻名于世。其客户包括纽约联邦储备银行、美国证监会、哈佛大学、康奈尔大学、普林斯顿大学、加州伯克利大学、芝加哥大学、耶鲁大学、麻省理工学院等 100 余所著名机构。

沃顿商学院位于美国宾夕法尼亚州，建立于 1881 年，居美国商学院排行榜首位，沃顿商学院是美国第一家学院化的商学院，在各个主要的经济专业以及管理教育水平方面都有极高的声誉，被认为是全美最具开拓性的商学院。WRDS 即全球著名的"沃顿研究数据库服务体系"。值得一提的是，2004 年初沃顿商学院在对中国大陆、中国香港、中国台湾等多家研究数据提供商进行比较后，最终唯一选择了国泰安 CSMAR 系列研究数据库全部产品纳入其全球著名的"沃顿研究服务系统"（WRDS1）。

4. Thomson Financial（TNF）简介

Thomson Financial 是汤姆森公司（Thomson Corporation）旗下公司，是世界上最大、最著名的数据公司之一。其核心产品是 Thomson ONE。Thomson ONE 向以下领域根据不同的特点分别提供各类高质量的数据服务：投资银行、财富管理、投资管理、机构证券、机构研究、固定资产、公司研究及私人股本。如在投资银行领域提供了 Thomson Research、International Financing Review（IFR）、Thomson Financial News 等服务，在机构研究领域则提供了 Thomson Transaction Analytics、ShareWatch、AutEx 等专业服务。

汤姆森公司由汤姆森法律与条例信息集团、汤姆森金融信息集团、汤姆森学习出版集团以及汤姆森科技与医疗卫生信息集团组成，在全球拥有 38000 名雇员，在 46 个国家和地区设有分支机构与办事处，2004 年全年营业收入为 81 亿美元，进入福布斯全球 500 强企业榜。

5. Datastream 简介

Datastream 公司于 1986 年在美国成立，逐渐发展成为世界上最大的金融、会计类综合数据库软件公司，其数据库涵盖了经济指标、资产、指数、债券、汇率、利率以及各种会计项目。用户可通过 Datastream 7i 等专用软件下载相关数据。Datastream 公司为用户提供先进的资产管理软件工具、咨询、培训、实施及技术支持。

Datastream 7i 是一个全组态 EAM 系统产品，无须对企业实物资产管理组织结构作重大调整，即可实现实物资产管理的最优实践，并支持包括全员生产维修（TPM）、状态维修、关键绩效指标（KPI）管理、及时生产方式（JIT）、看板管理等先进的企业管理观念。Datastream 现已被 Thomson Financial 收购。

第三节

CSMAR 与中国实证研究

对于我国的实证研究初学者来说，可以参考国内标准数据库来进行实证研究，如 CSMAR 学术系列数据库。China Stock Market & Accounting Research Database（CSMAR）数据平台是由国泰安专业的研发团队在香港大学中国金融研究中心、香港理工大学中国会计与金融研究中心、上海证券交易所、深圳证券交易所等专业研究机构和投资业界的鼎力支持下按照 CRSP、COMPUSTAT 等国际知名数据库的构建标准进行开发的、以学术研究为目的的高级专业、精准数据库的融合构建。

CSMAR 数据库严格按照国际标准数据库 CRSP、Compustat 而设计并于 2000 年正式推出。CSMAR 数据库主要用于学术研究，所提供的资料和数据包含资本市场、宏

观经济及行业经济领域。主要内容包括市场交易价格、交易量、回报率、可比价格、指数、财务年中季报、基金、国债券、企业债、可转债券、公司治理、兼并重组、特别处理特别转让、一级市场及再融资等类数据。

CSMAR 系列研究数据库已正式被美国沃顿商学院纳入其全球著名的沃顿研究数据库服务体系。客户包括美国沃顿商学院、耶鲁大学、纽约大学、英国 Reading 大学、中国香港所有大学及清华大学、北京大学等 150 所国内外知名高校。

中国的实证研究起步较晚，但近几年发展迅速，前面我们已经介绍了其发展背景和现状，本书粗略统计了 CSMAR 数据库推出前后我国实证研究的发展情况，由此可见 CSMAR 数据库对推动我国实证研究的作用。如表 7-1 和图 7-1 所示：

表 7-1　CSMAR 数据库研发前后的中国证券市场实证研究

	CSMAR 之前	CSMAR 之后
样本量	较小	大
数据	不完整，不准确，不规范	完整，准确，规范，系统
模型	简单	趋向复杂

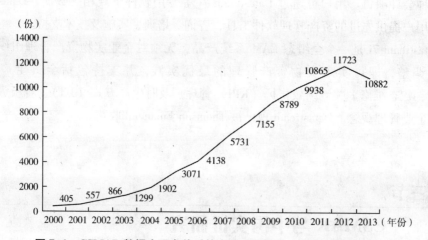

图 7-1　CSMAR 数据库研发前后的中国实证研究论文数量的年度分布

注：本数据是基于中国知网的粗略统计，并非权威的精准统计数据。

从表 7-1 的分析对比中可以看出，CSMAR 数据库的发展和中国实证研究是相辅相成的，另外，CSMAR 数据库的发展也离不开实证研究，如今 CSMAR 数据库已由以前的十几个库发展到现在的 90 多个库，而实证研究论文也从以前的上市公司和股票交易研究发展到宏观经济研究、行业研究、上市公司、股票交易、债券、基金、期货等各个领域的研究。这些发展离不开广大的实证研究者，广大学者的研究热情、研究方法和研究领域促进了 CSMAR 数据库的不断发展，也促进了先进的实证研究

方法的不断引入，这些都是带动 CSMAR 数据库发展的动力和源泉；反过来，CSMAR 数据库的不断发展和壮大也促进了中国实证研究的发展，两者相辅相成、互相促进。

　　CSMAR 系列数据库是国泰安公司针对高等院校、金融证券机构、社会研究机构的专家学者，对于中国金融、经济分析研究的需要而设计研发的高级专业金融、经济数据库系统。其特点是数据完整、准确、连续、可比；可以 Excel、DBF、TXT 等多种格式输出；数据库数据可以供 SAS、SPSS 等统计软件直接调用。配备功能强大的统一查询、导出和数据分析系统，这为研究人员从事研究带来了很大的方便。

　　CSMAR 数据库由股票市场系列、公司研究系列、基金市场系列、债券市场系列、衍生市场系列、经济研究系列、行业研究系列、货币市场系列、海外研究系列、板块研究系列、市场资讯系列、专题研究系列、科技金融研究系列十三个部分构成。如表 7-2 所示。

表 7-2　CSMAR 数据库系列

股票市场系列	中国上市公司增发配股研究数据库
CSMAR 中国股票市场交易数据库	中国上市公司红利分配研究数据库
中国融资融券研究数据库	中国上市公司股东研究数据库
中国股票市场大笔交易数据库	中国上市公司治理结构研究数据库
中国证券市场大宗交易数据库	中国上市公司违规处理研究数据库
中国证券市场指数研究数据库	中国上市公司并购重组研究数据库
中国股权分置改革研究数据库	中国上市公司关联交易研究数据库
中国股票交易停复牌研究数据库	中国上市公司银行贷款研究数据库
中国证券市场特殊处理与特别转让股票研究数据库	中国民营上市公司数据库
中国股票市场衍生指标数据库	中国上市公司国有股拍卖与转让研究数据库
公司研究系列	中国上市公司资产评估数据库
CSMAR 中国上市公司财务报表数据库	中国上市公司机构股票池研究数据库
中国上市公司年、中、季报公布日期数据库	中国上市公司对外担保研究数据库
中国上市公司业绩预告数据库	中国上市公司机构投资者研究数据库
中国海外上市公司研究数据库	中国上市公司内部控制研究数据库
中国上市公司财务报表附注数据库	中国上市公司社会责任研究数据库
中国上市公司财务指标分析数据库	中国上市公司内部人交易研究数据库
中国上市公司财务报告审计意见数据库	中国上市公司对外投资研究数据库
中国上市公司分析师预测研究数据库	衍生市场系列
中国银行财务研究数据库	中国商品期货市场研究数据库
中国上市公司首次公开发行研究数据库（A 股）	中国权证市场研究数据库
中国上市公司首次公开发行研究数据库（B 股）	股指期货研究数据库

续表

中国国债期货研究数据库	中国股票市场风险评价系数 β 数据库
海外研究系列	**经济研究系列**
香港上市公司研究数据库	中国宏观经济研究数据库
美国股票市场研究数据库	中国区域经济研究数据库
科技金融研究系列	世界经济景气指数库
天使投资数据库	中国工业行业统计数据库
货币市场系列	中国进出口统计数据库
中国外汇市场研究数据库	世界经济统计数据库
中国黄金市场交易研究数据库	中国资源研究数据库
中国货币市场与政策工具数据库	**行业研究系列**
外汇相关法规	中国能源行业研究数据库
中国银行间交易研究数据库	中国房地产行业研究数据库
板块研究系列	中国通信行业研究数据库
板块数据库	中国汽车行研究数据库
市场资讯系列	中国交通运输行业研究数据库
公告数据库	中国保险行业研究数据库
新闻数据库	中国钢铁行业研究数据库
研究报告数据库	中国有色金属行业研究数据库
专题研究系列	中国医药行业研究数据库
中国股票市场收益波动研究数据库	中国新能源行业研究数据库
中国股票市场基本分析研究数据库	中国石油化工行业研究数据库
中国上市公司资本结构研究数据库	中国农林牧渔业研究数据库
中国股票市场日历效应研究数据库	**基金市场系列**
中国股票市场资本资产定价模型研究数据库	中国封闭式基金研究数据库
中国股票市场股利政策研究数据库	中国开放式基金研究数据库
中国股票市场收益预测研究数据库	中国证券市场基金评价研究数据库
中国股票市场盈余反应系数研究数据库	**债券市场系列**
中国股票市场事件研究数据库	中国债券市场研究数据库
中国股票市场操控性与非操控性应计利润研究数据库	

本章结语

　　在确定数据库的使用类别之后，进行实证研究的下一个关键步骤就是数据库的选择。专业数据库由于其在专业性、准确性、完整性和延续性等方面的优势，成为研究

者的首选。目前，国际上已有多个数据库备受学者青睐，如 GRSP、COMPUSTAT、WRDS 和 Thosmon Financial（TNF）等。对于我国学者来说，CSMAR 系列数据库为许多初学者提供了良好的数据平台。CSMAR 系列数据库不仅具有完整、准确、连续、可比等特点，还支持多种格式输出并可以为 SAS 和 SPSS 等统计软件直接调用，极大地方便了使用者的操作。此外，CSMAR 系列数据库还细化为股票系列、上市公司系列、基金系列、债券系列等十三大部分，可以满足不同使用者的需求。从最初的十几个数据库到现在的 90 多个数据库，CSMAR 系列数据库在自身不断完善、壮大的同时，也见证了中国实证研究的发展和进步，为中国实证研究领域做出了巨大的贡献。

本章参考文献

［1］陈小悦. 对会计实证研究方法的认识［J］. 会计研究，1997，7.

［2］金武刚. 定量研究中国社会科学：一项来自 3199 篇论文的内容分析［J］. 情报资料工作，2002（4）：52-57.

［3］娄策群. 社会科学评价的文献计量理论与方法［M］. 武汉：华中师范大学出版社，1999.

［4］彭哲，刘飞泉. CRSP 数据库检索方法［J］. 情报探索，2013（8）：82-84.

［5］吴联生，刘慧龙. 中国审计实证研究：1999~2007［J］. 审计研究，2008（2）：36-46.

第八章 CSMAR 数据库与对应的参考文献

数据库是实证研究的先决条件，不同的数据库可以应用于不同的实证研究，因此为了便于读者进一步了解实证研究，我们将数据库和文献对应起来，读者在使用数据库工具时便有的放矢，这样就节约了实证研究初学者的宝贵时间，提高了学习效率。下面就具体的数据库及与数据库对应的文献做逐一介绍。

第一节

股票市场系列

股票市场系列数据库由 9 个数据库组成，如表 8-1 所示。

表 8-1　股票市场系列数据库列表

序号	数据库名称
1	CSMAR 中国股票市场交易数据库
2	中国融资融券研究数据库
3	中国证券市场大宗交易数据库
4	中国股票市场大笔交易数据库
5	中国证券市场指数研究数据库
6	中国股权分置改革研究数据库
7	中国股票停复牌研究数据库
8	中国特殊处理与特别转让股票研究数据库
9	中国股票市场衍生指标数据库

1. CSMAR 中国股票市场交易数据库

中国股票市场交易数据库为研究者提供自上海证券交易所和深圳证券交易所成立以来所有股票的交易数据，该数据库的开发充分借鉴了 Center for Research in Security Prices（CRSP）等国际知名数据库系统的专业数据调整技术，将计算好的可比价格、各种回报率（如个股回报率、市场回报率和综合市场回报率、10 种指数回报率）等数据项目直接提供给研究者。CSMAR 数据库为研究者提供新股上市、增发新股、转配股上市、配股除权、配股上市、配股除权并上市、送股除权、送股上市、拆细除权和拆细上市等多种详细的股本变动类型。

对每次的股本变动，CSMAR 数据库都详细提供总股数、国家股股数、境内/外发起人法人股股数、募集法人股股数、基金配售股股数、转配股股数、A 股股数、B 股股数、流通配送股尚未流通股数、高级管理人员持股数等数据。

中国股票市场交易数据库，为研究者节约了研究者处理数据的宝贵时间，大大提高了研究者的研究效率。中国股票市场交易数据库是基础库，广泛地应用于实证研究，只要是涉及股票市场交易的研究，基本上都要用到。因此，这里我们对于对此类研究不再提供对应的学术文献。

2. 中国融资融券研究数据库

融资融券作为一种信用交易，是指投资者向具有上海证券交易所或深圳证券交易所会员资格的证券公司提供担保物，借入资金买入上市证券或借入上市证券并卖出的行为。有别于证券现货交易的模式，融资融券增加了交易筹码，起到了一定的财务杠杆作用。

融资融券业务的开展，在一定程度上引入了做空机制，改变了我国证券市场历年来的单边市场形态，因此，可以说，融资融券交易为股指期货及其他金融衍生品的推出奠定了基础。

中国融资融券交易数据库提供上海证券交易所和深圳证券交易所自 2010 年 3 月 31 日正式获批开展融资融券业务以来的市场数据。该数据库涵盖了融资融券的明细数据、汇总数据、融资买入标的证券信息、融券卖出标的证券信息、融资融券担保证券信息等。

国内外研究市场微观结构对应的学术文献如表 8-2 和表 8-3 所示。

表 8-2 国外研究市场微观结构对应的学术文献

序号	文章名称	发表刊物	作者
1	Size, value, and momentum in international stock returns	Journal of Financial Economics	EF Fama, KR French
2	Ex ante skewness and expected stock returns	The Journal of Finance	J. Conrad, RF Dittmar, E. Ghysels

序号	文章名称	发表刊物	作　者
3	What factors drive global stock returns?	Review of Financial Studies	K. Hou, GA Karolyi, BC Kho
4	Accrual reversals, earnings and stock returns	Journal of Accounting and Economics	EJ Allen, CR Larson, RG Sloan
5	Growth or glamour? Fundamentals and systematic risk in stock returns	Review of Financial Studies	JY Campbell, C. Polk
6	Price and volatility spillovers in Scandinavian stock markets	Journal of banking & Research	G. Geoffrey Booth, Teppo Martikainen, Yiuman Tse
7	Real options, volatility, and stock returns	The Journal of Finance	G. Grullon, E. Lyandres, A. Zhdanov
8	Does algorithmic trading improve liquidity?	The Journal of Finance	T. Hendershott, CM Jones
9	Corporate bond liquidity before and after the onset of the subprime crisis	Journal of Financial Economics	J. Dick-Nielsen, P. Feldhütter, D. Lando
10	Hedge funds as liquidity providers: Evidence from the Lehman bankruptcy	Journal of Financial Economics	GO Aragon, PE Strahan

表 8-3　国内研究市场微观结构对应的学术文献

序号	题　名	来源	年/期	作　者
1	债务资本成本与资本结构动态调整	审计与经济研究	2013/06	陈少华、陈菡、陈爱华
2	信息披露质量与现金持有	经济与管理研究	2013/05	袁卫秋、邹苏苏
3	货币政策与股票收益率的非线性影响机制研究	金融研究	2013/01	张小宇、刘金全、刘慧悦
4	中国股市的跳跃性与杠杆效应	金融研究	2012/11	赵华
5	VC 是更积极的投资者吗？	金融研究	2012/10	付雷鸣、万迪昉、张雅慧
6	公司治理质量，投资者信心与股票收益	会计研究	2012/02	雷光勇、王文、金鑫
7	中国股票市场上的"隔夜效应"和"午间效应"研究	金融研究	2012/02	刘红忠、何文忠
8	证券市场收益率分布时变性的经济学分析及其我国的经验证据	统计研究	2011/11	李腊生、翟淑萍、关敏芳
9	现金分红对股票收益率波动和基本面信息相关性的影响	金融研究	2010/10	宋逢明、姜琪、高峰
10	对我国股票收益率与通货膨胀率关系的解释：1992~2007	金融研究	2008/04	韩学红、郑妍妍、伍超明

3. 中国证券市场大宗交易数据库

大宗交易是重要的证券市场交易机制之一，从市场微观结构的角度研究大宗交易制度有深远的意义，中国证券市场大宗交易数据库为研究者从事大宗交易的研究提供了强有力的数据支持。

利用中国证券市场大宗交易数据库，研究者可从事以下主题的研究：

（1）大宗交易的市场价格影响。可从三个方面展开：一是大宗交易对市场价格的影响方向；二是大宗交易价格影响的不对称性；三是楼上市场和楼下市场价格影响的比较研究。

（2）楼上市场和楼下市场在价格决定中的角色和相互作用。讨论两个市场的相互影响，特别是楼上市场和楼下市场不知情交易者的利益是否部分依赖于楼下市场的价格发现，是大宗交易研究者的又一课题。

（3）大宗交易自身定价。在纽约交易所、美国地区交易所及采取中央竞价系统的其他交易所，大额订单的执行价格比小额订单差。如何解释这一现象，已经成为许多实证研究者深入探讨的课题。

国内外研究大宗交易对市场价格影响的部分论文如表 8-4 和表 8-5 所示。

表 8-4 国外研究大宗交易对市场价格影响的部分论文

序号	文章名称	发表刊物	作 者
1	Where is the value in high frequency trading?	The Quarterly Journal of Finance	Á. Cartea, J. Penalva
2	Do institutions receive comparable execution in the NYSE and Nasdaq markets? A transaction study of block trades	Journal of Financial Economics	Michele La Plante, Chris J. Muscaretia
3	Governance through trading and intervention: A theory of multiple blockholders	Review of Financial Studies	A. Edmans, G. Manso
4	BUILDING BLOCKS An Introduction to Block Trading	Journal of Banking and Finance	Kenneth BURDETT and Maureen O'HARA
5	The Growth o'Block Trading and Its Impact on Economic Ejiciency on the New York Stock Exchange	Journal of Business Research	James F Nielsen and Roger L. Hayen

表 8-5 国内研究大宗交易对市场价格影响的部分论文

序号	题 名	来 源	年/期	作 者
1	限售股减持：利润平滑还是投资收益最大	金融研究	2013/01	王玉涛、陈晓、薛健
2	股票价格低于每股净资产的影响因素分析——来自中国 A 股上市公司的经验证据	会计与经济研究	2013/01	耿建新、白莹、张驰

续表

序号	题　名	来　源	年/期	作　者
3	中国股市的系统流动性——来自拓展的FDR法的证据	金融研究	2012/11	张玉龙、李怡宗、杨云红
4	中国政府对上市银行的隐性救助概率和救助成本	金融研究	2012/10	许友传、刘庆富、陈可祯
5	从A股滚动投资回报现状看我国寿险资金投资策略	保险研究	2012/07	张景奇
6	货币政策、民营企业投资效率与公司期权价值	经济研究	2012/05	靳庆鲁、孔祥、侯青川
7	风险投资对上市公司投融资行为影响的实证研究	经济研究	2012/01	吴超鹏、吴世农、程静雅、王璐
8	中国股票价格跳跃实证研究	管理科学学报	2011/09	欧丽莎、袁琛、李汉东
9	股票市场、人民币汇率与中国货币需求	金融研究	2011/04	肖卫国、袁威
10	国际金融危机下人民币汇率与股价联动关系研究	国际金融研究	2010/08	周虎群、李育林

4. 中国股票市场大笔交易数据库

中国股票市场大笔交易数据库包含中国上海证券交易所和深圳证券交易所全部A股股票的大笔交易相关信息（注：本数据库对于大笔交易的定义是A股交易量超过100000股，B股交易量超过40000股的交易），主要内容包括大笔交易的交易信息、大笔交易前后10笔的成交信息、买卖报价信息、买卖盘信息及回报率信息以及大笔交易的交易日对应的大笔交易市场统计信息。

股票大笔交易对应的学术文献可以参考对市场价格影响的学术文献。

5. 中国证券市场指数研究数据库

指数研究数据库记录从1990年12月19日以来，上海证券交易所和深圳证券交易所发布的所有的指数行情。该数据库收录了指数自发布以来的所有变更情况，包括变更日期、成分证券代码、成分证券简称和变动方式等信息，记载了股票指数样本股的基本信息，包括成分证券代码、证券简称、公司全称、成立日期、上市日期和招股日期等内容。

国内研究证券市场指数的部分论文如表8-6所示。

表8-6　国内研究证券市场指数的部分论文

序号	题　名	来　源	年/期	作　者
1	股指期货对我国股票市场指数结构性变化以及波动性影响的实证研究	生产力研究	2013/02	刘晓毅

续表

序号	题　名	来　源	年/期	作　者
2	中国 A 股市场股票收益率风险因素分析：基于 Fama-French 三因素模型	当代经济科学	2013/04	刘辉、黄建山
3	A 股、H 股市场协整关系和引导关系实证研究	金融理论与实践	2013/06	刘燕、陈勇、周哲英
4	中国 A 股市场动量效应和反转效应：实证研究及其理论解释	金融评论	2012/01	谭小芬、林雨菲
5	控制结构、法律保护与股利政策——对香港本地公司和内地 A 股上市公司的比较研究	经济管理	2012/01	赵中伟
6	大单交易与股票价格：来自我国沪市的经验证据	财经问题研究	2011/12	陈睿
7	上证指数高频数据的多重分形错觉	管理科学学报	2010/03	周炜星

6. 中国股权分置改革研究数据库

股权分置改革研究数据库包含了股权分置改革相关披露信息、股改方案信息、股改进程信息、股改参与方信息以及股改前后市场表现情况等。除了尽可能全面地提供股改过程中涉及的重要信息外，该数据库对对价方案做了细致的分类，以方便研究人员使用。

国内研究对股权分置改革的部分论文如表 8-7 所示。

表 8-7　国内研究股权分置改革的部分论文

序号	题　名	来　源	年/期	作　者
1	股权分置改革影响控股股东的现金持有偏好吗？	会计研究	2013/04	姜英兵、于彬彬
2	股权分置改革、大股东"掏空"与审计治理效应	当代财经	2013/03	张利红、刘国常
3	期权分置改革、盈余管理与高管薪酬业绩敏感性	金融研究	2012/10	陈胜蓝
4	制度变迁是否改善了公司治理效应——来自股权分置改革的经验证据	财经科学	2012/08	强国令、闫杰
5	股权分置制度变迁、股权激励与现金股利——来自国有上市公司的经验证据	上海财经大学学报	2012/02	强国令
6	全流通环境下投资者利益保护研究——控股股东、中小股东和经理人三方博弈分析	财经研究	2011/11	徐慧玲
7	机构投资者异质性、企业产权与公司绩效——基于股权分置改革前后的比较分析研究	中国管理科学	2011/05	刘星、吴先聪
8	股权分置改革对中国股市波动性与有效性影响的实证研究	金融研究	2011/02	谢世清、邵宇平
9	股权分置改革是否改善了上市公司治理机制的有效性	金融研究	2010/12	汪昌云、孙艳梅、郑志刚、罗凯
10	股权分置改革、自愿性信息披露与公司治理	经济研究	2010/04	张学勇、廖理

7. 中国股票停复牌研究数据库

股票停复牌研究数据库提供上海证券交易所和深圳证券交易所披露的主板及中小企业板块股票交易停复牌数据。可帮助研究者及时把握个股交易变动信息和停复牌情况，为其深入研究个股行为提供真实、准确、具体、完整的信息。具体字段包括证券代码、证券简称、停牌公告日期、停牌类型、停牌日期、停牌时间、复牌日期、复牌时间、交易停复牌时间长度、停牌原因等。

国内研究中国股票停复牌的部分论文如表8-8所示。

表8-8　国内研究中国股票停复牌的部分论文

序号	题　名	来　源	年/期	作　者
1	复牌集合竞价模式与价格发现	管理工程学报	2010/03	廖静池、李平、曾勇
2	中国股票市场停牌制度实施效果的实证研究	管理世界	2009/02	廖静池、李平、曾勇
3	不同市态下个股异常波动停牌与股指相关性	系统工程理论与实践	2008/08	陈收、易双文、刘端
4	日历效应研究进展	经济论坛	2006/07	林日丽
5	周内效应和月度效应：中国证券投资基金市场的实证研究	管理学报	2004/01	李凌波

8. 中国特殊处理与特别转让股票研究数据库

中国特殊处理与特别转让股票研究数据库为研究者提供中国证券市场 ST、PT、*ST 的详尽数据。该数据库除提供宣布进行或取消 ST、PT、*ST 及相关公告的日期、内容、公司交易情况变动、日个股回报率、股本情况外，还提供资本结构情况变动等。ST、PT 制度是针对中国证券市场独特的风险警示制度，由于在我国证券市场还没有破产的上市公司，所以许多研究者把 ST 作为公司发生财务困境的标志，构造模型来寻找发生财务困境的影响因素并做相关的预测。目前中国证券市场特别处理与特别转让股票研究数据库主要运用于这一领域。

国内外研究财务困境的部分论文如表8-9和表8-10所示。

表8-9　国外研究财务困境的部分论文

序号	文章名称	发表刊物	作　者
1	Bank Equity Stakes in Borrowing Firms and Financial Distress	The Review of Financial Studaies	M. Berlin, K. John, Anthony Saunders
2	Bayesian kernel based classification for financialDistress detection	Emerging Markets Review	T. V. Gestel, B. Baesens, J. A. K. Suykens, D. V. Poel, D. E. Baestaens, M. Willekens

续表

序号	文章名称	发表刊物	作 者
3	Asset liquidity, debt covenants, and managerial Discretion in financial distress: the collapse of L. A. Gear	Journal of Financial Economics	Harry DeAngelo, Linda DeAngelo, Karen H. Wruck
4	Pricing vulnerable European options when the option's payoff can increase the risk of financial distress	Journal of Banking & Finance	Peter Klein, Michael Inglis
5	Divestments and financial distress in leveraged buyouts	Journal of Banking & Finance	John C. Easterwood
6	Causes of financial distress following leveraged re-capitalizations	Journal of Financial Economics	David J. Denis, Diane K. Denis
7	Shareholder Control and Financial Distress in the Thrift Industry	Journal of Business Research	John L. Teal1
8	Management Turnover and Financial Distress	Journal of Financial Economics	Stuart C. GILSON

表 8-10　国内研究财务困境的部分论文

序号	题 名	来 源	年/期	作 者
1	财务困境中 CEO 权力、高管层薪酬差距与公司业绩	财贸研究	2012/03	鲁海帆
2	内部控制能有效规避财务困境吗?	财经研究	2012/01	李万福、林斌、林东杰
3	基于 CBR 与灰色关联度的财务危机预警	计算机工程	2012/01	廖志文
4	政治关联与财务困境公司的政府补助——来自中国 ST 公司的经验证据	南开管理评论	2009/05	潘越、戴亦一、李财喜
5	财务困境公司的重组战略——基于中国上市公司的实证分析	商业研究	2009/02	赵丽琼
6	管理者过度自信、企业扩张与财务困境	经济研究	2009/01	姜付秀、张敏、陆正飞、陈才东
7	非经常性损益、监管制度化与 ST 公司摘帽的市场反应	投资世界	2008/08	孟焰、袁淳、吴溪
8	基于混合 Logit 模型的财务困境预测研究	数量经济技术经济研究	2007/09	鲜文铎、向锐

9. 中国股票市场衍生指标数据库

中国股票市场衍生指标数据库收录了自 1991 年 4 月 4 日以来上交所和深交所发布的所有股票行情的各类衍生数据。该数据库的开发充分借鉴了 CRSP 等国际知名数

据库系统的衍生数据计算公式，将按标准算法得出的衍生数据直接提供给用户，大大节省了用户处理数据的时间。

■ 第二节

公司研究系列

公司研究系列由 29 个数据库组成，如表 8-11 所示。

表 8-11 公司研究系列数据库列表

序　号	数据库名称
1	CSMAR 中国上市公司财务报表数据库
2	中国上市公司年、中、季报公布日期数据库
3	中国上市公司业绩预告数据库
4	中国海外上市公司研究数据库
5	中国上市公司财务报表附注数据库
6	中国上市公司财务指标分析数据库
7	中国上市公司财务报告审计意见数据库
8	中国上市公司分析师预测研究数据库
9	中国银行财务研究数据库
10	中国上市公司首次公开发行研究数据库（A 股）
11	中国上市公司首次公开发行研究数据库（B 股）
12	中国上市公司增发配股研究数据库
13	中国上市公司红利分配研究数据库
14	中国上市公司股东研究数据库
15	中国上市公司治理结构研究数据库
16	中国上市公司违规处理研究数据库
17	中国上市公司关联交易研究数据库
18	中国上市公司银行贷款研究数据库
19	中国上市公司并购重组研究数据库
20	中国民营上市公司研究数据库
21	中国上市公司国有股拍卖与转让研究数据库
22	中国上市公司资产评估数据库
23	中国上市公司机构股票池研究数据库
24	中国上市公司对外担保研究数据库

序　号	数据库名称
25	中国上市公司机构投资者研究数据库
26	中国上市公司内部控制研究数据库
27	中国上市公司社会责任研究数据库
28	中国上市公司内部人交易数据库
29	中国上市公司对外投资研究数据库

1. CSMAR 中国上市公司财务报表数据库

中国上市公司财务报表数据库包括一般行业及金融行业上市公司的年报数据、中报数据与季报数据。该数据库的开发借鉴了 CRSP、COMPUSTAT 等国际知名财经数据库的成功经验，并切实结合中国股票市场自身特点及实际情况进行校正。该数据库以 2006 年财政部出台的《企业会计准则》为基本框架，对报表进行了重新分类，包括资产负债表文件、利润表文件、现金流量表——直接法文件和现金流量表——间接法文件。新结构的设计基本遵循《企业会计准则》规定的合并报表列报格式，适用于所有行业（包括一般行业、银行业、保险业和证券业等），并能往前兼容历史数据。

国内研究上市公司财务报表的部分论文如表 8-12 所示。

表 8-12　国内研究上市公司财务报表的部分论文表

序号	题　名	来　源	年/期	作　者
1	会计信息质量与公司投资效率——基于 2006 年会计准则趋同前后深沪两市经验数据的比较研究	管理评论	2013/04	蔡吉甫
2	公允价值会计对我国上市证券公司财务报表的影响——基于我国上市证券公司 2007 至 2009 年年报数据的分析	中国注册会计师	2011/05	毋贤祥、罗祯
3	上市公司财务预警实证研究——来自制造业数据	财会通讯	2012/03	崔洁
4	基于双重会计准则的上市公司净利润差异实证分析	财会通讯	2007/02	于纹
5	浅议新会计准则实施后可能出现的盈余管理方式	财经界	2007/06	余德君、王仁平
6	A、B 股票计价模型的实证研究——兼议我国会计标准的国际化	当代财经	2005/06	曹玉珊

2. 中国上市公司年、中、季报公布日期数据库

中国上市公司年、中、季报公布日期数据库的数据来源主要是上海证券交易所和深圳证券交易所，提供关于中国上市公司年度、中期、季度报告的公布日期和几项主

要财务指标，包括公布日期、调整前/后净利润、调整前/后每股净资产、调整前/后每股收益等重要信息。

国内事件研究的部分论文如表 8-13 所示。

表 8-13　国内事件研究部分论文

序号	题　名	来　源	年/期	作　者
1	一直在努力？——基金管理者买卖行为的有效性分析	数学的实践与认识	2012/11	朱宏志、马晓维、朱宏泉
2	企业慈善捐赠对市场影响的实证研究——以"5·12"地震慈善捐赠为例	中国软科学	2010/06	李敬强、刘凤军
3	我国上市公司换股并购绩效的实证研究	中国工业经济	2008/07	宋希亮、张秋生、初宜红
4	ST 公布和 ST 撤销事件的市场反应研究——来自沪深股市的实证检验	统计研究	2006/11	唐齐鸣、黄素心

3. 中国上市公司业绩预告数据库

中国上市公司业绩预告数据库收录了上市公司发布的业绩预告信息和业绩快报信息。通过这个数据库，投资者和研究者可以在第一时间获知上市公司财务报表的关键信息，掌握上市公司最新的财务状况，发现公司经营业绩的异常变化。

国泰安于 2011 年开发新库，新库完全覆盖了旧业绩预告库业务字段。2010 年后的数据以业绩预报表和业绩快报表的形式提供；2010 年之前的历史数据以业绩预告简表和业绩快报简表的形式提供。

4. 中国海外上市公司研究数据库

中国海外上市公司研究数据库涵盖 8 个国家，15 个交易市场的上千家中国海外上市公司的多地上市情况、上市方式、存续情况、融资效果、治理相关情况、所属行业、财务信息及交易信息。该数据库严格按照国际知名数据库（如 Compustat、PAC-APD 等）的标准设计了资产负债表、利润表、现金流量表等财务报表系列。

5. 中国上市公司财务报表附注数据库

附注为上市公司财务报表中的重要组成部分，是对 3 张报表（资产负债表、损益表、现金流量表）的详细解释及补充说明。中国上市公司财务附注数据库收集提供了这些细节，包括公司的会计政策、会计科目的明细组成、特殊事项等。任何关注上市公司财务状况的研究者都应仔细分析附注中的信息。

国内研究上市公司财务附注的部分论文如表 8-14 所示。

表 8-14　国内研究上市公司财务附注的部分论文

序号	题　名	来　源	年/期	作　者
1	财务重述对分析师预测行为的影响研究	数理统计与管理	2013/02	马晨、张俊瑞、李彬
2	会计政策变更、信号传递与代理成本	财贸研究	2008/06	刘斌、熊运莲
3	我国股市周期与企业会计稳健性的实证研究	财经研究	2008/12	徐华新、孙铮
4	基于公司治理的会计政策选择	会计研究	2003/07	李殊
5	管理报酬契约与会计政策选择——兼论我国上市公司管理报酬契约的设计	会计研究	2001/11	段文清、邓永顺、宇文献花

6. 中国上市公司财务指标分析数据库

中国上市公司财务指标分析数据库提供了企业短期偿债能力、营运能力、长期偿债能力、盈利能力、风险承受能力、股东获利能力、现金流量能力、发展能力 8 个方面共 140 多个完整的财务指标体系，使研究者全方位了解、准确捕捉上市公司安全、营运、收益和成长等各方面的状况。

国内研究上市公司财务指标的部分论文如表 8-15 所示。

表 8-15　国内研究上市公司财务指标的部分论文

序号	题　名	来　源	年/期	作　者
1	信息披露质量与现金持有	经济与管理研究	2013/05	袁卫秋、邹苏苏
2	企业规模与 R&D 投入关系研究——基于企业盈利能力的分析	科学学研究	2012/02	张西征、刘志远、王静
3	外方总经理对企业盈利能力影响的实证研究	南开管理评论	2012/05	路江涌、陆毅、余林徽
4	企业创新、价值链扩张与制造业盈利能力——以中国医药制造企业为例	中国工业经济	2012/04	王文涛、付剑峰、朱义
5	准则变更、盈余质量与资本成本关系研究	财政研究	2012/09	闫华红、张明
6	偿债能力指标存在通用标准吗？——来自沪、深股市的经验证据	经济问题	2010/08	高大钢

7. 中国上市公司财务报告审计意见数据库

审计师的意见是对财务报表质量的反映，中国上市公司财务报告审计意见数据库提供了全面的审计相关信息，如审计师的姓名，所在会计师事务所，审计意见的类型，意见全文以及审计费用（区分了境内审计费用与境外审计费用）。

国内研究上市公司财务报告审计意见的部分论文如表 8-16 所示。

实证研究指南

表8-16　国内研究上市公司财务报告审计意见的部分论文

序号	题　名	来　源	年/期	作　者
1	金融危机下审计收费风险溢价的研究	会计研究	2013/05	张天舒、黄俊
2	关联方交易对审计收费的影响研究——基于 2007~2010 年沪市 A 股上市公司的经验证据	审计研究	2013/01	马建威、李伟
3	不同市场化进程下的审计收费和审计师选择——来自中国上市公司的经验证据	山西财经大学学报	2011/12	蒋德权、沈永建、王国俊
4	政府控制对审计质量的双重影响	会计研究	2011/08	龚启辉、李琦、吴联生
5	盈余管理、关联交易与审计师特征	审计与经济研究	2011/04	赵国宇
6	分所审计是否影响审计质量和审计收费？	审计研究	2010/02	王兵、辛清泉
7	环境不确定性与审计意见：基于股权结构的考察	会计研究	2010/12	申慧慧、吴联生、肖泽忠

8. 中国上市公司分析师预测研究数据库

中国上市公司分析师预测研究数据库是在广泛收集证券分析师对沪、深两市 A 股上市公司研究报告基础上开发完成的，内容包含证券分析师对上市公司的每股收益、市盈率、市净率、净利润、主营业务收入、投资评级等，以及实际表现。通过此数据库，研究者可对证券分析师报告的价值含量及专业性作出评估，可辨别上市公司在证券分析师发布同一上市公司不同时间段多个指标的预测值报告和上市公司实际表现值相比较前后的波动。该数据库也提供上市公司投资评级结果、评级标准及评级含义。

国内外研究分析师预测信息的部分论文如表8-17 和表8-18 所示。

表8-17　国外研究分析师预测信息的部分论文

序号	文章名称	发表刊物	作　者
1	Do accurate earnings forecasts facilitate superior investment recommend ations?	Journal of Financial Economics	R. K. Loh, G. Mujtaba Mian
2	Trends in analyst earnings forecast properties	International Review of Financial Analysis	Stephen J. Ciccone
3	Loss function assumptions in rational Expectations tests on financial analysts' Earnings forecasts	Journal of Accounting and Economics	Sudipta Basu, Stanimir Markov
4	Discussion of analysts' treatment of non-recurring items in street earnings and loss function assumptions in rational expectations tests on financial analysts' earnings forecasts	Journal of Accounting and Economics	Richard A. Lambert

续表

序号	文章名称	发表刊物	作 者
5	A note on analysts' earnings forecast errors distribution	Journal of Accounting and Economics	Daniel A. Cohen, Thomas Z. Lys
6	Firm diversification and asymmetric information: Evidence from analysts' forecasts and Earnings announcements	Journal of Financial Economics	Shawn Thomas
7	Following the leader: a study of Individual analysts' earnings forecasts	Journal of Financial Economics	Rick A. Cooper, Theodore E. Day, Craig M. Lewis
8	Transitory and persistent earnings components as reflected in analysts' short-term and long-term earnings forecasts: evidence from a nonlinear model	International Journal of Forecasting	David P. Mest, Elizabeth Plummer

表 8-18　国内研究分析师预测信息的部分论文

序号	题 名	来 源	年/期	作 者
1	证券分析师预测"变脸"行为研究——基于分析师声誉的博弈模型与实证检验	管理科学学报	2013/06	游家兴、邱世远、刘淳
2	上市公司年报审计质量与证券分析师盈余预测的实证分析	上海经济研究	2013/05	李刚
3	盈余构成、持续性差异与财务分析师盈余预测——基于我国 A 股上市公司的经验分析	山西财经大学学报	2012/02	季侃、全自强
4	剩余收益模型与股票未来回报	会计研究	2012/09	饶品贵、岳衡

9. 中国银行财务研究数据库

银行业在一个国家的经济中起着至关重要的金融中介作用，国泰安公司凭借多年财务信息数据库的开发经验，率先推出中国银行财务研究数据库，提供内容丰富的银行研究数据，包括基本信息、重要指标、报表数据和贷款分析等几大板块来描述每家银行。

国内研究银行财务的部分论文如表 8-19 所示。

表 8-19　国内研究银行财务的部分论文

序号	题 名	来 源	年/期	作 者
1	银行业市场结构与资产风险研究	国际金融研究	2013/04	张晓玫、李梦渝
2	基于贝叶斯网络的商业银行全面风险预警系统	系统工程理论与实践	2012/02	陆静、王捷

续表

序号	题　名	来　源	年/期	作　者
3	我国商业银行跨区域发展的经济效应研究	财贸经济	2011/01	范香梅、邱兆祥、张晓云
4	我国商业银行风险评价——基于年报数据的因子分析法	当代财经	2011/06	卢轶乔
5	中国商业银行风险规避与股权结构：基于面板数据的经验与证据	财贸经济	2010/06	杨有振、赵瑞
6	基于广义超越对数成本函数的商业银行范围经济实证研究	广东金融学院学报	2009/01	邹新月、邓亭
7	从资产组合理论视角审视我国商业银行非利息收入的波动性	经济经纬	2008/04	周好文、王菁

10. 中国上市公司首次公开发行研究数据库

中国上市公司首次公开发行研究数据库由 A 股一级市场数据库与 B 股一级市场数据库两个子库构成，该数据库提供上市公司上市首日交易、收益率等市场表现的详细数据。该数据库除提供一般的上市日期、承销商、推荐人、预计/实际募集资金额等信息外，还提供了招股前财务状况及上市后盈利预测的详细数据。

完整、准确、真实、科学的中国股票一级市场运作的相关数据，有助于监管部门发现并解决股票发行机制中存在的问题，从而促进中国股票市场向更完善、更规范的方向发展。

国内外与首次公开招募（IPO）有关的部分论文如表 8-20 和表 8-21 所示。

表 8-20　国外研究 IPO 的部分论文

序号	文章名称	发表刊物	作　者
1	Financial Packaging of IPO Firms in China	Journal of Accounting Research	J. Aharony, C. W. J. Lee and T. J. WONG
2	Global trends in IPO methods: Book building Versus auctions with endogenous entry	Journal of Financial Economics	Ann E. Sherman
3	The marketing role of IPOs: Evidence from internet stocks	Journal of Financial Economics	E. Demers, K. Lewellen
4	An empirical investigation of IPO returns and subsequent equity offerings*	Journal of Financial Economics	Narasimhan Jegadeesh
5	On the marketing of IPOs	Journal of Financial Economics	D. O. Cook, R. Kieschnick, Robert A. Van Ness

序号	文章名称	发表刊物	作 者
6	Adverse-selection versus signaling: evidence From the pricing of Chinese IPOs	Journal of Economics and Business	Dongwei Su
7	Is the IPO pricing process efficient?	Journal of Financial Economics	Michelle Lowry, G. William Schwert
8	The pricing of U.S. IPOs by seasoned foreign firms	Review of Financial Economics	Timothy R. Burch, Larry Fauver

表 8-21 国内研究 IPO 的部分论文

序号	题 名	来 源	年/期	作 者
1	风险资本持股对中小板上市公司 IPO 盈余管理的影响	管理评论	2012/08	黄福广、李西文、张开军
2	创业板公司 IPO 前后业绩变化及风险投资的影响	证券市场导报	2012/04	梁建敏、吴江
3	基于深市上市公司 IPO 盈余管理实证研究	财务与金融	2012/02	孟云凤、李刚
4	公司 IPO 会对已上市公司的股价产生影响吗?	南开经济研究	2011/05	周业安、杨腾
5	创业板 IPO 发行定价合理吗?	中国软科学	2011/09	郭海星、万迪昉
6	机构和潜在投资者行为对 IPO 抑价影响	系统工程理论与实践	2010/04	张小成、孟卫东、熊维勤

11. 中国上市公司增发配股研究数据库

中国上市公司增发配股研究数据库为研究者提供了全面、真实、准确的中国证券市场增发配股数据，内容涵盖了上海证券交易所和深圳证券交易所所有上市公司公布的配股说明书、增发招股意向书、增发上市公告、股份变动公告等全部资讯。该数据库为研究者提供每家上市公司增发配股前后若干个交易日的日收益率情况，为研究者清晰地展示了增发配股前后日收益率的变化轨迹，使研究者深刻洞悉增发配股给上市公司带来的变化。

国内外研究增发配股后市场反应的部分论文如表 8-22 和表 8-23 所示。

表 8-22　国外研究增发配股后市场反应的部分论文

序号	文章名称	发表刊物	作　者
1	The choice between rights offerings and private equity placements	Journal of Financial Economics	Henrik Cronqvist, Mattias Nilsson
2	Why underwrite rights offerings? Some new evidence	Journal of Financial Economics	Oyvind Bohren, B. Espen Eckbo, Dag Michalsena
3	Smart investments by smart money: Evidence from seasoned equity offerings	Journal of Financial Economics	ScottGibson, Assem Safieddine, Ramana Sonti
4	Long-horizon seasoned equity offerings performance in Pacific Rim markets	Review of Financial Economics	PremG Mathew
5	Do firms mislead investors by overstating earnings before seasoned equity offerings?	Journal of Accounting and Economics	Lakshmanan Shivakumar
6	Earnings management and the under performance of Seasoned equity offerings	Journal of Financial Economics	Siew Hong Teoh, Ivo Welch, T. J. Wong
7	Earnings management and the performance of seasoned Equity offerings	Journal of Financial Economics	Srinivasan Rangan
8	Under performance in long-run stock returns following seasoned equity offerings	Journal of Financial Economics	D. Katherine Spiess, John Affleck-Graves

表 8-23　国内研究增发配股后市场反应的部分论文

序号	题　名	来　源	年/期	作　者
1	再融资公司的现金分红和现金流操控研究	南京审计学院学报	2011/03	郭慧婷、张俊瑞、李彬、刘东霖
2	再融资公司现金流操控行为研究——来自中国A股市场的数据	山西财经大学学报	2008/10	张俊瑞、郭慧婷、王玮
3	可转债发行公司经营绩效实证研究	商业研究	2007/06	汤晶、陈收
4	信息披露、收益不透明度与权益资本成本	中国会计评论	2006/01	黄娟娟、肖珉
5	再融资政策、上市公司增长冲动与业绩异常分布	世界经济	2004/07	章卫东
6	可转债发行公司经营绩效实证研究	商业研究	2007/06	汤晶
7	我国上市公司配股前后业绩变化及其影响因素的实证研究	管理世界	2006/03	杜沔

12. 中国上市公司红利分配研究数据库

中国上市公司红利分配研究数据库为研究者提供了上市企业红利分配的详细数据，除基本的公司信息外，还为研究者提供了股东大会召开日期、股东大会公告发布日期、股东大会公告刊物、分配方案公告日期、分配方案公告刊物、分配类型、股权

登记日、最后交易日、除权降息日、股权登记日收盘价、除权除息日收盘价等。

国内外研究股利类型、信息含量、信息传递机制的部分论文如表 8-24 和表 8-25 所示。

表 8-24　国外研究股利类型、信息含量、信息传递机制的部分论文

序号	文章名称	发表刊物	作　者
1	Controlled diffusion models for optimal dividend pay-out	Insurance：Mathematics and Economics	Scren Asmussen, Michael Taksar
2	Corporate governance and dividend pay-out Policy in Germany	European Economic Review	Klaus Gugler, B. Burcin Yurtoglu
3	Dividend policy and the earned/contributed capital mix：a test of the life-cycle theory	Journal of Financial Economics	Harry DeAngelo, Linda DeAngelo, Rene M. Stulz
4	Dividend changes and catering incentives	Journal of Financial Economics	Wei Li, ErikLie
5	Ticksize, NYSErule118, andex-dividendday Stock price behavior	Journal of Financial Economics	Keith Jakob, Tongshu Ma
6	A new daily dividend-adjusted index for the Danish stock market, 1985-2002：construction, statistical properties, and return predictability	Research in International Business and Finance	Klaus Belter, Tom Engsted, Carsten Tanggaard
7	Expected returns and expected dividend growth	Journal of Financial Economics	Martin Lettau, Sydney C. Ludvigson

表 8-25　国内研究股利类型、信息含量、信息传递机制的部分论文

序号	题　名	来　源	年/期	作　者
1	机构投资者异质性的上市公司股利政策研究	统计研究	2013/05	韩勇、于胜道、张伊
2	信息披露、公司治理与现金股利政策——来自深市 A 股上市公司的经验证据	证券市场导报	2013/01	徐寿福
3	产权性质、税收成本与上市公司股利政策	财经研究	2012/04	孙刚、朱凯、陶李
4	管理层持股、股利政策与代理问题	经济学（季刊）	2011/03	董艳、李凤
5	半强制分红政策的市场反应研究	经济研究	2010/03	李常青、魏志华、吴世农
6	终极产权、控制权结构和股利政策	财贸研究	2010/02	王毅辉、李常青
7	基于经济波动的控股股东与股利政策关系研究——来自中国证券市场的经验证据	财经研究	2009/12	王茜、张鸣
8	自由现金流、现金股利与中国上市公司过度投资	证券市场导报	2007/10	李鑫

13. 中国上市公司股东研究数据库

中国上市公司股东研究数据库为研究者提供全面、真实、准确的上市公司股东数据。该数据库从控股股东、控股股东持股比例、控股股东持股性质、实际控制人、股东持股关系等方面为研究者全面展示了上市公司股东及其股权关系链的详尽资讯。该数据库还提供了实际控制人、控股性质、比例等方面的详细信息。

国内研究上市公司股东的部分论文如表 8-26 所示。

表 8-26　国内研究上市公司股东的部分论文

序号	题　名	来　源	年/期	作　者
1	所有权、负债与大股东利益侵占	会计研究	2013/04	白云霞、林秉旋、王亚平、吴联生
2	股权激励、约束机制与业绩相关性——来自中国上市公司的经验证据	会计与经济研究	2013/01	张敦力、阮爱萍
3	股权结构、高管持股与股东隧道行为	财经问题研究	2012/08	黄俊、卢介然
4	具有行政背景的独立董事影响公司财务信息质量么？——基于国有控股上市公司的实证分析	南开经济研究	2011/01	余峰燕、郝项超
5	最终控制人性质、审计行业专业性与控股股东代理成本——来自我国上市公司的经验证据	审计研究	2011/03	谢盛纹
6	最终控制人性质、会计信息质量与公司投资效率——来自中国上市公司的经验证据	经济评论	2010/02	李青原、陈超、赵曌

14. 中国上市公司治理结构研究数据库

中国上市公司治理结构研究数据库充分借鉴 IRRC 等国际知名公司治理结构数据库系统的设计模式并结合中国股票市场自身特点及实际情况进行调整，为研究者提供中国上市公司管理层人员基本情况、年薪报酬、持股数量、股权结构变动情况、董事长和总经理变更情况及股东大会情况等数据资讯。

其中高级管理人员资料包含上市公司董事长、董事、监事、总经理等高管人员的基本情况、薪酬情况和持股情况、变动、独立性等。会议资料包含董事会议、监事会议、公司股东大会，以及董事会中专门委员会的设立情况。独立董事的信息独立董事与上市公司工作地点一致性统计。详细股权变动资料包括出/受让方名称、股权性质、变更股权比例、变更方式、交易价格/股数、交易成功与否、是否关联交易、第一大股东变更与否、变更前、后控股股东的持股比例等上市公司股权结构变动的信息。十大股东及十大流通股股东资料包括股东名称、年末持股数、持股比例、股份性质、质押情况等信息。

国内外研究公司治理结构的部分论文如表 8-27 和表 8-28 所示。

表 8-27　国外研究公司治理结构的部分论文

序号	文章名称	发表刊物	作　者
1	Taxes and dividend clientele: Evidence From trading and ownership structure	Journal of Banking & Finance	Yi-Tsung Lee, Yu-Jane Liu, Richard Roll Avanidhar ubrahmanyam
2	Post privatization corporate governance: The role of ownership structure and investor protection	Journal of Financial Economics	Narjess Boubakri, Jean-Claude Cosset, Omrane Guedhami
3	Ownership structure and the pricing of discretionary accruals in Japan	Journal of International Accounting, Auditing & Taxati	Richard hung, SandraHo, Jeong-Bon Kim
4	The effect of foreign entry and ownership structure on the Philippine domestic banking market	Journal of Banking & Finance	Angelo A. Unite, Michael J. Sullivan
5	Corporate ownership structure and the informativeness of accounting earnings in East Asia	Journal of Accounting and Economics	Joseph P. H. Fan, T. J. Wong
6	Ownership structure and corporate performance	Journal of Corporate Finance	Belen Villalonga Harold Demsetz
7	The effect of changes in ownership structure on performance: Evidence from the thrift industry	Journal of Financial Economics	Rebel A. Cole, Hamid Mehran
8	IPO-mechanisms, monitoring and ownership structure	Journal of Financial Economics	Neal M. Stoughton, Josef Zechner
9	Ownership structure and top executive turnover	Journal of Financial Economics	David J. Denis, Diane K. Denis, Atulya Sarinb
10	Ownership Structure, Deregulation, and Risk in the Savings and Loan Industry	Journal of Business Research	Donald R. Fraser, Asghar Zardkoohi

表 8-28　国内研究公司治理结构的部分论文

序号	题　名	来　源	年/期	作　者
1	家族控制权结构与银行信贷合约：寻租还是效率？	管理世界	2013/09	陈德球、肖泽忠、董志勇
2	CEO 财务经历与资本结构决策	会计研究	2013/05	姜付秀、黄继承
3	我国非上市公司治理机制有效性的检验——来自我国制造业大中型企业的证据	金融研究	2013/02	郑志刚、殷慧峰、胡波
4	中国上市公司终极所有权结构及演变	统计研究	2012/10	李伟、于洋
5	公司治理、机构投资者与企业绩效	财政研究	2012/08	杨台力、周立、王博
6	环境信息披露制度、公司治理和环境信息披露	会计研究	2012/07	毕茜、彭珏、左永彦

序号	题　名	来　源	年/期	作　者
7	基于地区差异视角的外部治理环境与盈余管理关系研究——兼论公司治理的替代保护作用	南开管理评论	2012/04	李延喜、陈克兢、姚宏、刘伶
8	所有权性质、公司治理与控制权私人收益	管理评论	2010/07	吴冬梅、庄新田
9	我国上市公司股权结构对现金股利政策的影响——基于股权分置改革前后的实证研究	中国工业经济	2009/12	许文彬、刘猛
10	自由现金流量、股权结构与我国上市公司过度投资问题研究	当代财经	2009/04	汪平、孙士霞
11	股权结构、公司治理对股权代理成本的影响——基于中国上市公司2001~2006年数据的研究	金融研究	2009/02	李明辉

15. 中国上市公司违规处理研究数据库

中国上市公司违规处理研究数据库从"违规公司"与"违规个人"两个不同的角度为研究者的研究提供完整、准确、规范、科学的中国证券市场违规处理数据。其中违规事件提供"违规类型/时间、处理单位/对象/类型、审计单位"等诸多方面的"违规事件"资讯，信息全面、准确，"违规事件"的背后是"违规个人"，反映的是整个上市公司管理层的违规状况，这些信息对于了解特定上市公司的经营状况有着重要的参考价值。

国内外研究违规的市场反应及监管效率的部分论文如表8-29和表8-30所示。

表8-29　国外研究违规的市场反应及监管效率的部分论文

序号	文章名称	发表刊物	作　者
1	Economic consequences of SEC disclosure regulation: evidence from the OTC bulletin board	Journal of Accounting and Economics	Brian J. Bushee, Christian Leuz
2	Informational effects of regulation FD: evidence from rating agencies	Journal of Financial Economics	Philippe Jorion, Zhu Liu, Charles Shi
3	The effectiveness of Regulation FD	Journal of Accounting and Economics	Andreas Gintschel, Stanimir Markov
4	Boards of directors, ownership, and regulation	Journal of Banking & Finance	J. R. Booth, M. M. Cornett, H. Tehranian
5	Pay for performance? Government regulation and the structure of compensation contracts	Journal of Financial Economics	TodPerry, MarcZenner
6	Financial regulation and financial system architecture in Central Europe	Journal of Banking & Finance	Bert Scholtens

续表

序号	文章名称	发表刊物	作 者
7	The effects of taxes, regulation, earnings, and organizational form on life insurers' Investment portfolio realizations	Journal of Accounting and Economics	JulieH. Collins, Greg G. Geisler, Douglas A. Shackelford
8	Risk, regulation, and S & L diversification into nontraditional assets	Journal of Banking & Finance	E. B. HI, W. E. J. HI T. S. Mondschean

表 8-30 国内研究违规的市场反应及监管效率的部分论文

序号	题 名	来 源	年/期	作 者
1	我国上市公司高管背景特征与公司治理违规行为研究	科学学与科学技术管理	2013/02	顾亮、刘振杰
2	政治关联影响投资者法律保护的执法效率吗?	经济学	2013/02	许年行、江轩宇、伊志宏、袁清波
3	政府控制、制度环境与信贷资源配置	公共管理学报	2012/02	苏坤
4	什么样的上市公司更容易出现信息披露违规——来自中国的证据和启示	财贸经济	2011/08	冯旭南、陈工孟
5	上市公司违规问题的进化博弈分析	管理学报	2009/03	黄维民、沈乐平

16. 中国上市公司关联交易研究数据库

中国上市公司关联交易研究数据库由上市公司基本情况表、上市公司关联公司情况表、关联交易情况表和关联交易中资金往来数据库四大部分组成,提供"关联交易性质/主体/类别、关联交易事项分类"等重要资讯,科学、准确地反映了关联交易的实质性内容。系统完整、结构合理,为研究工作提供了强有力的支持。

国内研究上市公司关联交易的部分论文如表 8-31 所示。

表 8-31 国内研究上市公司关联交易的部分论文

序号	题 名	来 源	年/期	作 者
1	监管情境下的央企控股上市公司关联交易——基于中国资本市场的经验分析	财经问题研究	2013/04	陈艳利、李新彦
2	内部资本市场、关联交易与公司价值研究——基于我国上市公司的实证分析	中国工业经济	2012/04	邵毅平、虞凤凤
3	关联交易、支持与盈余管理——来自配股上市公司的经验证据	财经科学	2010/02	高雷、宋顺林
4	基于效率观和掏空观的关联交易与盈余质量关系研究	会计研究	2009/10	郑国坚

17. 中国上市公司银行贷款研究数据库

中国上市公司银行贷款数据库的数据来源权威,其主要由证券代码/简称、发生时间、发款银行、币种、金额、期限、利率、类型、公告时间/内容、担保人、是否关联、抵押质押物、质押期限、目的、是否签约等重要指标构成,对研究者了解某一上市公司的财务状况有着重要的研究参考价值,也为研究者投资某一上市公司提供了重要的资讯渠道。

国内研究上市公司银行贷款的部分论文如表8-32所示。

表8-32　国内研究上市公司银行贷款的部分论文

序号	题　名	来　源	年/期	作　者
1	资金利用率、银行信贷流向及其金融风险控制	改革	2013/07	陶士贵、叶亚飞
2	我国银行业市场结构与中小企业关系型贷款	金融研究	2013/06	张晓玫、潘玲
3	资产价格波动、银行信贷与金融稳定	中央财经大学学报	2012/01	马亚明、邵士妍
4	银行异质性、货币政策工具与银行信贷	商业研究	2012/09	刘力
5	财政分权、银行信贷与全要素生产率	财经研究	2011/04	王定祥、刘杰、李伶俐
6	银行信贷与宏观经济波动:2003~2009	财贸研究	2010/04	潘敏、缪海斌
7	我国银行信贷对三次产业增长贡献度的差异研究	产业经济研究	2009/01	郭明、钱笭笭、黄顺绪
8	我国商业银行贷款利率的粘性研究	当代财经	2006/03	戴国强

18. 中国上市公司并购重组研究数据库

中国上市公司并购重组研究数据库为研究者提供上市公司之间股权收购、资产收购、资产剥离、股权转让、置换、债务重组等多方面并购重组的重要资讯。而且为研究者提供并购或重组交易发生后在企业性质、行业变化、资产、权益、利润率、交易量等方面产生的具体影响。

国内外研究上市公司并购重组市场反应和业绩变化的部分论文如表8-33和表8-34所示。

表8-33　国外研究上市公司并购重组市场反应和业绩变化的部分论文

序号	文章名称	发表刊物	作　者
1	Corporate restructuring and performance: An agency perspective on the complete buyout cycle	Journal of Business Research	Garry D. Bruton, J. Kay Keels, Elton L. Scifres
2	Managerial discipline and corporate restructuring following performance declines	Journal of Financial Economics	David J. Denis, Timothy A. Kruse

续表

序号	文章名称	发表刊物	作　者
3	The Nature and Extent of Corporate Restructuring Within Europe's Single Market：Cutting Through the Hype	European Management Journal	Mark Bleackley
4	What drives capital flows? The case of cross－border M&A activity and financial deepening	Journal of International Economics	Juliandi Giovanni

表 8-34　国内研究上市公司并购重组市场反应和业绩变化的部分论文

序号	题　名	来　源	年/期	作　者
1	内部控制、高管权力与并购绩效——来自中国证券市场的经验证据	南开管理评论	2013/02	赵息、张西栓
2	异质预期下股权制衡对公司并购绩效的影响	中国管理科学	2013/04	刘星、蒋弘
3	旅游企业多元化并购类型与长期绩效的关系	旅游学刊	2013/02	段正梁、危湘衡
4	资产专用性、融资能力与企业并购——来自中国 A 股工业上市公司的经验证据	金融研究	2011/05	方明月
5	学习型管理者的过度自信行为对连续并购绩效的影响	管理评论	2011/07	谢玲红、刘善存、邱菀华
6	股权结构对并购绩效的影响——基于中国上市公司实证分析	财务与金融	2010/03	刘大志
7	产业周期、并购类型与并购绩效的实证研究	金融研究	2009/03	刘笑萍、黄晓薇、郭红玉
8	我国上市公司换股并购绩效的实证研究	中国工业经济	2008/07	宋希亮
9	基于中国证券市场实证的多元化并购损益之谜研究	上海交通大学学报	2007/12	韩忠伟
10	我国上市公司并购价值创造的实证研究	商业研究	2005/24	刘亮

19. 中国民营上市公司研究数据库

中国民营上市公司研究数据库，全面展示上市公司民营化进程，将民营上市公司基本信息、实际控制人信息、治理信息、重要财务数据和指标整合到一个库内，方便研究者进行研究。该库包括了民营上市公司基本信息，民营上市公司实际控制人信息、治理结构信息、主要财务数据和指标等数据。

国内研究民营上市公司的部分论文如表 8-35 所示。

表 8-35　国内研究民营上市公司的部分论文

序号	题　名	来　源	年/期	作　者
1	民营企业政治关联影响银行贷款定价吗?	农业技术经济	2013/08	陈共荣、李琦山
2	民营上市公司高管政治激励与绩效关系研究	审计与经济研究	2013/01	宋增基、张国杰、郭桂玺
3	公司治理对上市公司审计意见类型影响的研究——基于 2007~2011 年中国民营上市公司的面板数据	审计研究	2012/05	刘霄仑、郝臣、褚玉萍
4	货币政策、民营企业投资效率与公司期权价值	经济研究	2012/05	勒庆鲁、孔祥、侯青川
5	董事会特征与公司盈余管理水平——基于中国民营上市公司面板数据的研究	软科学	2011/05	江维琳、李琪琦、向锐
6	"参政议政"能否改进民营上市公司的真实业绩?	财经论丛	2011/03	周泽将、杜颖洁
7	治理环境、控制权与现金流权分离及现金持有量——我国民营上市公司的实证研究	审计与经济研究	2010/01	杨兴全、张照南
8	控制权、现金流权与公司绩效——基于中国民营上市公司的分析	财经科学	2009/05	刘锦红
9	银根紧缩、信贷歧视与民营上市公司投资者利益损失	金融研究	2006/03	陆正飞、祝继高、樊铮

20. 中国上市公司国有股拍卖与转让数据库

中国上市公司国有股拍卖与转让数据库收集整理了在上海证券交易所和深圳证券交易所上市的公司自 2003 年度起所发生的国有股拍卖与转让成功事项的数据资料,以及与其相关的其他数据。国有股拍卖与转让数据库主要是为国内外的专家学者进行个体实例研究,产权定价问题、转让后效益问题、转让拍卖的信息披露问题、转让对象、如何保护中小股东、职工问题、法律法规问题及私有化进程等课题的研究提供强有力的支持平台。

国内研究上市公司国有股拍卖与转让的部分论文如表 8-36 所示。

表 8-36　国内研究上市公司国有股拍卖与转让的部分论文

序号	题　名	来　源	年/期	作　者
1	我国股市监管政策差异与股指波动因应	改革	2011/01	郝旭光、李逊敏
2	基于倒向随机微分方程的国有股减持定价问题	统计与决策	2010/16	刘玉玉、高凌云
3	国有资本的双重隐性负债分析	财经科学	2010/04	罗绍德、刘国庆、杨明
4	论上市公司股权结构与经营绩效的关系	财经问题研究	2009/06	严若森
5	国有股权、投资者信心与中国股票市场发展:理论及经验证据	财贸经济	2008/04	计小青、曹啸

21. 中国上市公司资产评估数据库

中国上市公司资产评估数据库收录了 2001 年以来在上海证券交易所和深圳证券交易所上市的公司披露的资产评估报告的内容，包括被评估公司的名称、资产评估机构、资产的评估方法、评估前价值、评估后价值和评估目的等信息。

22. 中国上市公司机构股票池研究数据库

股票池是证券机构推出的若干股票的投资组合。在市场上，对于股票池的需求，目前存在三类客户：一是机构；二是普通的投资者；三是做学术研究的学者。机构部分，机构客户在股票池数据上具有双重身份，既是数据的提供者又是数据的实际使用者，这其中就存在很多的合作机会。部分券商也会借助一个数据发布和评价的体系，以体现其研究水平和荐股水平。

目前，许多证券公司或研究机构都有推出一些比较有操作意义的股票投资组合给投资者或投资机构参考，但很少有公司把所有机构的组合信息收录汇总起来给客户参考的。国泰安的股票池数据库有专业的数据结构，有基于原始数据深度挖掘衍生出来的众多指标，在一定程度上能为客户的研究提供方便。

23. 中国上市公司对外担保研究数据库

随着我国市场经济的发展和社会法治的完善，我国对公司对外担保的态度也从限制转变为支持。公司对外担保可以促进公司融资，提升公司信用，增加商机。然而，公司对外担保作为一种或有债务，会增加公司经营的风险，损害股东和债权人的利益。权衡利弊，可以在承认公司具有对外提供担保权利的基础上，防范公司对外担保行为可能带来的风险。

上市公司对外担保研究数据库包括三部分：第一部分收录了上市公司及其子公司（包括全资与控股子公司）对外担保事项，共 51 个字段。第二部分收录了上市公司或其子公司与第三方共同为其他公司担保的信息，即共同担保人对外担保情况表，一共有 20 个字段。第三部分收录了上市公司对外担保的累计事项，一般以中报和年报披露的数据为准，共 22 个字段。

上市公司对外担保研究数据库的开发，一方面，有利于研究上市公司对外担保的动因和行为，进而研究其背后的财务状况，提示其财务困境和风险，分析对外担保对其业绩的影响；另一方面，有利于研究现行担保制度存在的问题，提出改进建议和措施。

24. 中国上市公司机构投资者研究数据库

机构投资者主要是指银行、保险、信托、社保基金等机构，在投资来源、投资目标和投资方向三方面和个人投资者存在很大的差别。随着我国资本市场的日渐完善，近年来针对机构投资者的持股信息一直是投资者研究的热点。

国泰安在早期股票数据库的基础上，提炼出客户更关心的机构投资者投资数据，方便研究人员对股东、机构进行研究。

25. 中国上市公司内部控制研究数据库

内部控制是指公司在单位内部采取的自我调整约束、自我的规划评价以及控制的一系列方法和措施，目的是为了实现公司经营目标，保证资产安全完整，确保经营方针得到贯彻执行，保证经营活动的经济性和效率性。它是公司各项经济管理的基础，是提高公司管理水平和风险防范能力的有效机制。

近年来，全球范围内频发公司高管、出纳员等舞弊事件，逐渐将内部控制监管推向了风口浪尖。不管是企业、学者还是监管部门都将内部控制视为企业经营管理的一项至关重要的工作，而为了能够保证这项工作的顺利开展，内部控制评价开始显示出其不可替代的作用。在此背景下，《企业内部控制基本规范》、《企业内部控制配套指引》等一系列内部控制政策也相继出台，并且随着上市公司内控制度和相关政策的完善，内控评价报告和审计报告将和年报一起成为上市公司必须披露的报告。

国泰安对上市公司内部控制数据库的开发，建立在对我国上市公司内部控制相关制度深入了解的基础上。该数据库的设计结合我国企业内部控制现状及发展趋势，涵盖了上市公司对自身内部控制有效性的评价，会计师对内部控制的审计意见以及内部控制存在的缺陷和整改情况三个方面，数据全面、字段设计科学，真实准确揭示了上市公司内部控制有效性的水平，为客户提供一个权威、专业、便捷的信息平台。

26. 中国上市公司社会责任研究数据库

企业社会责任是指企业在创造利润最大化的同时，对国家和社会的全面可持续发展、自然环境和资源，以及股东、债权人、职工、客户、消费者、供应商、社区等利益相关方承担所应的责任。随着经济的发展、社会的进步，企业的社会责任越来越被人们所关注，成为衡量一个企业优劣的重要标准。公开披露社会责任报告，已经成为上市公司与各利益相关方最直接、最有效的沟通工具之一。

中国上市公司社会责任研究数据库通过对上市公司每年定期披露的社会责任报告进行数据采集和加工，通过合理的指标设计来收集数据，为相关研究提供思路参考和数据支持。

中国上市公司社会责任研究数据库包含两张表，分别是上市公司社会责任报告基本信息表和明细表，主要收集了上市公司区域信息、行业信息、年度纳税总额、每股社会贡献值、社会捐赠额、相关事项是否披露、相关事项明细等数据，通过这些数据可以对上市公司的社会责任履行情况进行客观分析和合理评价，用户可以根据国泰安提供的数据构建适当的评价体系。

27. 中国上市公司内部人交易数据库

中国上市公司内部人交易研究数据库收录了与上市公司有密切关系的群体，如董事、高管、持股股东等人员的交易情况。内部人往往具备一些信息上的优势，因此证券市场对内部人的交易情况有着严格的信息披露要求。本数据库旨在为研究人员及投资人提供详细的交易数据，以提高学术研究的深度和广度。

28. 中国上市公司对外投资研究数据库

对外投资是指企业以购买股票、债券等有价证券方式或以现金、实物资产、无形资产等方式向企业以外的其他经济实体进行的投资。其目的是为了获取投资收益、分散经营风险、加强企业间联合、控制或影响其他企业。

中国上市公司对外投资研究数据库是国泰安信息技术有限公司为了满足学术市场需要而新开发的数据库。该数据库收录了中国上市公司的证券投资、股权投资以及委托理财等对外投资的明细信息，同时提供这些投资事项的统计信息。

中国上市公司对外投资研究数据库收录了在上海证券交易所和深圳证券交易所上市的公司的对外投资的明细信息。具体包括三类对外投资行为：

（1）证券投资行为（包括股票、债券、基金等证券的投资行为）。

（2）对其他上市公司、非上市金融企业、拟上市公司的股权投资明细情况。

（3）委托理财投资情况。

■ 第三节

基金市场系列

中国基金市场系列数据库由 4 个数据库组成，如表 8-37 所示：

表 8-37　中国基金市场系列数据库

序号	数据库名称
1	中国封闭式基金市场研究数据库
2	中国开放式基金市场研究数据库
3	中国基金高频数据库
4	中国证券市场基金评价研究数据库

1. 中国封闭式基金市场研究数据库

中国封闭式基金市场研究数据库提供了中国封闭式证券投资基金的主要财务指标及交易内容。该数据库由基本信息数据、日/周/月/年数据、投资组合数据及持有人等数据组成，从日、周、月三个维度为研究者直接提供了回报率、市场回报率和综合市场回报率、基金指数回报率等多种回报率，按是否考虑"现金红利"分两种情况并分别以等权平均法、总市值加权平均法等方法计算，由这四种方法计算的回报率数据准确全面，具有较高的市场参考价值。由于封闭式基金分红、扩募引起基金份额的变动导致交易所每日公布的收盘价不具有可比性，为解决此问题，GTA 以该基金

"上市首日的收盘价"为基准，对每个交易日的收盘价进行调整，并按是否考虑"现金红利"分两种情况提供可比价格。

国内研究封闭式基金的部分论文如表8-38所示。

表8-38　国内研究封闭式基金的部分论文

序号	题　名	来　源	年/期	作　者
1	投资者情绪、机构投资者与分析师跟进——基于面板数据负二项回归的经验研究	山西财经大学学报	2013/06	黄永安、曾小青
2	基于高阶矩的封闭式基金业绩评价研究	证券市场导报	2012/11	杨爱军、刘晓星
3	我国封闭基金生存偏差效应研究	财贸研究	2010/01	朱波、匡荣彪、王珏

2. 中国开放式基金市场研究数据库

中国开放式基金市场研究数据库提供了中国开放式证券投资基金的投资组合、净值情况及主要财务指标等内容，为研究人员、投资者、证券分析机构和监管部门提供准确、全面的基金数据。该数据库由基本信息数据、日/周/月/年数据及投资组合数据组成，从日、周、月三个维度为研究者直接提供回报率、市场回报率和综合市场回报率、基金指数回报率等多种回报率，按是否考虑"现金红利"分两种情况并分别以等权平均法、总市值加权平均法等方法计算，由这四种方法计算的回报率数据准确全面，具有较高的市场参考价值。

国内外研究封闭式、开放式基金的部分论文如表8-39和表8-40所示。

表8-39　国外研究封闭式、开放式基金的部分论文

序号	文章名称	发表刊物	作　者
1	Using disclosure to influence herd behavior and alter competition	Journal of Accounting and Economics	Anil Arya, Brian Mittendorf
2	Analysis of intraday herding behavior among the sector ETFs	Journal of Empirical Finance	Mark A. Peterson Kimberly C. Gleason, Ike Mathur
3	Equity trading by institutional investors: To cross or not to cross?	Journal of Financial Markets	Randi Naes, Bernt Arne Odegaard
4	Portfolio preferences of foreign Institutional investors	Journal of Banking & Finance	Reena Aggarwal, Leora Klapper, Peter D. Wysocki
5	Short sales, institutional investor sand the cross-section of stock returns	Journal of Financial Economics	Stefan Nagel
6	Did decimalization hurt institutional investors?	Journal of Financial Markets	Sugato Chakravarty, Venkatesh Panchapagesan Robert A. Wood

续表

序号	文章名称	发表刊物	作　者
7	Do institutional investors exploit the post-Earnings announcement drift?	Journal of Accounting and Economics	BinKe∗, Santhosh Ramalinge-gowda
8	Equity trading by institutional investors: evidence on order submission strategies	Journal of Banking & Finance	Randi Naes, Johannes A. Skjeltorp
9	Return autocorrelation and institutional investors'	Journal of Financial Economics	Richard W. Sias Laura, T. Starks
10	Direct foreign ownership, institutional investors, and firm characteristics	Journal of Financial Economics	Magnus Dshlquist, Goran Robertsson

表 8-40　　国内研究封闭式、开放式基金的部分论文

序号	题　名	来　源	年/期	作　者
1	中国开放式基金发行的影响因素分析	经济学动态	2012/03	冯旭南、李心愉、陈工孟
2	基金管理公司内部治理及其效应分析——以开放式基金为样本	审计与经济研究	2010/01	肖继辉、彭文平
3	基于 SFA 效率值的我国开放式基金绩效评价研究	数量经济技术经济研究	2009/04	朱波、宋振平
4	"封转开"基金绩效比较研究	金融研究	2009/07	林乐芬、黄翀

　　3. 中国基金高频数据库

　　中国基金高频数据库由分时交易高频数据库和分笔交易高频数据库两个子库组成。对于分笔交易高频数据库，2003 年之前的分笔高频数据为三档行情，2003 年之后为五档行情。对于分时交易高频数据，分时统计的时间间隔有四类：5 分钟、15 分钟、30 分钟和 60 分钟。

　　研究基金高频的学术文献可以参考研究基金市场的学术文献。

　　4. 中国证券市场基金评价研究数据库

　　基金总体业绩评价是基金业绩评价的核心内容，目的是判断基金业绩能否超越市场。基金总体业绩评价方法有很多种，中国证券市场基金评价研究数据库以 2001 年以来基金风险收益等各项公开数据为基础，采用经典评价方法包括特雷纳指数、夏普比率、詹森指数等评级模型，对基金总体业绩进行日、周两种样本数据的评价。

　　国内研究证券市场基金评价的部分论文如表 8-41 所示。

表 8-41　国内研究证券市场基金评价的部分论文

序号	题　名	来　源	年/期	作　者
1	条件自回归 expectile 模型及其在基金业绩评价中的应用	中国管理科学	2013/06	苏辛、周勇
2	基于 VaR 和 ES 调整的 Sharpe 比率及在基金评价中的实证研究	数理统计与管理	2012/04	刘沛欣、田军、周勇
3	从基金暂停申购看投资者权益保护	证券市场导报	2012/01	杨宗儒、张扬
4	经典詹森指数绩效衡量方法有效性的实证研究——来自中国基金市场的检验	统计与决策	2005/14	屠新曙

第四节

债券市场系列

中国债券市场系列数据库由两个数据库组成，如表 8-42 所示。

表 8-42　债券市场数据库

序号	数据库名称
1	中国债券市场研究数据库
2	中国债券市场高频数据库

1. 中国债券市场研究数据库

中国债券市场研究数据库由债券基本情况、交易数据、债券指数和债券收益率四个部分构成，不仅为研究机构的专家、学者研究固定收益证券产品提供了坚实的数据基础，同时还为机构研究者设计与开发债券产品提供了参考。

其中债券品种丰富，包括国债、企业债和可转债。数据库提供多种收益率，分日、月、年为研究者提供多种债券投资收益率数据，该数据库除提供债券交易中常见的成交量、涨跌幅、振幅、换手率等指标外，还分日、月、年提供衡量债券到期时间的久期、衡量债券价格对利率变化敏感程度的修正久期和衡量债券利率风险的凸性等实用指标。

国内外研究债券市场的部分论文如表 8-43 和表 8-44 所示。

表 8-43　国外研究债券市场的部分论文

序号	文章名称	发表刊物	作 者
1	Stock and bond market interaction: Does momentum spillover?	Journal of Financial Economics	William R. Gebhardt, Soeren Hvidkjaer, Bhaskaran Swaminathan
2	Gains in bank mergers: Evidence from the bond markets	Journal of Financial Economics	Maria Fabiana Penas, Haluk Unal [*]
3	The Danish stock and bond markets: comovement, return predictability and variance decomposition	Journal of Empirical Finance	Tom Engsted, Carsten Tanggaard
4	Cross-sectional versus time series estimation of term structure models: empirical results for the Dutch bond market	Journal of Banking & Finance	Jeroen F. J. de Munnik, Peter C. Schotman
5	The money and bond markets in France Segmentation vs. Integration	Journal of Banking & Finance	Bernard DUMAS [*] Bertrand JACQUILLAT [*]
6	Issue Size and Term-Structure Segmentation Effects on Regional Yield Differentials in the Municipal Bond Market	Journal of Economics and Business	David S. Kidwell, Timothy W. Koch, and Duane R. Stock
7	Evolution of international stock and bond market integration: Influence of the European Monetary Union	Journal of Banking & Finance	Suk-Joong Kim, Fariborz Moshirian, Eliza Wu
8	Price Elasticity and Bid-Ask Price Spreads in the Treasury Bond Market	Journal of Business Research	John S. Bildersee, New York University

表 8-44　国内研究债券市场的部分论文

序号	题 名	来 源	年/期	作 者
1	市场互联、风险溢出与金融稳定——基于股票市场与债券市场溢出效应分析的视角	金融研究	2013/03	史永东、丁伟、袁绍锋
2	集中持股下的独立审计作用：基于债券市场信用评级的分析	会计研究	2013/07	朱松、陈关亭、黄小琳
3	中国与国际债券市场收益特征及联动性研究	上海财经大学学报	2012/06	高江
4	公司债券市场发展与社会融资成本	金融研究	2010/03	金鹏辉
5	我国银行次级债券市场约束效应趋势分析	管理世界	2009/11	喻鑫、庄毓敏、李威
6	债券市场、利率波动及风险成因探究	首都经济贸易大学学报	2007/05	苏大伟
7	我国债券市场收益率曲线影响因素的实证分析	金融研究	2005/01	王一鸣

2. 中国债券市场高频数据库

中国债券市场高频数据库由分时交易高频数据库和分笔交易高频数据库两部分组成。分笔交易高频数据库，2003 年之前的分笔高频数据为三档行情，2003 年之后为五档行情。对于分时交易高频数据，分时统计的时间间隔有四类：5 分钟、15 分钟、30 分钟和 60 分钟。

研究债券市场高频的学术文献可以参考研究债券市场的学术文献。

■ 第五节

衍生市场系列

衍生市场系列由 4 个数据库组成，如表 8-45 所示。

表 8-45　衍生市场系列数据库

序号	数据库名称
1	中国商品期货市场研究数据库
2	中国权证市场研究数据库
3	股指期货研究数据库
4	中国国债期货研究数据库

1. 中国商品期货市场研究数据库

中国商品期货市场研究数据库收录了国内期货交易所（上海期货交易所、郑州期货交易所和大连商品交易所）所有挂牌交易的期货合约基本信息、交易数据以及期货相关信息数据，同时包含主要的国际期货交易所商品期货的交易数据。

国内外研究期货市场的部分论文如表 8-46 和表 8-47 所示。

表 8-46　国外研究期货市场的部分论文

序号	文章名称	发表刊物	作　者
1	Relative performance of bid - ask spread estimators：Futures market evidence	Int. Fin. Markets, Inst and Money	Amber Anand, Ahmet K. Karagozoglu
2	Point and Figure charting：A computational Methodology and trading rule performance in the S&P500 futures market	International Review of Financial Analysis	John A. Anderson, Robert W. Faff
3	Are options redundant? Further evidence from currency futures markets	International Review of Financial Analysis	Donald Lien Leo Chan

序号	文章名称	发表刊物	作者
4	Are there exploitable in efficiencies in the futures market for oil?	Energy Economics	William E. Shambora, Rosemary Rossiter
5	Intraday price reversals in the US stock index futures market: A 15-year study	Journal of Banking & Finance	JamesL. Grant, Avner Wolf, Susana Yu
6	Simultaneous volatility transmissions and spill over effects: U.S. and Hong Kong stock and futures markets	International Review of Financial Analysis	Gerard Gannon
7	Price discovery and volatility spill overs in index futures markets: Some evidence from Mexico	Journal of Banking & Finance	Maosen Zhong, Ali F. Darrat, Rafael Otero
8	Trading activity and price reversals in futures markets	Journal of Banking & Finance	Changyun Wang, Min Yu

表 8-47　国内研究期货市场的部分论文

序号	题名	来源	年/期	作者
1	基于综合流动性度量指标的中国期货市场流动性溢价研究	数理统计与管理	2013/02	沈虹
2	中国期货市场处置效应研究	宏观经济研究	2013/10	许志、干沁雨、徐加根
3	我国商品期货市场价格行为的混沌特征研究	求索	2013/04	胡振华、陈雯
4	重大风险事件对中国商品期货市场的冲击效应——基于学生分布的随机波动模型	数量经济技术经济研究	2012/05	刘庆富、华仁海
5	中国农民利用期货市场影响因素研究:理论、实证与政策	管理世界	2010/05	马龙龙
6	上海期货市场收益和波动的周日历效应研究	管理科学	2008/02	郭彦峰、黄登仕、魏宇
7	中国期货市场的有效性:过度反应和国内外市场关联的视角	金融研究	2007/02	蒋舒
8	股指期货对现货市场的信息传递效应分析	当代经济科学	2007/04	史美景
9	我国期货市场有效性的实证检验	统计与决策	2006/05	程淑芳
10	国内外期货市场之间的波动溢出效应研究	世界经济	2007/06	华仁海、刘庆富
11	期货市场保证金调整的市场风险控制作用及制度改革——来自大连商品交易所的实证分析	金融研究	2007/02	蒋贤锋、史永东、李慕春
12	国内外金属期货市场价格联动的比较研究	世界经济	2007/07	张鹤、黄琨

2. 中国权证市场研究数据库

中国权证市场研究数据库提供自 2005 年 8 月 22 日权证市场启动之后中国证券市

场发行的全部权证的相关信息。包括权证及标的基本信息、权证交易信息、权证行权情况、权证定价重要参数，如隐含波动率、隐含溢价率、有效杠杆比率、理论价格、Delta 值、Theta 值等信息指标，促进了中国权证研究提升深度和广度。

国内研究权证市场的部分论文如表 8-48 所示。

表 8-48　国内研究权证市场的部分论文

序号	题　名	来　源	年/期	作　者
1	GARCH 模型下的美式期权模拟定价——来自中国权证市场的经验	当代经济科学	2009/03	吴恒煜、陈金贤、陈鹏
2	权证对投资者投资偏好影响的实证研究	证券市场导报	2006/10	谭利勇

3. 股指期货研究数据库

股指期货研究数据库是国泰安信息技术有限公司自主研发的数据库产品。该数据库包含"股指期货基本情况文件"、"交易数据文件"和"股指期货相关信息文件"等 34 个数据表。数据库中不仅提供交易中常用的成交量、涨跌、持仓量、持仓量变化等重要指标，还提供各会员持仓交易文件和排名文件。国泰安信息技术有限公司从影响股指投资收益的相关因素出发，单独制定了标的指数的基本信息、标的指数样本变更数据、标的指数基本行情、标的指数标本股基本信息和样本权重等。该库还附加了 LOF、ETF 基金、封闭式基金以及海外股指期货数据，方便研究人员使用。

4. 中国国债期货研究数据库

国债期货作为重要的金融创新品种，在国际金融市场占有重要的地位。利率期货在全球金融期货占比达到九成，而一半左右的利率期货品种为国债期货，目前，全球有 26 个国家和地区的 28 个期货交易所推出了国债期货。我国曾经在 1992 年推出国债期货交易，但是由于条件不成熟、监管不力等原因，造成了过度投机，失去了国债期货的市场作用，爆发了国债期货"327"事件。因此，在 1995 年 5 月 17 日，管理层决定暂停国债期货交易。

时隔 18 年，中国金融期货交易所推出国债期货交易意义重大，首先国债现货市场规模不断扩大，为国债期货的运行提供大量可交割债券，提高了国债期货的市场流动性，避免部分机构操作市场的可能，为各类投资者尤其是金融机构提供了重要的风险管理工具；其次盘活了大量只作为财政融资功能使用的国债，使得在贷款利率市场化已完成的情况下，债券的定价更加合理，在很大程度上完善了我国的金融市场。

在此背景下，国泰安信息技术有限公司设计开发了"中国国债期货研究数据库"，希望为金融机构、高校的金融学者提供完整的国债期货数据，为提升国内的金融衍生品市场研究和发展起一点促进作用。

第六节
经济研究系列

经济研究系列由 7 个数据库组成，如表 8-49 所示：

表 8-49　经济研究系列数据库

序号	数据库名称
1	中国宏观经济研究数据库
2	中国区域经济研究数据库
3	世界经济景气指数库
4	中国工业行业统计数据库
5	中国进出口统计数据库
6	世界经济统计数据库
7	中国资源研究数据库

1. 中国宏观经济研究数据库

中国宏观经济研究数据库由年度、季度、月度数据组成，包括国内生产总值、人口就业与工资、固定资产投资、居民收入与消费、财政收支、物价指数、能源、环境、国内贸易、对外贸易、国际收支、农业、工业、建筑业、运输业、邮电业、金融业、保险业、旅游、景气指数等 22 个领域，204 个文件和 2700 多个字段的数据。

国内外研究宏观经济的部分论文如表 8-50 和表 8-51 所示。

表 8-50　国外研究宏观经济的部分论文

序号	文章名称	发表刊物	作　者
1	Policy shocks and the Canadian Macroeconomy A Bayesian vector autoregression approach	Economic Modeling	M. Aynul Hasan
2	The Informal Sector and the Macroeconomy: A Computable General Equilibrium Approach for Peru	World Development.	Bruce Kelly
3	Flexibility through labour mobility: a function of the macroeconomy	Structural Change and Economic Dynamics	Ronald Chettkat
4	Oil Price Volatility and the Macroeconomy	Journal of Macroeconomics	J. Peter Ferderer

续表

序号	文章名称	发表刊物	作　者
5	This is what happened to the oil price-macroeconomy relationship：Reply	Journal of Monetary Economic	Mark A. Hooker
6	Finance and the Macroeconomy	Review of Economic Dynamics	GaryD. Hansen
7	The macroeconomy and the yield curve: a dynamic latent factor approach	Journal of Econometrics	F. X. Diebold, G. D. Rudebusch, S. B. Aruoba

表 8-51　国内研究宏观经济的部分论文

序号	题　名	来　源	年/期	作　者
1	房地产政策调控效应的截面异质性	统计研究	2013/11	陈丹妮、薛志宏、陈瑶
2	投资者过度反应与牛熊市波动非对称性	数理统计与管理	2013/05	顾锋娟、金德环
3	货币政策、信贷资源配置与企业业绩	管理世界	2013/03	饶品贵、姜国华
4	ODE 视角下的中国宏观经济预测计量分析研究	经济问题	2013/06	刘红霞
5	宏观经济冲击、债务激进度与非理性投资——基于产权性质调节效应的分析	山西财经大学学报	2013/11	李彬
6	房产税改革与房价变动的宏观经济效应——基于 DSGE 模型的数值模拟分析	金融研究	2012/05	骆永民、伍文中
7	宏观经济波动下银行风险承担水平研究——基于股权结构异质性的视角	财贸经济	2012/10	潘敏、张依茹
8	房地产价格波动对宏观经济波动的微观作用机制探究·	经济研究	2012/S1	杨俊杰
9	货币国际化对国内宏观经济的影响	统计研究	2012/05	王晓燕、雷钦礼、李美洲
10	银行理财产品对宏观经济政策影响的多维分析	财政研究	2012/01	田苗
11	通货膨胀预期、货币政策工具选择与宏观经济稳定	经济学（季刊）	2011/01	李成、马文涛、王彬
12	中国宏观经济波动：内部调整还是外部冲击？	金融研究	2009/11	孙工声
13	我国经济增长地区性趋同路径的实证分析	财经研究	2007/01	张焕明

2. 中国区域经济研究数据库

中国区域研究数据库由细分到省份和城市的数据组成，包括国内生产总值、人口就业与工资、固定资产投资、居民收入、居民消费、财政金融、价格指数、环境、国内贸易、对外贸易、农业、工业、建筑业、运输业、邮电业、旅游 16 个领域，105个文件和 1400 多个字段的数据。该数据库的开发充分借鉴了 CEIC 等国际知名区域经济数据库成功的开发经验，在规范性方面达到了世界水准。

国内研究区域经济的部分论文如表 8-52。

表 8-52　国内研究区域经济的部分论文

序号	题　名	来　源	年/期	作　者
1	协同创新理论模式及区域经济协同机制的建构	华东经济管理	2013/02	马永坤
2	中国区域经济收敛了吗？——基于时间序列的再检验	当代财经	2012/02	杜丽永、蔡志坚
3	中国区域经济的空间联系：1997~2007	统计研究	2011/10	张润君、潘文卿、陈杰
4	区域经济和谐发展的全要素生产率研究——基于对1995~2004 年 28 个省市大中型工业企业的非参数生产前沿分析	经济评论	2008/01	涂正革
5	外商直接投资的知识溢出与中国区域经济增长	经济研究	2008/12	陈继勇、盛杨怿
6	区域经济协调发展的 GAH-S 评价体系研究——基于江苏的数据	中国工业经济	2008/06	庄亚明、李晏墅、李金生、杨浩巍

3. 世界经济景气指数库

在全球化的背景下，国与国之间经济活动的相互影响日益加深，对其他国家经济形势和投资环境的准确判读显得尤为重要。国内外学者和投资者在经济形势和投资环境等领域的研究在近几年有较大发展，各国政府也开始独立地或者委托一些研究机构开展经济形势和投资环境的调查研究，通过收集、整理、分析经济数据，揭示经济现状、经济形势。利用该类信息对投资环境和经济形势做出的判断，既对投资行为具有积极的指导意义，也为经济政策的解读和效果评估提供重要支持。

世界经济景气指数库涵盖了全球主要工业国的消费者信心指数、采购经理人指数、制造业指数、宏观经济景气指数等各方面的景气指数数据，内容全面、指标丰富，填补了国内该领域的空白，将为经济形势研究和投资环境分析领域的发展与创新起到促进作用。

国内研究世界各国国民经济的部分论文如表 8-53 所示。

表 8-53　国内研究世界各国国民经济的部分论文

序号	题　名	来　源	年/期	作　者
1	中国劳动收入份额的国际比较研究	当代财经	2013/03	李清华
2	市场经济下的增长质量评价——基于被修正的国民经济核算模型推论	财经科学	2011/08	吴练达、甘晗
3	3G-GDP 国民经济核算理论初探	中国工业经济	2010/06	游士兵、刘志杰、黄炳南、杨涛
4	GDP 两种测算结果差异原因的实证分析	经济研究	2007/07	刘轶芳

4. 中国工业行业统计数据库

中国工业行业统计数据库包括工业行业概况、经济指标、产品产量、地区分布四个部分，涵盖 39 个大类、714 个中小类的工业行业数据。

国内研究工业行业统计的部分论文如表 8-54 所示。

表 8-54　国内研究工业行业的部分论文

序号	题　名	来　源	年/期	作　者
1	外向型 FDI 与工业行业技术效率提升研究——基于工业行业的省际面板数据	软科学	2013/07	胡冬红
2	金融发展与地区实体经济资本配置效率——来自省级工业行业数据的证据	经济学（季刊）	2013/02	李青原、李江冰、江春、Kevin X. D. Huang
3	市场规模、交易成本与垂直专业化分工——来自中国工业行业的证据	金融研究	2013/05	唐东波
4	贸易开放、FDI 与中国工业经济增长方式——基于 30 个工业行业数据的实证研究	经济研究	2012/08	赵文军、于津平
5	外国直接投资对中国环境的影响——来自工业行业面板数据的实证研究	中国社会科学	2012/05	盛斌、吕越
6	环境规制强度是否影响了中国工业行业的贸易比较优势	世界经济	2012/04	李小平、卢现祥、陶小琴
7	外包与劳动生产率提升——基于中国工业行业数据的再检验	数量经济技术经济研究	2011/01	蔡宏波
8	产业集聚、知识溢出与地区创新——基于中国工业行业的实证检验	经济学（季刊）	2011/03	彭向、蒋传海
9	中国工业行业 SO_2 排放强度因素分解及其影响因素——基于 FDI 产业前后向联系的分析	管理世界	2010/03	陈媛媛、李坤望
10	我国实现工业现代化了吗——对 15 个重点工业行业现代化水平的分析与评价	中国工业经济	2009/04	陈佳贵、黄群慧

5. 中国进出口统计数据库

中国进出口统计数据库包含海关进出口统计和国家对外贸易统计数据。其中，进出口总额、主要进出口商品金额等数据分别按照不同商品类别、不同贸易方式、不同国家地区、不同省市地点、不同企业性质进行统计。整个数据库共包含 28 个文件，近 300 个字段。

国内研究进出口统计的部分论文如表 8-55 所示。

表 8-55　国内研究进出口统计的部分论文

序号	题　名	来　源	年/期	作　者
1	放松管制、银行竞争与区域经济增长	中国软科学	2013/09	李喜梅
2	贸易利益国际分配指数的构建与中国贸易利益的实证研究	经济评论	2013/01	项松林
3	人民币实际有效汇率变动对我国进出口贸易影响的实证研究——基于 1995～2011 年数据	当代经济科学	2012/02	何建奎、马红
4	进出口贸易对我国主要行业的影响研究	统计与决策	2011/19	韩琳琳、覃正
5	中国进出口贸易的环境成本转移——基于投入产出模型的分析	世界经济研究	2010/01	徐慧
6	我国制造业进出口贸易与生产率增长研究——基于 2002～2007 年行业面板数据的分析	山西财经大学学报	2010/06	胡小娟、刘姣

6. 世界经济统计数据库

世界经济统计数据库由各国国民生产核算、世界地位、人口、财政金融、价格指数、工业、能源、运输和通信、对外贸易、旅游、国际收支和外债、世界 500 强企业等 13 个领域，28 个文件构成。

7. 中国资源研究数据库

中国资源研究数据库由土地资源、水资源、矿产资源、森林资源、气候资源 5 个领域，24 个文件构成。

第七节

行业研究系列

行业研究系列由 12 个数据库组成，如表 8-56 所示。

表 8-56　行业研究系列数据库

序号	数据库名称
1	中国能源行业研究数据库
2	中国房地产行业研究数据库
3	中国通信行业研究数据库
4	中国汽车行业研究数据库
5	中国交通运输行业研究数据库
6	中国保险行业研究数据库
7	中国钢铁行业研究数据库

续表

序号	数据库名称
8	中国有色金属行业研究数据库
9	中国医药行业研究数据库
10	中国新能源行业研究数据库
11	中国石油化工行业研究数据库
12	中国农林牧渔业研究数据库

1. 中国能源行业研究数据库

中国能源行业研究数据库涵盖中国和世界能源的统计数据，包括能源概况、电力、煤炭、石油和天然气、核能等年/月度数据，以及相关行业的产量数据和经济指标。

国内研究能源行业的部分论文如表8-57所示。

表8-57　国内研究能源行业的部分论文

序号	题名	来源	年/期	作者
1	能源价格对我国交通运输能源强度调节效应的实证研究	生态经济	2013/02	魏庆琦、赵嵩正、肖伟
2	能源价格与中国宏观经济：动态模型与校准分析	南开经济研究	2012/02	孙宁华、江学迪
3	能源价格波动对粮食生产成本的动态影响研究	财贸研究	2012/04	刘宁
4	经济增长、能源消费与二氧化碳排放的动态关系研究	世界经济	2011/06	杨子晖
5	中国能源消费与经济增长间关系的实证研究——基于1953~2008年数据的分析	科研管理	2011/07	尹建华、王兆华
6	能源价格上涨情景下能源消费与经济波动的综合特征	统计研究	2011/09	原鹏飞、吴吉林
7	中国金融发展会影响能源消费吗？——基于动态面板数据的分析	经济管理	2011/05	任力、黄崇杰
8	我国能源消费总量与经济总量的关系	财经科学	2010/10	周江
9	中国能源消费、经济增长与能源效率——基于1980~2007年的实证分析	数量经济技术经济研究	2009/08	曾胜、黄登仕
10	中国经济增长与能源消费强度差异的收敛性及机理分析	经济研究	2009/04	齐绍洲、云波、李锴
11	中国能源消耗强度区域差异的动态关系比较研究——基于省（市）面板数据模型的实证分析	中国工业经济	2008/04	刘畅
12	中国能源消费因果关系分析	财贸研究	2008/03	张志柏

2. 中国房地产行业研究数据库

中国房地产行业研究数据库包括房地产开发统计、销售情况、土地交易、物业交易、财务指标五方面的数据。该数据库提供全国 25 个大城市土地挂牌交易和全国各地 49 个城市住宅物业项目的详细资料，为土地交易和物业项目交易的研究提供数据支持。

国内外研究房地产行业的部分论文如表 8-58 和表 8-59 所示。

表 8-58　国外研究房地产行业的部分论文

序号	文章名称	发表刊物	作　者
1	Why do real estate brokers continue to discriminate? Evidence from the 2000 Housing Discrimination Study	Journal of Urban Economics	Bo Zhao, Jan Ondrich, John Yinger
2	The effects of the internet on marketing residential real estate	Journal of Housing Economics	James ScottFord, Ronald C. Rutherford, Abdullah Yavas
3	Highway franchising and real estate values	Journal of Urban Economics	Eduardo Engel, Ronald Fischer, Alexander Galetovic
4	Employment Subcenters and Subsequent Real Estate Development in Suburb an Chicago	Journal of Banking & Finance	JohnF. Mc Donald DanielP. Mc Millen
5	Bargaining over residential real estate: evidence from England	Journal of Urban Economics	Antonio Merlo, Francois Ortalo-Magné
6	PariTOP: A goalprogramming-based software for real estate assessment	Eurpean Journal of Operational Research	Ossama Kettani, Karim Khelifi

表 8-59　国内研究房地产行业的部分论文

序号	题　名	来源	年/期	作　者
1	房地产政策调控效应的截面异质性	统计研究	2013/11	陈丹妮、薛志宏、陈瑶
2	人民币升值预期与中国房地产价格变动的实证研究	中国软科学	2013/08	谭小芬、林木材
3	房地产价格波动经济影响的一般均衡研究	管理科学学报	2012/03	原鹏飞、魏巍贤
4	基于适应性预期的房地产价格驱动因素分析	财贸研究	2012/04	王鹏、王灿华
5	货币政策对房地产价格与投资影响的实证分析	管理世界	2012/06	邓富民、王刚
6	基于因子分析法的房地产上市公司并购绩效研究	建筑经济	2012/07	陈德强、侯杰
7	上市房地产企业政治关联、过度自信与过度投资关系的市政研究	建筑经济	2012/02	黄新建、李晓辉
8	人民币汇率与我国房地产价格——基于 Markov 区制转换 VAR 模型的实证研究	金融研究	2011/05	朱孟楠、刘林、倪玉娟
9	"土地财政"与房地产价格上涨：理论分析和实证研究	财贸经济	2010/08	周彬、杜两省
10	房地产市场与国民经济协调发展的实证分析	中国社会科学	2006/03	梁云芳、高铁梅、贺书平

3. 中国通信行业研究数据库

中国通信行业研究数据库由年度、季度以及月度数据组成，包括通信行业业务基本情况、通信服务水平、各地区主要通信能力、通信业固定资产投资和财务收支情况、通信设备制造业主要经济指标完成情况、主要通信产品产销量等方面的数据。

国内研究通信行业的部分论文如表 8-60 所示。

表 8-60　国内研究通信行业的部分论文

序号	题　名	来　源	年/期	作　者
1	通信行业资本结构与成长性关系实证研究——基于通信行业上市公司财务指标的面板数据	财会通讯	2012/29	李林、周航、冉安平
2	基于价值观细分的移动通信行业市场研究	山东社会科学	2011/04	解国骏
3	我国通信行业上市公司成长性评价实证研究	财会通讯	2010/15	刘秋生、童俊、李善龙
4	中国通信行业的产能状况和经营效率——基于集成数据包络模型的实证分析	经济管理	2010/05	宋马林
5	基于消费行为的市场细分模型构建与验证——以移动通信行业为例	管理学报	2009/06	齐丽云、汪克夷、陆英贤、张芳芳
6	中国移动通信市场下的顾客忠诚实证研究	经济科学	2005/03	赵建伟、覃蓉芳、程美静

4. 中国汽车行业研究数据库

为了给广大学者提供一套完整、准确、规范的中国汽车行业研究数据平台，结合当前国内外主流的行业研究方法，中国汽车行业研究数据库提供了汽车（分车型）产销情况、五大汽车生产企业乘用车（商用车）产销情况、汽车进（出）口情况、汽车工业销售产值按省市分类构成等统计指标以及相关的经济指标。

国内研究汽车行业的部分论文如表 8-61 所示。

表 8-61　国内研究汽车行业的部分论文

序号	题　名	来　源	年/期	作　者
1	我国车险市场承保周期研究	保险研究	2013/03	于丽娜
2	关于我国汽车行业规模经济效应的实证研究	经济问题探索	2012/10	王宛秋、刘璐琳、孙大伟
3	我国汽车行业创新能力测度研究	科研管理	2011/10	陈芳、穆荣平
4	汽车行业渠道激励、满意、绩效关系的实证研究	湖南大学学报	2011/ 01	李平、周玉瑶、刘翠华
5	基于因子分析法的汽车行业业绩评价研究	财会通讯	2010/06	孙世敏、王泽平

5. 中国交通运输行业研究数据库

中国交通运输行业研究数据库是国内第一个大型交通运输行业信息资讯系统。该

数据库收集了从 1952 年以来反映国内外铁路运输、水路运输、公路运输、航空运输四个子行业的生产及运输状况的统计数据。

国内研究交通运输行业的部分论文如表 8-62 所示。

表 8-62　国内研究交通运输行业的部分论文

序号	题　名	来　源	年/期	作　者
1	交通运输与社会经济发展关系探析	中国投资	2013/S1	薛燕
2	基于运输化理论的区域交通运输与社会经济发展耦合关系研究	湖南大学学报	2012/02	张丛、彭辉
3	交通运输发展与经济增长的均衡分析	财务与金融	2012/05	袁乐平、余绍山
4	交通运输与区域经济增长差异——以中国铁路为例的实证分析	山西财经大学学报	2011/02	王会宗

6. 中国保险行业研究数据库

中国保险行业研究数据库收录了各保险公司的基本情况、经营数据、财务数据和业务统计。

7. 中国钢铁行业研究数据库

中国钢铁行业研究数据库收录了 2003 年以来国内外钢铁行业的生产经营数据，包括生产统计、进出口统计、营销统计、大型钢企统计、国际钢铁统计 5 大部分。

8. 中国有色金属行业研究数据库

中国有色金属行业研究数据库包括国内外有色金属的产量、价格、中国进出口、分国别进出口以及行业统计 5 大部分，除基本有色金属铜、镍、铝、铅、锌、锡等外，还有多种氧化、电解有色金属数据。

9. 中国医药行业研究数据库

中国医药行业研究数据库包括化学原料药制造、化学药品制剂制造、中成药、中药饮片、生物生化制药、医疗器械制造等六个子行业，统计内容包括按全国、省份、经济类型统计的行业概况、经济指标、生产销售的年度和月度数据，医药企业景气指数季度数据、固定资产投资月度数据，以及进出口、医药销售及相关的医药保健价格、医疗卫生的年度和月度数据。

10. 中国新能源行业研究数据库

中国新能源行业研究数据库由行业概况、风能、太阳能、核能、生物质能、新能源应用及环保信息七部分组成。

11. 中国石油化工行业研究数据库

中国石油化工行业研究数据库包括石油天然气资源状况、石油化工行业能源消耗等年度数据，行业景气指数季度数据，按石油化工各细分行业和产品统计的产品产

量、产值、投资项目和投资额、价格指数、进出口的月度数据以及行业经济指标月度和年度数据。

12. 中国农林牧渔业研究数据库

农林牧渔业数据库收录了农林牧渔业的产销量、产品价格、经济指标及进出口情况等数据。数据频率的设计上有日度、周度、月度及年度。该库分成农业自然条件、农业劳动力、农业生产资料、农业投资、农产品价格、农业产销量、农产品进出口、农业产值、农产品成本收益9大类信息，共有84个文件，约800个字段。

■ 第八节

货币市场系列

货币市场系列数据库由5个数据库组成，如表8-63所示。

表8-63　货币市场系列数据库

序号	数据库名称
1	中国外汇市场研究数据库
2	中国黄金交易市场研究数据库
3	中国货币市场与政策工具数据库
4	外汇相关法规
5	中国银行间交易研究数据库

1. 中国外汇市场研究数据库

中国外汇市场研究数据库收集了中国银行间外汇市场交易行情，纽约外汇市场交易行情，人民币基准汇价年度、月度统计，中国存款利率及世界利率的变化和中国外汇储备等方面的数据。数据来源于中国人民银行、国家外汇管理局、中国外汇交易中心、日本央行、欧洲央行、英国银行业协会、香港金融管理局等权威机构。

国内外研究中国外汇市场的部分论文如表8-64和表8-65所示。

表8-64　国外研究中国外汇市场的部分论文

序号	文章名称	发表刊物	作　者
1	Rise of the machines: Algorithmic trading in the foreign exchange market	Journal of Finance	Chaboud A., Chiquoine B., Hjalmarsson E.

续表

序号	文章名称	发表刊物	作者
2	Foreign exchange market intervention and reserve accumulation in emerging Asia: Is there evidence of fear of appreciation?	Economics Letters	Pontines V., Rajan R. S.
3	The role of implied volatility in forecasting future realized volatility and jumps in foreign exchange, stock, and bond markets	Journal of Econometrics	Busch T., Christensen B. J., Nielsen M.
4	Dependence structure between the equity market and the foreign exchange market-a copula approach	Journal of International Money and Finance	Ning C.
5	Fluctuations in the foreign exchange market: How important are monetary policy shocks?	Journal of International Economics	Bouakez H., Normandin M.

表 8-65　国内研究中国外汇市场的部分论文

序号	题 名	来 源	年/期	作 者
1	外汇市场压力与国际收支敏感关系研究	商业研究	2013/12	张艾莲、刘柏
2	外汇市场干预，汇率变动与股票价格波动——基于投资者异质性的理论模型与实证研究	经济研究	2013/10	何诚颖、刘林、徐向阳
3	随机性，市场干预与外汇市场有效性——对人民币汇率的动态分析	世界经济研究	2010/03	盛斌、吴建涛

2. 中国黄金交易市场研究数据库

中国黄金交易市场研究数据库除了收集了自上海黄金交易所成立（2002年）至今的黄金及贵重金属交易数据外，还收集了世界现货黄金市场每日买入价格、卖出价格、伦敦黄金定盘价。数据来源于上海黄金交易所、伦敦黄金定价公司（The London Gold Market Fixing Ltd.）等权威机构的一手资料数据，以及世界著名黄金研究机构的权威数据。

国内研究中国黄金交易市场的部分论文如表 8-66 所示。

表 8-66　国内研究中国黄金交易市场的部分论文

序号	题 名	来 源	年/期	作 者
1	中外黄金市场混沌特性比较——基于相空间重构技术	技术经济	2012/10	黄腾飞、李帮义、熊季霞
2	我国黄金投资现状分析与完善建议	时代金融	2013/11	苗康、刘春苗
3	基于 ARIMA-GARCH 模型的黄金价格走势研究	中国外资	2013/11	罗祯

3. 中国货币市场与政策工具数据库

中国货币市场与政策工具数据库是一个包括货币、信贷、金融市场、利率、汇率和央行货币工具等方面的综合性研究数据库，收录了由各权威机构发布的，中国当前货币市场与政策工具相关领域的年度、季度、月度、日度及不定期数据。

国内研究货币市场与政策工具的部分论文如表 8-67 所示。

表 8-67　国内研究货币市场与政策工具的部分论文

序号	题　名	来源	年/期	作　者
1	货币市场基准利率的性质及对 Shibor 的实证研究	经济评论	2014/01	项卫星、李宏瑾
2	货币政策、信贷资源配置与企业业绩	管理世界	2013/03	饶品贵、姜国华
3	中国货币市场基准利率选择的实证研究	投资研究	2012/01	王志栋

4. 外汇相关法规

外汇相关法规数据库收录了法规名称、法规内容、公布日期三方面的数据。

5. 中国银行间交易研究数据库

银行间交易数据库记录了中国银行间市场中债券、拆借、外汇、衍生品等全部交易品种的交易情况数据，数据项全面完整。另外，还包含拆借和回购的分类排名等信息。银行间债券市场成交统计包括成交笔数、成交增减笔数、成交量、成交增减量、可交易券种数、成交券种数和参与成员数等字段。银行间回购交易总体统计包括加权平均率、基点升降、成交额、成交额减量、成交笔数、成交笔数增减、参与家数、参与家数增减和交易种类等字段。银行间拆借总体统计包括加权平均率、基点升降、成交额、成交额增减量、成交笔数、成交笔数增减、参与家数和参与家数增减等字段。利率互换交易行情包括参考利率、期限、固定利率和名义本金总额等字段。

国内研究银行间交易的部分论文如表 8-68 所示。

表 8-68　国内研究银行间交易的部分论文

序号	题　名	来　源	年/期	作　者
1	区际资本流动与区域发展差距——对中国银行间信贷资本流动的分析	地理学报	2011/06	陈东、樊杰
2	不同网络结构下银行间传染风险研究	管理工程学报	2013/04	李守伟、何建敏
3	我国银行间同业拆借利率的动态研究——基于跳跃—扩散—机制转换模型的实证分析	管理科学学报	2011/11	吴吉林、张二华、原鹏飞

第九节
海外研究系列

海外研究系列数据库由 2 个数据库组成,如表 8-69 所示。

表 8-69 海外研究系列数据库

序号	数据库名称
1	香港上市公司研究数据库
2	美国股票市场研究数据库

1. 香港上市公司研究数据库

随着我国证券市场国际化进程的逐步推进,国际证券市场的走势以及热点板块的变化将对沪深证券市场产生明显的影响,其中香港证券市场的走势更值得投资者的关注。本数据库的推出,将为两地 A 股与 H 股的比价效应、溢出效应及股票价格联系互动等研究热点提出便捷而精准的数据基础。

香港上市公司研究数据库收集了香港上市公司(包括主板与创业板)的法定股本、董事会成员、股份过户登记处、主要往来银行、法律顾问等公司基本信息。数据库内容包括:公司基本情况文件、利润表、银行业利润表、资产负债表、银行业资产负债表、现金流量表、股票交易情况表等。

国内研究香港上市公司的部分论文如表 8-70 所示。

表 8-70 国内研究香港上市公司的部分论文

序号	题 名	来 源	年/期	作者
1	香港上市公司盈余公告日附近异常市场回报率研究	国际经贸探索	2011/03	樊耘、邵芳
2	自由现金流、控制结构与投资——对 A 股和香港上市公司的比较研究	上海经济研究	2011/09	赵中伟
3	债务融资、成长性与企业投资行为——对 A 股和香港上市公司的比较研究	当代经济科学	2011/06	赵中伟
4	香港和内地证券市场的动态竞争关系研究——基于 A+H 交叉上市公司的实证分析	财经研究	2011/05	曹广喜、徐龙炳
5	境外上市对我国上市公司权益资本成本的影响	上海经济研究	2011/02	汪冬华、俞晓雯

2. 美国股票市场研究数据库

随着我国国际化步伐的增快，以及世界经济一体化的要求，各投资机构、高校学者越来越重视对世界证券市场，特别是作为成熟市场代表的美国股票市场的了解、把握和分析。但是，目前国内全面、准确的美国股票市场数据库不多，且数据缺失，严重阻碍了国内相关实证研究的发展。为及时、准确、全面、更好地为高校和业界服务，国泰安凭借多年数据库的开发经验，率先推出了美国股票市场研究数据库，提供美国纽约证交所（NYSE）、美国证券交易所（AMEX）和纳斯达克（Nasdaq）上市的美股交易及指数数据。

美国上市公司数据库收集了美国 NYSE、AMEX、NASDAQ 交易所的个股及指数行情数据，包括开盘、收盘、最高、最低收盘价、交易量、交易额和指数回报率等数据。

国内研究美国上市公司的部分论文如表 8-71 所示。

表 8-71　国内研究美国上市公司的部分论文

序号	题　名	来　源	年/期	作　者
1	在美上市公司内部控制重大缺陷认定、披露及对我国企业的借鉴	审计研究	2012/01	陈武朝
2	亚太地区间资本市场联动效应实证分析——以中国内地、中国香港、日本和美国股市为例	经济问题	2011/04	沈悦、张学峰、刘毅博
3	中美股市杠杆效应与波动溢出效应——基于 GARCH 模型的实证分析	财经科学	2011/04	陈潇、杨恩
4	中外股市收益率的非对称动态相关性研究	管理科学	2013/04	陈云

第十节

板块研究系列

板块这个概念来自板块构造学说，如今，这个概念已经不局限于地理学科，很多行业都在运用这个概念。在日常生活中，人们差别化的生活方式、消费方式也会形成不同的板块，这些板块之间的联系引起很多学者的兴趣。

板块数据库的开发就是为了方便研究市场，经济活动的个体，如上市公司，它们在经济活动中会形成一定的板块，而这个板块中拥有同行业相关的其他主体，它们一起组成了一个分类板块，但是该板块可能会呈现在另外一个板块的包裹之下，或者是

其下还可以再细分其他板块，研究者如何才能通过层级关系获得一定的市场层级感，或如何通过层级判断市场主体的行为呢。这一切在板块树中就可以显现出来，清晰的层级关系，以及具体细化的同板块异板块关系，为研究者提供了准确的研究思路，无论是研究深度和研究广度都能在质的程度上提高，目前我们的数据库涉及许多行业板块的运用，例如证监会行业划分、市场划分、统计局国民经济行业划分等，有必要对这些板块以及行业进行集成。在一个更大的时间跨度上能够全面地划分市场板块。这对未来的宏观经济研究是有深远意义的。

板块研究系列由 1 个数据库组成，如表 8-72 所示。

表 8-72　板块研究系列数据库

序号	数据库名称
1	板块数据库

板块数据库主要收集的是市场类划分、证监会行业划分、中证行业划分、机构持股划分、指数成分划分等方面的信息，目前收录了 2 个文件，10 个字段，后期会持续增加。

第十一节

市场资讯系列

市场资讯系列由 3 个数据库组成，如表 8-73 所示。

表 8-73　市场资讯系列数据库

序号	数据库名称
1	公告数据库
2	新闻数据库
3	研究报告数据库

1. 公告数据库

随着中国证券市场的发展，公告在证券市场中的作用愈加重要。为了规范证券市场的公告信息披露，证监会对公告信息的披露出台多条行政法规，对公告披露的要求越来越严格。通过证券市场的公告，可以了解证券市场的运行情况以及上市公司的财务、经营状况等。

公告数据库收录了中国证券市场的公告全文及公告摘要信息，并提供公告及公告摘要的分类信息及其涉及的证券信息。该数据库收录了证券监管机构、证券发行机构、证券经营机构、证券中介机构、产交所挂牌公司、其他机构或个人等发布的公告全文及公告摘要信息，涉及股票、债券、基金、权证、产权交易等类别，几乎涵盖了证券市场参与者的所有行为。每日更新数据。

该库分成公告基本信息表、公告分类关联表、公告证券关联表、公告摘要基本信息表、公告摘要证券关联表、公告摘要分类关联表、公告分类编码表等信息，共7个文件，46个字段。

2. 新闻数据库

著名经济学家罗伯特·希勒在论述新闻媒体对股票市场的影响时说："媒体积极地引导人们的注意力，分类人们的想法，证券市场在他们营造的这个环境运行。"如果没有有效的信息共享，任何金融市场都无法正常运行。投资者依据公开信息对投资对象进行评估，并据此设定价格。公开信息的一个最重要的渠道是新闻报道，财经新闻报道降低了买方和卖方之间信息的不对称性，减少了交易的复杂性和不确定性，并引导投资者的决策。

国泰安财经新闻数据库的开发是建立在对财经新闻资讯深入了解的基础之上，并结合我国宏观经济和金融市场的发展趋势进行的科学设计。该库覆盖全部社会经济生活和与经济有关的领域，包括从生产到消费、从城市到农村、从宏观到微观、从安全生产到服务质量、从经济工作到政治的相关领域，重点关注资本市场、金融市场以及与投资相关的要素市场，并用金融资本市场的视角看中国经济主义生活。数据库涵盖了财经新闻的基本信息，新闻涉及的行业、证券以及利用价值等，并对新闻关联的证券做了分类。例如在新闻证券节点中，可以筛选出A股、B股、H股、债券、基金分别发布了哪些新闻。数据翔实、更新及时、准确地揭示了财经新闻的各方面，为客户提供一个权威、专业、便捷的信息平台。

财经新闻数据库主要收集的是新闻的基本情况，数据时间精确到新闻发布的具体时间，内容翔实。该库分成新闻基本信息、分类信息、行业信息、证券信息、附件信息等5大类信息，共6个文件，约50个字段。

3. 研究报告数据库

研究报告是从事一种重要活动或决策之前，对相关各种因素进行具体调查、分析、研究，评估项目可行性、效果效益程度，提出建设性意见、建议、对策等，给决策者和主管机关审批的上报文。机构研究员通过对上市公司调研，参加会议以及阅读各类新闻等方式，对研究的问题进行分析，最终形成研究报告。

国泰安的研究报告数据库涵盖了主流金融机构发布的研究报告，除提供研究报告的具体内容外，还从多个维度提供研究报告的相关内容，如研究报告类型以及涉及的证券和行业等。

研究报告数据库主要收集的是主流金融机构发布的研究报告，并提供研究报告分类、涉及的证券、涵盖的行业、研究人员、发布机构等信息，共 6 个文件，38 个字段。

第十二节
专题研究系列

专题研究系列由 11 个数据库组成，如表 8-74 所示：

表 8-74　专题研究系列数据库

序号	数据库名称
1	中国股票市场收益波动研究数据库
2	中国股票市场基本分析研究数据库
3	中国上市公司资本结构研究数据库
4	中国股票市场日历效应研究数据库
5	中国股票市场资本资产定价模型研究数据库
6	中国股票市场股利政策研究数据库
7	中国股票市场收益预测研究数据库
8	中国股票市场盈余反应系数研究数据库
9	中国股票市场事件研究数据库
10	中国股票市场操控性与非操控性应计利润研究数据库
11	中国股票市场风险评价系数 β 数据库

1. 中国股票市场收益波动研究数据库

根据当前国际上主流的股市收益波动的研究方法，国泰安信息技术有限公司研发出了中国股票市场股市收益波动研究专题数据库，为投资者研究中国股票市场收益波动提供了完整而准确的数据。该数据库一共包含三个数据文件：指数文件、行业指数文件和银行利率文件。主要数据项有：指数代码、交易日期、开盘指数、收盘指数、最高指数、最低指数、指数回报率、行业回报率、利率变动日期和银行年存款利率等。

2. 中国股票市场基本分析研究数据库

股票价格是由其内在价值决定的，选择价值类股票投资已经成为广大证券投资者的共识。因此，通过对上市公司的基本财务指标分析确定股票的内在价值对投资者具有极其重要的指导作用。根据当前国际上主流的基本分析研究方法，国泰安信息技术

有限公司研发出了中国股票市场基本分析研究专题数据库，为中国上市公司基本分析研究提供了完整而准确的数据。该数据库一共包含 3 个数据文件：基本财务指标文件，日个股回报率文件和股本变动文件。主要数据项有：证券代码、会计年度、存货、应收账款、毛利率、销售费用、资本支出、实际税率、股东权益合计、日个股总市值、日个股流通市值、考虑现金红利再投资的日个股回报率和不考虑现金红利再投资的日个股回报率等。

3. 中国上市公司资本结构研究数据库

公司的资本结构反映了其经营状况，具有良好资本结构的公司，往往有较好的发展前景，能给投资者带来较高的回报。因此，识别具有良好资本结构的公司，对投资者而言，无疑是至关重要的，为了给投资者提供完整而准确的资本结构研究数据，国泰安信息技术有限公司研发出了中国股票市场资本结构研究专题数据库。该数据库目前一共包含三个文件：日个股回报率文件、财务指标文件和银行利率文件。主要数据项有：证券代码，交易日期、日个股总市值、日个股收盘价、考虑现金红利再投资的日个股回报率、不考虑现金红利再投资的日个股回报率、会计年度、长期负债比率、负债合计、股东权益合计、流动负债合计、长期借款、应付债券、净利润、主营业务利润、每股收益、经营活动产生的现金流量净额、长期负债、总资产、流动比率、存货周转率、主营收入增长率、息税前盈余、实际所得税、税前总利润、资本支出、资产收益率、净资产收益率和银行年存款利率等。

4. 中国股票市场日历效应研究数据库

已有的研究发现欧美股票市场在某些特殊的时间（例如每年的 1 月、每周的周末）往往会有超额的回报，那么在中国股票市场是否也存在同样的现象呢？国泰安信息技术有限公司研发出的中国股票市场日历效应研究专题数据库为投资者研究中国股票市场上的日历效应提供了完整而准确的数据。该数据库一共包含四个数据文件：日个股回报率文件、指数文件、日历文件和汇率文件。主要数据项有：证券代码、交易日期、星期、日个股总市值、考虑现金红利再投资的日个股回报率、不考虑现金红利再投资的日个股回报率、指数代码、指数回报率、日历日期、上海 A 股开市情况、上海 B 股开市情况、深圳 A 股开市情况、深圳 B 股开市情况、汇率日期、人民币对美元汇率、港币对美元汇率、港币对人民币汇率和换算得到的港币对人民币汇率等。

5. 中国股票市场资本资产定价模型研究数据库

高风险高收益，资本资产定价模型清晰地刻画了证券市场上风险和收益的关系。所投资的股票风险与市场风险的相关性有多大？所投资的股票价格走势如何？资本资产定价模型较好地回答了这些问题。为了方便投资者研究中国股票市场上资本资产定价模型的表现，国泰安信息技术有限公司研发出中国股票市场资本资产定价模型研究专题数据库。该数据库目前一共包含五个数据文件：日个股回报率文件、日市场回报率文件、指数文件、财务指标文件和银行利率文件。主要数据项有：证券代码、交易

日期、考虑现金红利再投资的日个股回报率、不考虑现金红利再投资的日个股回报率、日个股总市值、日个股流通市值、考虑现金红利再投资的综合日市场回报率、不考虑现金红利再投资的综合日市场回报率、指数代码、指数回报率、会计年度、期初股东权益合计、期末股东权益合计和银行年存款利率等。

6. 中国股票市场股利政策研究数据库

企业的股利政策隐含了企业的生存发展信息，投资者根据企业的股利政策来研究企业的真实价值，从而挖掘出有投资价值的股票。为了方便投资者研究上市公司的股利政策，国泰安信息技术有限公司研发出了中国股票市场股利政策研究专题数据库。该数据库一共包含四个数据文件：日个股回报率文件、日市场回报率文件、财务指标文件和分配文件。主要数据项有：证券代码、交易日期、日个股收盘价、日个股交易金额、日个股总市值、考虑现金红利再投资的日个股回报率、每股股利、每股收益、股东权益比倒数、主营业务收入对数、经营活动产生的现金流量净额、法人股比例、每股净资产、市盈率、净资产收益率、分配比率和配股价格等。

7. 中国股票市场收益预测研究数据库

股票收益的预测永远是投资者关注的焦点，如何从众多的股票中挑选出具有较高回报率的股票？所投资的股票未来的回报率如何？这些都是投资者希望通过股票收益预测回答的问题。根据当前国际上主流的股票收益预测模型，国泰安信息技术有限公司研发出了中国股票市场收益预测研究专题数据库。该数据库包含三个数据文件：月个股回报率文件、财务指标文件和银行利率文件。主要数据项有：证券代码、交易日期、考虑现金红利再投资的月个股回报率、不考虑现金红利再投资的月个股回报率、月个股总市值、月换手率、月非流动性指标、月 β 值、市盈率倒数、账面市值比、经营活动产生的现金流净额、每股收益、销售价格比和银行年存款利率等。

8. 中国股票市场盈余反应系数研究数据库

会计盈余是反映公司经营状况最重要的指标之一，而股票的回报率与公司的经营状况更是息息相关。盈余反应系数则直接反映了这两者之间的关系，怎样从不同盈余品质下的盈余反应系数判断公司的发展前景？这对投资者而言无疑是极其重要的。根据当前国际上主流的盈余反应系数研究方法，国泰安信息技术有限公司开发了中国股票市场盈余反应系数研究专题数据库。该数据库包含了六个数据文件：日个股回报率文件、周个股回报率文件、月个股回报率文件、财务指标文件、股本变动文件和年中报数据文件。主要数据项有：证券代码、交易日期、日个股收盘价、日个股流通市值、日个股总市值、总股数、考虑现金红利再投资的日个股回报率、不考虑现金红利再投资的日个股回报率、年报公告日期、中报公布日期、季报公布日期、报告类型、总资产、股本变动类型、国家股股数、法人股股数、境内发起人法人股股数、境外发起人法人股股数、募集法人股股数、内部职工股股数、基金配售股数、转配股股数和优先股股数等。

9. 中国股票市场事件研究数据库

企业的发展前景往往可以从某些特定的事件如兼并收购、红利分配等展示出来，而这些事件发生又通常会带给投资者异常的回报率，因此，对特定事件与公司股价变化的研究就显得极为重要。根据当前国际上主流的事件研究方法，国泰安信息技术有限公司开发出了中国股票市场事件研究专题数据库。该数据库包含六个文件：日个股回报率文件、一级市场数据文件、财务指标文件、股本变动文件、配股增发文件、兼并收购文件和分配文件。主要数据项有：证券代码、交易日期、日个股交易股数、日个股总市值、考虑现金红利再投资的日个股回报率、不考虑现金红利再投资的日个股回报率、总股数、国家股股数、法人股股数、境内发起人法人股股数、境外发起人法人股股数、募集法人股股数、内部职工股股数、基金配售股数、转配股股数、优先股股数、A 股流通股数、B 股流通股数、H 股流通股数、流通配送股尚未流通股数、每股收益、税前收益、投资收益、年初股东权益合计、年末股东权益合计、长期负债、流动负债、年初总资产、年末总资产、上市前一年的每股净资产、上市前一年的每股总资产、上市前一年的每股盈利、分配方案、分配类型、配股比率、配股基数、配股市盈率、交易完成公告日期、目标公司证券代码、目标公司名称、目标公司所属行业、目标公司性质、是否涉及关联交易、并购方式和并购目的等。

10. 中国股票市场操控性与非操控性应计利润研究数据库

如何从企业披露的财务报表中识别出企业的真实发展状况，怎样确定企业应计利润中是否存在利润操纵现象，这是投资者为避免投资损失而急需关注的问题，为了帮助投资者识别企业应计利润中的操控性应计利润与非操控性应计利润，根据当前国际上主流的操控性应计利润与非操控性应计利润研究方法，国泰安信息技术有限公司研发出了中国股票市场操控性应计利润与非操控性应计利润研究专题数据库，为投资者提供了完整而准确的研究数据。该数据库目前只有一个数据文件：财务指标文件。主要的数据项有：证券代码、会计年度、应收账款、货币资金、短期借款、营业利润、利润总额、主营业务利润、主营业务收入净额、净利润、资产总额、负债总额、股本、股东权益合计、资产负债率、总应计利润、总资产报酬率、净资产收益率、固定资产原值、流动资产合计、流动负债合计、短期投资、一年内到期的长期债券投资、固定资产折旧额、无形资产和其他长期资产、固定资产净盘亏额、清理固定资产净损失、递延税款贷项、财务费用、投资收益、应付股利和一年内到期的长期负债等。

11. 中国股票市场风险评价系数 β 数据库

股市行情波澜不断，变化无常。如何知道自己所投资的股票对市场风险是否敏感？市场风险评价系数给出了明晰的答案。根据国际上主流的市场风险评价系数研究方法，国泰安信息技术有限公司研发出了中国股票市场风险评价系数 β 专题数据库，提供了自 1990 年以来全部个股的主要日、月、年风险衡量指标（如 β、σ 等）。

第十三节
科技金融研究系列

科技金融研究系列由 1 个数据库组成，如表 8-75 所示。

表 8-75　科技金融研究系列数据库

序号	数据库名称
1	天使投资数据库

天使投资（Angel Investment），是权益资本投资的一种形式，是指富有的个人出资协助具有专门技术或独特概念的原创项目或小型初创企业，进行一次性的前期投资。

天使投资实际上是风险投资的一种特殊形式，是对于高风险、高收益的初创企业的第一笔投资。一般来说，一个公司从初创到稳定成长期，需要三轮投资，第一轮投资大多是来自个人的天使投资，是公司的启动资金；第二轮投资往往来自投资机构，为产品的市场化注入资金；第三轮投资则基本是上市前的融资，来自大型风险投资机构或私募基金。

在中国，天使投资还处于一个起步的阶段，为了及时、准确、全面地反映中国的天使投资现状，更好地提供一个权威性、宏观性和综合性的便捷信息平台，国泰安信息技术有限公司研发了天使投资数据库。该库涵盖被投资企业的基本情况、财务状况以及投资机构、投资人、投资案例的基本信息等方面数据，内容丰富，信息全面。希望天使投资数据库的推出，能给您的研究或投资提供帮助。

本章结语

本章详细介绍了 CSMAR 系列数据库的具体构成，包括股票系列、上市公司系列、债券系列、基金系列、衍生系列、经济系列和行业系列等。其中，每个系列的数据库又可以细分为若干数据库。以上市公司数据库为例，就包括公司治理结构数据库、股东研究数据库、并购重组数据库、关联交易数据库等 29 个子数据库。CSMAR 系列数据库的人性化设计，不仅节省了研究人员对数据的收集、整理时间，提高了研究效率。更重要的是，对于以数据为基础的实证研究，CSMAR 数据库还为新的研究提供了思路。实证研究是建立在模型构建和大样本检验的基础之上的，一项实证研究

是否可行很大程度上取决于数据是否可得。研究人员通过仔细查找 CSMAR 数据库的数据构成，一方面可以重新考虑已有研究计划是否合理，另一方面可以从感兴趣的数据入手，为新的研究提供灵感。

本章参考文献

［1］Aharony J.，Lee C. W. J.，Wong T. J.. Financial packaging of IPO firms in China ［J］. Journal of Accounting Research，2000：103-126.

［2］Basu S.，Markov S.. Loss Function Assumptions in Rational Expectations Tests on Financial Analysts' Earnings Forecasts ［J］. Journal of Accounting and Economics，2004 (38)：171-203.

［3］Denis D. J.，Kruse T. A.. Managerial Discipline and Corporate Restructuring Following Performance Declines ［J］. Journal of Financial Economics，2000，55 (3)：391-424.

［4］Diebold F. X.，Rudebusch G. D.，Boragan Aruoba S.. The Macroeconomy and the Yield Curve：A Dynamic Latent Factor Approach ［J］. Journal of econometrics，2006，131 (1)：309-338.

［5］Nagel S. Short Sales，Institutional Investors and the Cross-section of Stock Returns ［J］. Journal of Financial Economics，2005，78 (2)：277-309.

［6］Wang C.，Yu M.. Trading Activity and Price Reversals in Futures Markets ［J］. Journal of Banking & Finance，2004，28 (6)：1337-1361.

［7］华仁海，刘庆富. 国内外期货市场之间的波动溢出效应研究 ［J］. 世界经济，2007，30 (6)：64-74.

［8］李成，马文涛，王彬. 通货膨胀预期、货币政策工具选择与宏观经济稳定 ［J］. 经济学 (季刊)，2011 (1).

［9］梁云芳，高铁梅，贺书平. 房地产市场与国民经济协调发展的实证分析 ［J］. 中国社会科学，2006 (3)：74-84.

［10］罗瑜. 我国货币市场与债券市场的传导性分析——商业银行资产配置视角 ［J］. 管理世界，2012 (2)：169-170.

［11］饶品贵，岳衡. 剩余收益模型与股票未来回报 ［J］. 会计研究，2012 (9)：52-58.

［12］邵毅平，虞凤凤. 内部资本市场、关联交易与公司价值研究——基于我国上市公司的实证分析 ［J］. 中国工业经济，2012 (4)：102-114.

［13］徐信忠，张璐，张峥. 行业配置的羊群现象——中国开放式基金的实证研究 ［J］. 金融研究，2011 (4)：174-186.

［14］杨墨竹. ETF 资金流、市场收益与投资者情绪——来自 A 股市场的经验证据 ［J］. 金融研究，2013 (4)：156-169.

［15］赵息，张西栓. 内部控制、高管权力与并购绩效——来自中国证券市场的经验证据 ［J］. 南开管理评论，2013，16 (2)：75-81.

［16］周业安，杨腾. 公司 IPO 会对已上市公司的股价产生影响吗？［J］. 南开经济研究，2011 (5)：33-49.

第四部分

实证研究方法

第九章 实证研究方法

一、实证研究方法概述

实证研究方法是一种与规范研究方法相对应的方法，它是基于观察和试验取得的大量事实、数据，利用统计推断的理论和技术，并经过严格的经验检验，而且引进数量模型，对社会现象进行数量分析的一种方法，其目的在于揭示各种社会现象的本质联系。相比规范研究方法，实证研究方法主要进行定量分析，依据数据说话，使其对社会问题的研究更精确、更科学。

实证研究离不开三个方面的要素：第一是科学理论。理论开展是实证研究的基础，脱离了科学理论的实证研究，无异于进行一次数据挖掘和组合的游戏。在实证研究的各个环节，如提出研究假设、设计研究变量、构建模型、分析结果，都离不开理论。第二是数据。数据之于实证研究，如同大米之于巧妇，数据越完整、越准确，实证研究的可靠性也越高。第三是方法。实证研究主要基于计量经济学的分析方法，融合了统计推断、参数估计等现代统计学知识。实证研究方法的基本框架如图 9-1 所示：

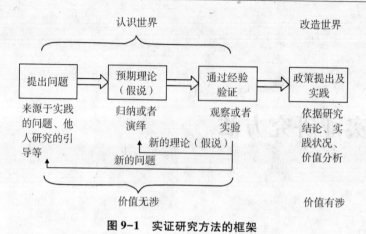

图 9-1　实证研究方法的框架

二、实证研究的基本流程

第一步：确定研究选题。社会科学以人类活动为研究对象，人类活动的多样性和复杂性为实证研究提供了广阔的天地。比如，会计报表是否具有信息含量，公司会计政策变更会有什么经济后果，宏观经济政策如何影响微观企业行为，企业高管的政治关联对企业经营有什么影响等，这些问题都是实证研究可行的选题，也是具有理论价值和现实意义的选题。

第二步：理论推导并提出研究假设。一旦确定了研究选题，接下来要做的事情就是通过理论推导来说明选题的合理性。例如，确定了研究选题是宏观经济政策会影响微观企业行为，研究者需要从理论上推导宏观经济政策为何以及如何影响微观企业行为，具体会影响企业哪些微观行为。当研究者从理论高度推导出可能的研究结论，就可以提出实证研究的待检验假设。也就是说，直接去验证理论的真伪，有一定的难度，但是基于逻辑理论推导，可以通过研究假设，间接证明理论的真伪。需要注意的是，研究假设要紧密结合理论推导，并且研究假设表意要清晰，可操作性要强。

第三步：数据收集与实证研究设计。提出研究假设之后，要围绕研究假设收集数据。收集数据有两层含义：一是收集的数据要同研究假设中的概念相一致，即假设中的概念转换为数据；二是数据要完整、合理、力求准确。当数据收集完毕，研究者要设计实证计量模型，将零散的数据组合起来，以便于进一步分析。例如，研究者经过理论推导，提出研究假设：宏观经济政策会影响企业债务融资，这需要两个关键数据：一是如何刻画计量宏观经济政策；二是如何计量企业债务融资。研究者要根据理论建立实证研究模型，模型的设定既要考虑经济含义，也要考虑计量经济学中一些需要注意的问题，要将模型设定的偏误尽可能降到最低，以保证研究结论的可靠稳健。

第四步：实证检验分析。根据数据的特征和实证模型，研究者要选取适当的实证

检验方法，例如，如果被解释变量是 0、1 结构的非连续变量，则应当选择 logit 检验。在分析检验结果时，要考虑经济意义，也要考虑统计意义。只有经济意义和统计意义都达到预期的检验结果，才能用来证明研究假设。对于和预期结果不一致的情况，研究者要深入分析原因，不能仅仅选择容易解释或者同预期一致的结果去分析，而对不容易解释或者同预期不符合的结果不做解释。

第五步：提出研究结论。当研究者对实证检验结果做了详尽分析之后，应当提出明确的研究结论。研究者可以从以下三个方面提出结论：一是本研究对该领域的理论有什么边际贡献，可能修正了既有理论，也可能推进了既有理论的发展；二是本研究对解决社会实际问题有什么价值；三是本研究在理论和方法上存在哪些不足，未来可能继续研究的内容有哪些。

三、实证设计的基本方法与原则

研究设计（Research Design）是对研究课题的规划，也是谋求新发现的策略。研究设计内容可以多种多样，却都围绕着两个目的：一是辨识问题，提炼主题；二是论证和验证主题，即回答解决什么问题，预期取得什么结果以及选择论证此预期结果的技术方法。研究设计是实证研究之前对研究问题、研究目的、调研对象、测量方法、抽样方法、数据收集和分析方法、论证方法等的思考和设计。研究设计的基本目的在于引导研究者来解决研究问题。严谨的研究设计能够减少研究误差，进而提供有效的信息，保证研究结论的信度和效度。

首先，要设计如何将概念量化，即如何测量。在科学研究中，测量的地位至关重要。许多管理研究成果只有发展出测量工具后，才具有可操作性，如顾客满意度的测评、平衡计分卡等。如果要测量一个复杂的概念，如核心能力、吸收能力，则并无现成的测量工具，这时发展测量工具也就成了研究中的一项重要任务。通常，测量是一个演绎过程，先选取一个概念、建构（Construct），再发展出一个测量工具，然后进行经验观察，测量始于对概念的分析（定义）。例如，纽曼给出了一个如何研究教师工作士气的例子：①收集各种有关士气的解释，如"有信心、开朗、团结、努力的心理状态"；②向教师请教，了解他们对与工作有关的一些事物的看法，如学校声誉、学生的学习态度；③思考士气的分析单位（是个人特质、团队特质，或兼而有之）。

其次，要设计测量的信度和效度。信度（Reliability）与效度（Validity）是科学测量的核心议题。信度是指一个指标可信赖的程度，可信的指标在每次测量相同的事物时应该能够得到相同的结果。效度是指测量能否正确地反映所研究概念的意义，例如，面试成绩能否反映学生的综合素质。在测量中，效度关注于这类问题：我正在测量我想要测量的项目吗？测量效度有三类，即内容效度、经验效度和建构效度。信度在社会科学研究中尤为重要，因为许多建构本身都是模糊的。比如要衡量企业"吸

收能力"，如果没有一个清晰的建构，企业管理人员会根据自己的理解来判断这一能力的重要性，所得的结果就会缺乏可信度。

最后，要设计检验模型。根据研究目标和已经获取的数据，设计适当的模型。设计模型的基本思想，是要找出因变量和自变量之间的因果关系，模型不应追求复杂，要用最简单的模型解决研究问题。如果能同时利用简单的计量方法和复杂的计量方法，在选择复杂方法时应该解释为何不选用简单的计量方法。毕竟，社会科学中的实证研究是为思想服务的，简单问题复杂化，有将实证研究沦为计量炫技的嫌疑。

关于回归模型的设定，经常存在且往往无法回避的内生性问题，复旦大学经济学院的陆铭教授有过一段经典的表述："对于耗费了经济学家大量精力的内生性问题，我想多说两句。我绝对认为克服内生性偏误是重要的，也是研究者应该努力去做的。不过，我的想法是，计量经济学方法和因果关系识别在理论上并无直接对应关系。计量的研究策略〔包括实验方法、工具变量（IV）、断点回归（Regression Discontinuity）、倾向值配对（Propensity Score Matching）、双重差分（DID）等〕都只是用来避免（或缓解）由遗漏变量或双向因果关系所产生的估计偏误的。在使用了这些方法之后，研究者所看到的相关性更接近因果关系，而其是否真是因果关系，仍然需要看理论逻辑。因此，我不认为运用 OLS 方法分析截面数据的研究就一定不好，事实上，只要研究策略得当（比如运用了实验或自然实验的方法），从而保证了核心解释变量的外生性，OLS 恰恰是最好且有效的估计。一些顶级杂志的文章也常常在 OLS 的基础上，运用一些研究逻辑来排除某些作用机制，从而更好地接近因果推论。另外，一些开创性的研究往往是从看相关性起步的，此类研究的重要意义往往在于提出了具有创见的问题，当然，如果能够用更接近于因果分析的研究策略，则是锦上添花。"[1]

四、实证设计成功的关键要素

实证设计成功的关键要素有以下三个方面：第一是选题要符合理论基础。这是最重要也是最难的一点，如果选题本身就不符合理论逻辑，实证设计的结果肯定也不理想，即使实证分析的结果和预期一致，这样的实证研究也是没价值的"伪回归"。第二是变量设计要准确可靠。比如，我们想研究高薪能否达到养廉的目的，在设计变量时，我们如何计量"清廉"这个概念。如果这个问题不能有效解决，实证研究也很难继续下去。第三是模型设计要科学。实证模型既要考虑我们想研究的问题，也要充分考虑计量经济学、统计学的知识，更要考虑我们收集的数据有何特点、数据结构是什么样的。

---

[1] 有关内生性的论述，参考了陆铭教授的博客文章《说审稿》。

五、实证研究的优势与局限

实证研究方法的优势体现在以下三个方面：一是坚持因果规律是基本前提。有利于提升实证研究的逻辑可靠性。二是坚持归纳主义的原则。归纳主义注重从广泛的经验中总结出规律性的东西，这能提升实证研究的普遍适用性。三是坚持价值中立的原则。这从研究立场上提升了实证研究的客观性和科学性，中立的价值判断也让实证研究的结果更令人信服。

但是实证研究的优势，在某些情况下也正是其局限所在。在《人类理解论》一书中，休谟主张所有人类的思考活动都可以分为两种：追求"观念的联结"（Relation of Ideas）与"实际的真相"（Matters of Fact）。前者牵涉的是抽象的逻辑概念与数学，并且以直觉和逻辑演绎为主；后者则是以研究现实世界的情况为主。而为了避免被任何所不知道的实际真相或在过去经验中不曾察觉的事实影响，必须使用归纳思考。归纳思考的原则在于假设过去的行动可以作为未来行动的可靠指导，这样的思考在基本上是先验的。我们不能以先验的知识证明未来就会和过去一致，因为（在逻辑上）可以思考而出的明显事实与世界早已不是一致的了。实证研究坚持归纳主义的原则，归纳法要求在经验事实的基础上进行概括，但是概括的结论是否可靠、是否具有普遍适用性，却没有先验的事实和经验。

本章结语

本章具体介绍了实证研究的方法，包括实证检验的基本流程、基本方法、原则和关键要素。相比于理论研究方法的不拘一格，实证研究的方法形式较为单一，也较为统一。初学者很容易就能够完成一项简单的实证研究。但如果想要完成一项高质量实证研究并形成论文，就需要研究者对实证研究有充分了解，以及大量的实证研究经验。以实证研究中的概念量化过程为例，同一个概念可能有多种方法进行量化，每一个量化方法又可能涉及多个衡量指标。因此，即便是研究相同的实证内容，不同研究者选取的量化方法和指标不同，得出的研究结论可能也会大相径庭。此外，同许多已经比较成熟的研究方向相比，很多新兴的研究方向由于研究者涉猎较少，概念量化的过程会更加困难。对于上述问题，研究者除了不断摸索、积累经验之外，通常没有更加便捷的途径予以解决。所以，有经验的研究人员经常会这样形容实证研究"学会容易，学精难"。和其他研究方法一样，实证研究只是探寻真理的一条路径而非捷径，这是实证研究的初学者在涉猎该方法之前必须明确的一点。

本章参考文献

［1］埃思里奇．应用经济学研究方法论［M］．北京：经济科学出版社，2007．

［2］张朝宓，苏文兵．当代会计实证研究方法［M］．大连：东北财经大学出版社，2001．

［3］韩巍．论"实证研究神塔"的倒掉［J］．管理学报，2011，8（7）：980-989．

［4］黄群慧，刘爱群．经济学和管理学：研究对象与方法及其相互借鉴［J］．经济管理，2001（2）．

［5］黄少安．经济学研究重心的转移与"合作"经济学构想［J］．经济研究，2000，5：60-67．

［6］庞景安．科学计量研究方法论［M］．北京：科学技术文献出版社，1999．

［7］李怀祖．管理研究方法论［M］．西安：西安交通大学出版社，2000．

［8］李子奈，齐良书．关于计量经济学模型方法的思考［J］．中国社会科学，2010（2）．

［9］林毅夫．经济学研究方法与中国经济学科发展［J］．经济研究，2001（10）．

［10］吴溪．会计研究方法论［M］．北京：中国人民大学出版社，2012．

［11］张东辉．经济学研究方法的变革与现代经济学发展［J］．东岳论丛，2004，1：47．

第
十
章

掌握常用实证分析方法

对于实证研究初学者来说，在掌握了基本知识和查阅了大量的文献之后，即可以开始做实证研究，但做实证研究不仅需要数据和方法，还需要工具来检验实证研究的结果，如果工具不全，那么实证研究者也无法达到收放自如。另外，实证研究可能要处理大量甚至海量的数据，这些对于实证研究初学者来说都是棘手的问题，随着计算机的发展，不同的处理软件的出现，帮助我们解决了这个问题。在实证金融会计领域中，目前常用的计量软件包括 STATA、SAS、SPSS、Matlab、EViews、R 软件、Microsoft Excel、Visual Foxpro 等。下面我们对这几个常用的软件和实证研究的关系作简要的论述。①

■ 第一节

常见的计量软件

一、STATA

STATA 是一套提供其使用者数据分析、数据管理以及绘制专业图表的完整及整合性统计软件。它提供了许多功能，包含线性混合模型、均衡重复反复及多项式普罗比模式。STATA 的统计功能很强，除了传统的统计分析方法外，还收集了近 20 年发展起来的新方法，如 Cox 比例风险回归、指数与 Weibull 回归、多类结果与有序结果

---

① 本章参考了国泰安 2009 年编写的《实证研究学习园地》相关内容。

logistic 回归、Poisson 回归、负二项回归及广义负二项回归、随机效应模型等。具体来说，STATA 具有以下统计分析能力：

数值变量资料的一般分析：参数估计、t 检验、单因素和多因素的方差分析、协方差分析、交互效应模型、平衡和非平衡设计、嵌套设计、随机效应、多个均数的两两比较、缺项数据的处理、方差齐性检验、正态性检验、变量变换等。

分类资料的一般分析：参数估计、列联表分析（列联系数、确切概率）、流行病学表格分析等。

等级资料的一般分析：秩变换、秩和检验、秩相关等。

相关与回归分析：简单相关、偏相关、典型相关，以及多达数十种的回归分析方法，如多元线性回归，逐步回归，加权回归，稳健回归，二阶段回归，百分位数（中位数）回归，残差分析、强影响点分析，曲线拟合，随机效应的线性回归模型等。

其他方法：质量控制、整群抽样的设计效率、诊断试验评价、kappa 等。

STATA 的作图模块，主要提供以下八种基本图形的制作：直方图（Histogram）、条形图（Bar）、百分条图（Oneway）、百分圆图（Pie）、散点图（Twoway）、散点图矩阵（Matrix）、星形图（Star）和分位数图。这些图形的巧妙应用，可以满足绝大多数用户的统计作图需求。在有些非绘图命令中，也提供了专门绘制某种图形的功能，如在生存分析中提供了绘制生存曲线图，在回归分析中提供了残差图等。

STATA 是一个统计分析软件，但它也具有很强的程序语言功能，这给用户提供了一个广阔的开发应用天地，用户可以充分发挥自己的聪明才智，熟练应用各种技巧，真正做到得心应手。事实上，STATA 的 ado 文件（高级统计部分）都是用 STATA 自己的语言编写的。STATA 的统计分析能力远远超过了 SPSS，在许多方面也超过了 SAS。由于 STATA 在分析时是将数据全部读入内存，在计算全部完成后才和磁盘交换数据，因此计算速度极快（一般来说，SAS 的运算速度要比 SPSS 至少快一个数量级，而 STATA 的某些模块和执行同样功能的 SAS 模块比，其速度又比 SAS 快将近一个数量级）。STATA 也是采用命令行的方式来操作，但使用上远比 SAS 简单。其生存数据分析、纵向数据（重复测量数据）分析等模块的功能甚至超过了 SAS。用 STATA 绘制的统计图形相当精美，很有特色。

详细内容请登录 http：//www. stata. com/查询。

二、SAS

SAS 是美国 SAS 软件研究所研制的一套大型集成应用软件系统，具有完备的数据存取、数据管理、数据分析和数据展现功能。尤其是创业产品统计分析系统部分，由于其具有强大的数据分析能力，一直为业界著名软件，在数据处理和统计分析领域，被誉为国际上的标准软件和最权威的优秀统计软件包，广泛应用于政府行政管理、科研、教

育、生产和金融等不同领域，发挥着重要的作用。SAS 系统中提供的主要分析功能包括统计分析、经济计量分析、时间序列分析、决策分析、财务分析和全面质量管理工具等。

详细内容请登录 http：//www. sas. com/offices/asiapacific/china/查询。

三、SPSS

SPSS（Statistical Package for the Social Science）——社会科学统计软件包是世界上著名的统计分析软件之一。20 世纪 60 年代末，美国斯坦福大学的三位研究生研制开发了最早的统计分析软件 SPSS，同时成立了 SPSS 公司，并于 1975 年在芝加哥组建了 SPSS 总部。20 世纪 80 年代以前，SPSS 统计软件主要应用于企事业单位。1984 年，SPSS 总部首先推出了世界第一个统计分析软件微机版本 SPSS/PC+，开创了 SPSS 微机系列产品的开发方向，从而确立了个人用户市场第一的地位。同时，SPSS 公司推行本土化策略，目前已推出 9 个语种版本。SPSS/PC+的推出，极大地扩充了它的应用范围，使其能很快地应用于自然科学、技术科学、社会科学的各个领域，世界上许多有影响的报纸杂志纷纷就 SPSS 的自动统计绘图、数据的深入分析、使用方便、功能齐全等方面给予了高度的评价与称赞。目前已经在国内逐渐流行起来。它使用 Windows 的窗口方式展示各种管理和分析数据方法的功能，使用对话框展示出各种功能选择项，只要掌握一定的 Windows 操作技能，粗通统计分析原理，就可以使用该软件为特定的科研工作服务。

详细内容请登录 http：//www. spss. com 查询。

四、Matlab

Matlab 软件是由美国 Mathworks 公司推出的用于数值计算和图形处理的科学计算系统。在 Matlab 环境下，用户可以集成地进行程序设计、数值计算、图形绘制、输入输出、文件管理等各项操作。它提供的是一个人机交互的数学系统环境，与利用 C 语言作数值计算的程序设计相比，利用 Matlab 可以节省大量的编程时间，且程序设计自由度大。最大的特点是给用户带来的是最直观、最简洁的程序开发环境，语言简洁紧凑，使用方便灵活，库函数与运算符极其丰富，另外具有强大的图形功能。

在国际学术界，Matlab 已经被确认为准确、可靠的科学计算标准软件，许多国际一流学术刊物上，都可以看到 Matlab 的应用。

详细内容请登录 http：//www. mathworks. com 查询。

五、EViews

EViews 是美国 GMS 公司于 1981 年发行第 1 版的 Micro TSP 的 Windows 版本，通常

称为计量经济学软件包。EViews 是 Econometrics Views 的缩写，它的本义是对社会经济关系与经济活动的数量规律，采用计量经济学方法与技术进行"观察"。计量经济学研究的核心是设计模型、收集资料、估计模型、检验模型、运用模型进行预测、求解模型和运用模型。EViews 是完成上述任务必不可少的得力工具。正是由于 EViews 等计量经济学软件包的出现，使计量经济学取得了长足的进步，发展成为实用与严谨的经济学科。使用 EViews 软件包可以对时间序列和非时间序列的数据进行分析，建立序列（变量）间的统计关系式，并用该关系式进行预测、模拟等。虽然 EViews 是由经济学家开发的，并且大多数被用于经济学领域，但这并不意味着必须限制该软件包仅用于处理经济方面的时间序列。EViews 处理非时间序列数据照样得心应手，实际上，相当大型的非时间序列（截面数据）的项目也能在 EViews 中进行处理。

详细内容请登录 http：//www.eviews.com/查询。

六、R 软件

R 是一套完整的数据处理、计算和制图软件系统。其功能包括数据存储和处理系统、数组运算工具（其向量、矩阵运算方面功能尤其强大）、完整连贯的统计分析工具、优秀的统计制图功能、简便而强大的编程语言：可操纵数据的输入和输出及可实现分支、循环，用户可自定义功能。

与其说 R 是一种统计软件，还不如说 R 是一种数学计算的环境，因为 R 并不是仅仅提供若干统计程序、使用者只需指定数据库和若干参数便可进行一个统计分析。R 的思想是：它可以提供一些集成的统计工具，但更大量的是它提供各种数学计算、统计计算的函数，从而使使用者能灵活机动地进行数据分析，甚至创造出符合需要的新的统计计算方法。

R 是一个免费的自由软件，它有 UNIX、LINUX、MacOS 和 WINDOWS 版本，都是可以免费下载和使用的。在 R 主页可以下载到 R 的安装程序、各种外挂程序和文档。R 的安装程序中只包含了 8 个基础模块，其他外在模块可以通过 CRAN 获得。

详细内容请登录 http：//www.r-project.org/查询。

七、Microsoft Excel

Microsoft Office 是微软公司开发的办公自动化软件，Office 2000 是第三代办公处理软件的代表产品，可以作为办公和管理的平台，以提高使用者的工作效率和决策能力。Office 2000 是一个庞大的办公软件和工具软件的集合体，为适应全球网络化需要，它融合了最先进的 Internet 技术，具有更强大的网络功能；Office 2000 中文版针对汉语的特点，增加了许多中文方面的新功能，如中文断词、添加汉语拼音、中文校

对和简繁体转换等。Office 2000 不仅是研究者日常工作的重要工具，也是日常生活中电脑作业不可缺少的得力助手。

Excel 是微软公司出品的 Office 系列办公软件中的一个组件。确切地说，它是一个电子表格软件，使用 Microsoft Excel 执行计算、分析信息并管理电子表格或 Web 网页中的列表。Excel 应用程序可以协助进行财务、预算、统计、各种清单、数据跟踪、数据汇总、函数运算等计算量大的工作。

详细内容请登录 http：//r. office. microsoft. com/r/rlidAppFolder？clid＝2052&p1＝excel 查询。

八、Visual FoxPro

Visual FoxPro（VFP）是 Microsoft 公司 Visual Studio 系列开发产品之一，是 Xbase 数据库家族的最新成员，可以运行于 Windows 9X/2000 和 Windows NT 平台的 32 位的数据库开发系统。Visual FoxPro 提供了一个功能强大的集成化开发环境。Visual FoxPro 使得用户管理数据库更加方便，组织数据、创建应用程序等工作更加快捷，另外，面向对象的编程工具、OLE 支持和 WEB 服务能力，使开发程序更加完备。采用可视化和面向对象的程序设计方法，使数据管理和应用程序的开发更加简便。

详细内容请登录 http：//www. microsoft. com/查询。

■ 第二节
常用实证分析方法介绍

一、统计描述

在进行实证研究过程中往往会收集到大量的数据资料，但从这些杂乱无章的资料中，很难对其总体水平与分布状况做出评价与判断。因此，必须采用一些适当的方法对这些资料进行处理，使之简约化、分类化、系统化，从中发现它们的分布规律，掌握总体的特征，以便做出客观的评价。

统计描述方法就是研究简缩数据并描述这些数据的统计方法。将搜集到的大量数据资料，加以整理、归纳和分组，简缩成易于处理和便于理解的形式，并计算所得数据的各种统计量，如平均数、标准差以及描述有关事物或现象的分布情况、波动范围和相关程度等，以揭示其特点和规律。

统计描述常用的主要有两个方面：①频数分布表分析（Frequencies）；②统计描述分析（Descriptivesg）。随着统计和计量软件的发展，目前已有许多软件均可完成描述性统计，如 SPSS、SAS、EVIEWS 等。下面以常用的 SPSS 软件为例介绍描述性统计的实现过程。

（一）频数分布表分析（Frequencies）

频数分布表是描述性统计中最常用的方法之一，Frequencies 过程就是专门为产生频数表而设计的。它不仅可以产生详细的频数表，还可以按要求给出某百分位点的数值以及常用的条图、圆图等统计图。

1. 界面说明

从 SPSS 的"Analyze"→"Descriptive Statistics"→"Frequencies"，进入频数分布表分析过程的主对话框，如图 10-1 所示：

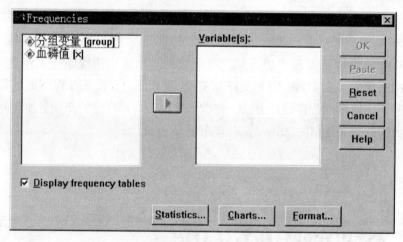

图 10-1　频数分布表分析过程的主对话框

下面重点介绍一下各部分的功能：

【Display frequency tables】复选框：确定是否在结果中输出频数表。

【Statistics】钮：单击后弹出 Statistics 对话框，如图 10-2 所示，用于定义需要计算的其他描述统计量。

现将各部分解释如下：

Percentile Values 复选框组：定义需要输出的百分位数，可计算四分位数（Quartiles）、每隔指定百分位输出当前百分位数（Cut points for equal groups）或直接指定某个百分位数（Percentiles），如直接指定输出 P2.5 和 P97.5。

Central Tendency 复选框组：用于定义描述集中趋势的一组指标：均数（Mean）、中位数（Median）、众数（Mode）、总和（Sum）。

Dispersion 复选框组：用于定义描述离散趋势的一组指标：标准差（Std. deviation）、

图 10-2 频数分布表分析过程 Statistics 对话框

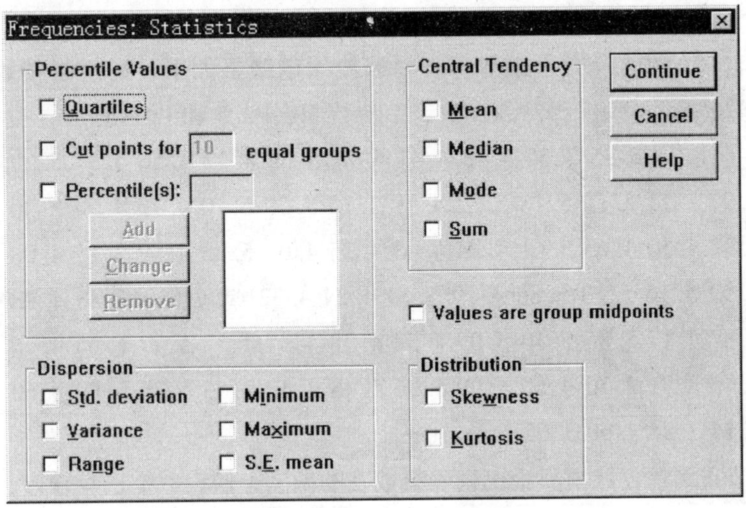

方差（Variance）、全距（Range）、最小值（Minimum）、最大值（Maximum）、标准误（S. E. mean）。

Distribution 复选框组：用于定义描述分布特征的两个指标：偏度系数（Skewness）和峰度系数（Kurtosis）。

Values are group midpoints 复选框：当你输出的数据是分组频数数据，并且具体数值是组中值时，选中该复选框以通知 SPSS，免得它犯错误。

【Charts】钮：弹出 Charts 对话框，用于设定所做的统计图。

Chart type 单选钮组：定义统计图类型，有四种选择：无条图（Bar chart）、圆图（Pie chart）、直方图（Istogram），其中直方图还可以选择是否加上正态曲线（With normal Crve）。

Chart Values 单选钮组：定义是按照频数还是按照百分比作图（即影响纵坐标刻度）。

【Format】钮：弹出 Format 对话框，用于定义输出频数表的格式，不过用处不大，一般不管。

Order by 单选钮组：定义频数表的排列次序，有四个选项：Ascending values 为根据数值大小按升序从小到大作频数分布；Descending values 为根据数值大小按降序从大到小作频数分布；Ascending counts 为根据频数多少按升序从少到多作频数分布；Descending counts 为根据频数多少按降序从多到少作频数分布。

Multiple Variables 单选钮组：如果选择了两个以上变量做频数表，则 Compare variables 可以将它们的结果在同一个频数表过程输出结果中显示，便于互相比较，Organize output by variables 则将结果在不同的频数表过程输出结果中显示。

【Suppress Tables more than...】复选框：当频数表的分组数大于下面设定数值时禁止它在结果中输出，这样可以避免产生巨型表格。

2. 分析实例

例：某地 101 例健康男子血清总胆固醇值测定结果如下，请绘制频数表、直方图，计算均数、标准差、变异系数 CV、中位数 M、P2.5 和 P97.5。

4. 77 3. 37 6. 14 3. 95 3. 56 4. 23 4. 31 4. 71 5. 69 4. 12 4. 56 4. 37 5. 39 6. 30 5. 21
7. 22 5. 54 3. 93 5. 21 4. 12 5. 18 5. 77 4. 79 5. 12 5. 20 5. 10 4. 70 4. 74 3. 50 4. 69 4. 38
4. 89 6. 25 5. 32 4. 50 4. 63 3. 61 4. 44 4. 43 4. 25 4. 03 5. 85 4. 09 3. 35 4. 08 4. 79 5. 30
4. 97 3. 18 3. 97 5. 16 5. 10 5. 86 4. 79 5. 34 4. 24 4. 32 4. 77 6. 366. 38 4. 88 5. 55 3. 04
4. 55 3. 35 4. 87 4. 17 5. 85 5. 16 5. 09 4. 52 4. 38 4. 31 4. 58 5. 72 6. 55 4. 76 4. 61 4. 17
4. 03 4. 47 3. 40 3. 91 2. 70 4. 60 4. 09 5. 96 5. 48 4. 40 4. 55 5. 38 3. 89 4. 60 4. 47 3. 64
4. 34 5. 18 6. 14 3. 24 4. 90 3. 05

解：为节省篇幅，这里只给出精确频数表的做法，假设数据已经输好，变量名为 X，具体解法如下：

Analyze ＝ ＝ >Descriptive Statistics ＝ ＝ >Frequencies。

【Variables】框：选入 X。

单击【Statistic(s)】钮。

选中【Mean】、【Std. deviation】、【Median】复选框。

单击【Percentiles】：输入 2. 5，单击【Add】：输入 97. 5。

单击【Continue】钮。

单击【Charts】钮。

选中【Bar chart】。

单击【Continue】钮。

单击【OK】。

得出结果后手工计算出 CV。

3. 结果解释

上例除直方图外的输出结果如表 10-1 和表 10-2 所示：

表 10-1 统计特征值描述

Statistics

X

N	Valid	101
	Missing	0
Mean		4. 699505
Median		4. 610000
Std. Deviation		0. 861615
Percentiles	2. 5	3. 045500
	97. 5	6. 456500

最上方为表格名称，左上方为分析变量名，可见样本量 N 为 101 例，缺失值 0 例，均数 Mean = 4.69，中位数 Median = 4.61，标准差 Std = 0.8616，P2.5 = 3.04，P97.5 = 6.45。

表 10-2　频数分布表

X

		Frequency	Percent	Valid Percent	Cumulative Percent
Valid	2.7000	1	1.0	1.0	1.0
	3.0400	1	1.0	1.0	2.0
	3.0500	1	1.0	1.0	3.0
	3.1800	1	1.0	1.0	4.0
	3.2400	1	1.0	1.0	5.0

系统对变量 X 作频数分布表（此处只列出了开头部分），Vaild 右侧为原始值，Frequency 为频数，Percent 为各组频数占总例数的百分比（包括缺失记录在内），Valid Percent 为各组频数占总例数的有效百分比，Cum Percent 为各组频数占总例数的累计百分比。

（二）统计描述分析过程（Descriptives）

Descriptives 过程是连续资料统计描述应用最多的一个过程，它可对变量进行描述性统计分析，计算并列出一系列相应的统计指标。这和其他过程相比并无不同，但该过程还有个特殊功能就是可将原始数据转换成标准正态评分值并以变量的形式存入数据库供以后分析。

1. 界面说明

从 SPSS 的"Analyze" -> "Descriptive Statistics" -> "Descriptives"，进入统计描述分析过程的主对话框，如图 10-3 所示。

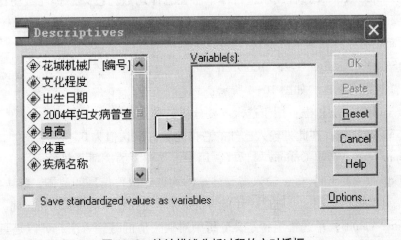

图 10-3　统计描述分析过程的主对话框

【Save standardized values as variables】复选框：确定是否将原始数据的标准正态评分存为新变量。

【Options】钮：弹出 Options 对话框，大部分内容均在前面 Frequences 过程的 Statistics 对话框中见过，只有最下方的 Display Order 单选钮组是新的，可以选择为变量列表顺序、字母顺序、均数升序或均数降序。

2. 结果解释

表 10-3 是一个典型的 Descriptives 过程结果统计表，这里的大部分内容都在本章第一节见过，结果报告了 X 变量的样本数 N、最小值、最大值、均值和标准差。

表 10-3 为 Descriptives 过程结果统计表：

表 10-3 Descriptives 过程结果统计表

Descriptive Statistics

	N	Minimum	Maximum	Mean	Std. Deviation
X	101	2.7000	7.2200	4.699505	0.861615
Valid N（listwise）	101				

二、均值分析与 T 检验

T 检验是检验差异显著性的十分重要的统计工具，这种差异显著性的检验是样本均值间的比较，因此 T 检验也被称为一种均值比较分析。包括单样本 T 检验、独立样本 T 检验、配对样本 T 检验。下面仍然以 SPSS 为例介绍上述各种均值检验的实现过程。

（一）单样本 T 检验（One-Samples T Test）过程

One-Samples T Test 过程用于进行样本所在总体均数与已知总体均数的比较，可以自行定义已知总体均数为任意值，该对话框的界面非常简单。

1. 界面说明

从 SPSS 的"Anallyze"-> "Compare Means"-> "One-Samples T Test"，进入单样本 T 检验的主对话框，如图 10-4 所示：

【Test Variable(s)】框：用于选入需要分析的变量。

【Test Value】框：在此处输入已知的总体均数，默认值为 0。

【Options】钮：弹出 Options 对话框，用于定义相关的选项，有：

【Confidence Interval】框：输入需要计算的均数差值可信区间范围，默认为95%。如果是和总体均数为 0 相比，则此处计算的就是样本所在总体均数的可信区间。

【Missing Values】单选框组：定义分析中对缺失值的处理方法，可以是具体分析用到的变量有缺失值才去除该记录（Excludes Cases Analysis by Analysis），或只要相

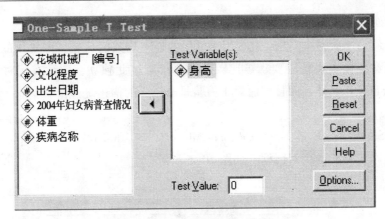

图 10-4 单样本 T 检验的主对话框

关变量有缺失值，则在所有分析中均将该记录去除（Excludes Cases Listwise），默认为前者，以充分利用数据。

2. 结果解释

One-Samples T Test 过程的输出也是比较简单的，由描述统计表和 T 检验表组成，如要检验某数据中血磷值的总体均数是否等于 1，则输出如表 10-4 和表 10-5 所示。

表 10-4 单样本 T 描述统计表

One-Sample Statistics

	N	Mean	Std. Deviation	Std. Error Mean
血磷值	24	1.2846	0.4687	9.567E-02

所分析变量的基本情况描述，含样本量、均数、标准差和标准误。

表 10-5 为单样本 T 检验表，第一行注明了用于比较的已知总体均数为 1，下面从左到右依次为 T 值（T）、自由度（df）、P 值（Sig. 2 - tailed）、两均数的差值（Mean Difference）、差值的 95％可信区间。由表 10-5 可知：t = 2.975，P = 0.007。因此，可以认为血磷值的总体均数不等于 1。

表 10-5 单样本 T 检验表

One-Sample Test

	Test Value = 1					
	t	df	Sig.(2-tailed)	Mean Difference	95% Confidence Interval of the Difference	
					Lower	Upper
血磷值	2.975	23	0.007	0.2846	8.669E-02	0.4825

（二）独立样本 T 检验（Independent-Samples T Test）过程

Independent-Samples T Test 过程用于进行两样本均数的比较，即常用的两样本 T 检验。进行独立样本 T 检验要求被比较的两个样本彼此独立，即没有配对关系。要求样本均来自正态总体，而且均值对于检验是有意义的描述统计量。

1. 界面说明

从 SPSS 的 "Anallyze" -> "Compare Means" -> "Independent-Samples T Test"，进入独立样本 T 检验的主对话框，如图 10-5 所示。

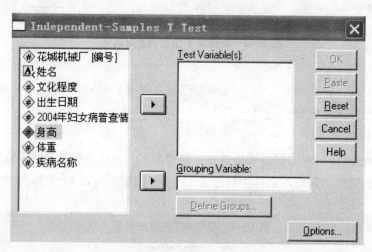

图 10-5　独立样本 T 检验的主对话框

【Test Variable(s)】框：用于选入需要分析的变量。

【Grouping Variable】框：用于选入分组变量。注意选入变量后还要定义需比较的组别。

【Define Groups】框：用于定义需要相互比较的两组的分组变量值。

【Options】钮：和【One-Samples T Test】对话框的【Options】钮完全相同，此处不再重复。

2. 结果解释

如要检验某数据中病患者与健康人的血磷值是否相同，用 Independent-Samples T Test 过程的结果输出如表 10-6 和表 10-7 所示。

表 10-6　独立样本 T 检验统计表

Group Statistics

	分组变量	N	Mean	Std. Deviation	Std. Error Mean
血磷值	1.00	11	1.5209	0.4218	0.1272
	2.00	13	1.0846	0.4221	0.1171

表 10-6 为两组需检验变量的基本情况描述。

表 10-7　独立样本 T 检验表

Independent Samples Test

		Levene's Test for Equality of Variances		t-test for Equality of Means						
		F	Sig.	t	df	Sig. (2-tailed)	Mean Difference	Std. Error Difference	95% Confidence Interval of the Difference	
									Lower	Upper
血磷值	Equal variances assumed	0.032	0.860	2.524	22	0.019	0.4363	0.1729	7.777E-02	0.7948
	Equal variances not assumed			2.524	21.353	0.020	0.4363	0.1729	7.716E-02	0.7954

从表 10-7 可见该结果分为两大部分：第一部分为 Levene's 方差齐性检验，用于判断两总体方差是否齐，这里的检验结果为 F = 0.032，P = 0.860，可见在本例中方差是齐性的；第二部分则分别给出两组所在总体方差齐和方差不齐时的 T 检验结果，由于前面的方差齐性检验结果为方差齐性，第二部分就应选用方差齐时的 T 检验结果，即上面一行列出的 t = 2.524，$\nu = 22$，P = 0.019，从而最终的统计结论为按 $\alpha = 0.05$ 水准，拒绝 H_0，认为病患者与健康人的血磷值不同，从样本均数来看，可认为病患者的血磷值较高。最后面还附有一些其他指标，如两组均数的可信区间等，以对差异情况有更直观的了解。

（三）配对样本 T 检验（Paired-Samples T Test）过程

该过程用于进行配对设计的差值均数与总体均数 0 比较的 T 检验，配对样本 T 检验与独立样本 T 检验均使用 T Test 过程，但两者调用该过程的菜单不同、对数据文件结构的要求不同和使用的命令语句也有区别。在进行配对样本 T 检验的数据文件中一对数据必须作为同一观测值的两个变量。

1. 界面说明

从 SPSS 的 "Anallyze" -> "Compare Means" -> "Paired-Samples T Test"，进入配对样本 T 检验的主对话框，如图 10-6 所示。

整个界面上只有一个【Paired Variables】框需要介绍，它用于选入希望进行比较的一对或几对变量——注意这里的量词是对而不是个。选入变量需要成对成对地选入，即按住 Ctrl 键，选中两个成对变量，再单击▶将其选入。如果只选中一个变量，则▶按钮为灰色，不可用。

2. 分析实例

某单位研究饮食中缺乏维生素 E 与肝中维生素 A 含量的关系，将同种类的大白鼠按性别相同，年龄、体重相近者配成对子，共 8 对，并将每对中的两只随机分到正常饲料组和维生素 E 缺乏组（见表 10-8），过一定时期将大白鼠杀死，测得其肝中

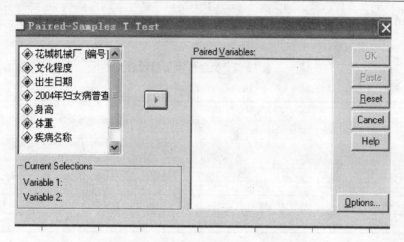

图 10-6   配对样本 T 检验的主对话框

维生素 A 的含量，问不同饲料的大白鼠肝中维生素 A 含量有无差别？

表 10-8   大白鼠分组

大白鼠对号	正常饲料组	维生素 E 缺乏组
1	3550	2450
2	2000	2400
3	3000	1800
4	3950	3200
5	3800	3250
6	3750	2700
7	3450	2500
8	3050	1750

解：为了说明问题，此处假设输入数据时就按照表 10-8 的格式输入，其中正常饲料组变量名为 G1，维生素 E 缺乏组变量名为 G2。操作如下：

（1）同时选中 G1、G2：选入【Paired Variables】框。

（2）单击【OK】钮。

3. 结果解释

输出结果如表 10-9、表 10-10 和表 10-11 所示。

表 10-9   配对样本统计表

		Mean	N	Std. Deviation	Std. Error Mean
Pair 1	G1	3318. 7500	8	632. 42024	223. 59432
	G2	2506. 2500	8	555. 13029	196. 26820

配对变量各自的统计描述，此处只有 1 对，故只有 Pair 1。

表 10-10　配对样本相关分析

Paired Samples Correlations

		N	Correlation	Sig.
Pair 1	G1 & G2	8	0.584	0.129

此处进行配对变量间的相关性分析。等价于 Analyze＝＞Correlate＝＞Bivariate。

表 10-11　配对样本检验

		Paired Differences					t	df	Sig.（2-tailed）
		Mean	Std. Deviation	Std. Error	95% Confidence Interval of the Difference				
					Lower	Upper			
Pair 1	G1 - G2	812.50	546.25	193.13	355.82	1269.18	4.21	7	0.004

配对 T 检验表，给出最终的检验结果，由表 10-11 可见 P＝0.004，故可认为喂食两种饲料的大白鼠的肝中维生素 A 含量有差别，即维生素 E 缺乏对大白鼠肝中维生素 A 含量有影响。

三、相关分析

实证研究中经常遇到分析两个或多个变量间关系的情况，有时是希望了解某个变量对另一个变量的影响强度，有时则是要了解变量间联系的密切程度，前者用回归分析来实现，后者则需要用相关分析来实现。同描述统计分析一样，相关分析可以通过许多不同的软件实现，下面同样用常用的 SPSS 软件介绍相关分析的实现过程。

SPSS 的相关分析功能被集中在 Statistics 菜单的 Correlate 子菜单中，一般包括以下三个过程：

（1）Bivariate 过程。此过程用于进行两个/多个变量间的参数/非参数相关分析，如果是多个变量，则给出两两相关的分析结果，这是 Correlate 子菜单中最为常用的一个过程，实际上我们对它的使用可能占到相关分析的 95% 以上。计算指定的两个变量间的相关系数，可以选择 Pearson 相关、Spearman 等级相关和 Kendall 相关。同时对相关系数进行假设检验，可选择进行单尾或双尾检验，给出相关系数为 0 的概率。当资料不服从双变量正态分布或总体分布未知，或原始数据是用等级表示时，宜用 Spearman 等级相关和 Kendall 相关。

（2）Partial 过程。如果需要进行相关分析的两个变量其取值均受到其他变量的影响，就可以利用偏相关分析对其他变量进行控制，输出控制其他变量影响后的相关系数，这种分析思想和协方差分析非常类似。Partial 过程就是专门进行偏相关分析的。

（3）Distances 过程。调用此过程可对同一变量内部各观察单位间的数值或各个不同变量间进行距离相关分析，前者可用于检测观测值的接近程度，后者则常用于考察预测值对实际值的拟合优度。该过程在实际应用中用得非常少。

（一）Bivariate 过程

1. 界面说明

从 SPSS 的"Analyze"->"Correlate"->"Bivariate"，进入二元变量相关分析过程的主对话框，如图 10-7 所示。

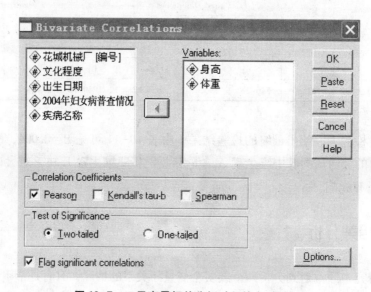

图 10-7　二元变量相关分析过程的主对话框

【Variables】框：用于选入需要进行相关分析的变量，至少需要选入两个。

【Correlation Coefficients】复选框组：用于选择需要计算的相关分析指标，有：

（1）【Pearson】复选框：选择进行积距相关分析，即最常用的参数相关分析。

（2）【Kendall's tau-b】复选框：计算 Kendall's 等级相关系数。

（3）【Spearman】复选框：计算 Spearman 相关系数，即最常用的非参数相关分析（秩相关）。

【Test of Significance】单选框组：用于确定是进行相关系数的单侧（One-tailed）或双侧（Two-tailed）检验，一般选双侧检验。

【Flag significant correlations】：用于确定是否在结果中用星号标记有统计学意义的相关系数，一般选中。此时 $P<0.05$ 的系数值旁会标记一个星号，$P<0.01$ 的系数值

旁则标记两个星号。

【Options】钮：弹出 Options 对话框，选择需要计算的描述统计量和统计分析。

【Statistics】复选框组：可选的描述统计量。它们是：

（1）Means and standard deviations：每个变量的均数和标准差。

（2）Cross-product deviations and covariances：各对变量的交叉积和协方差阵。

【Missing Values】单选框组：定义分析中对缺失值的处理方法，可以是具体分析用到的两个变量有缺失值才去除该记录（Exclude cases pairwise），或只要该记录中进行相关分析的变量有缺失值（无论具体分析的两个变量是否缺失），则在所有分析中均将该记录去除（Excludes cases listwise）。默认为前者，以充分利用数据。

2. 分析实例

请计算 SPSS 自带的样本数据 judges.sav 中意大利（judge1）和韩国法官（judge2）得分的相关性。

解：由于 judge1 和 judge2 的数据分布不太好，这里同时计算 Pearson 相关系数和 Spearman 相关系数。操作如下：

（1）【Variables】框：选入 judge1、judge2。

（2）【Pearson】复选框：选中。

（3）【Spearman】复选框：选中。

（4）单击【OK】钮。

3. 结果解释

上例的输出结果如表 10-12 和表 10-13 所示。

表 10-12　变量间 Pearson 相关分析

Correlations

		Italy	South Korea
Italy	Pearson Correlation	1.000	0.910 **
	Sig. (2-tailed)		0.000
	N	300	300
South Korea	Pearson Correlation	0.910 **	1.000
	Sig. (2-tailed)	0.000	
	N	300	300

**：Correlation is significant at the 0.01 level (2-tailed).

在上面的结果中，变量间两两的相关系数是用方阵的形式给出的。每一行和每一列的两个变量对应的格子中就是这两个变量相关分析结果，共分为三列，分别是相关系数、P 值和样本数。由于这里只分析了两个变量，因此给出的是 2×2 的方阵。由

表10-12可见，judge1、judge2自身的相关系数均为1（of course），而judge1和judge2的相关系数为0.91，P<0.001，有非常显著的统计学意义。

表10-13　变量间 Spearman 相关分析

Correlations

			Italy	South Korea
Spearman's rho	Italy	Correlation Coefficient	1.000	0.920**
		Sig.（2-tailed）		0.000
		N	300	300
	South Korea	Correlation Coefficient	0.920**	1.000
		Sig.（2-tailed）	0.000	
		N	300	300

** : Correlations is significant at the 0.01 level（2-tailed）.

表10-13内容和上面 Pearson 相关系数的结果非常相似，只是表格左侧注明与Spearman 等级相关。可见judge1和judge2的等级相关系数为0.92，P<0.001，有非常显著的统计学意义。

（二）Partial 过程

1. 界面说明

从 SPSS 的"Analyze"->"Correlate"->"Partial"，进入偏相关系数分析过程的主对话框，如图10-8所示。

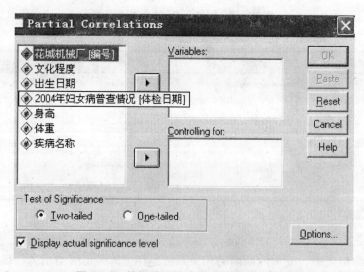

图10-8　偏相关系数分析过程的主对话框

【Variables】框：用于选入需要进行偏相关分析的变量，至少需要选入两个。

【Controlling for】框：用于选择需要在偏相关分析时进行控制的协变量，如果不选入，则进行的就是普通的相关分析。

【Test of Significance】单选框组：意义同前，用于确定是进行相关系数的单侧（One-tailed）或双侧（Two-tailed）检验，一般选双侧检验。

【Display actual significance level】复选框：用于确定是否在结果中给出确切的 P 值，一般选中。

【Options】钮：弹出 Options 对话框，选择需要计算的描述统计量和统计分析。

【Statistics】复选框组：可选的描述统计量。它们是：

（1）Means and standard deviations：每个变量的均数和标准差。

（2）Zero-order correlations：给出包括协变量在内所有变量的相关方阵。

【Missing Values】单选框组：定义分析中对缺失值的处理方法，可以是具体分析用到的两个变量有缺失值才去除该记录（Exclude Cases Pairwise），或只要该记录中进行相关分析的变量有缺失值（无论具体分析的两个变量是否缺失），则在所有分析中均将该记录去除（Excludes Cases Listwise）。默认为前者，以充分利用数据。

2. 结果解释

偏相关分析的结果和普通相关分析几乎完全相同，非常容易看懂，比如说要在排除变量 judge3 的影响后计算变量 judge1 和 judge2 的相关性（只是举个例子而已，这样是没有实际依据的），则结果如表 10-14 所示。

表 10-14　judge1 和 judge2 偏相关分析结果（控制变量：judge3）

	judge1	judge2
judge1	1.0000 (0) P =.	0.5632 (297) P = 0.000
judge2	0.5632 (0) P = 0.000	1.0000 (297) P =.

（Coefficient / (D. F.) / 2-tailed Significance)

表 10-14 结果中，显示了偏相关系数、自由度和相关系数对应的显著性 P 值，结果表明在控制 judge3 情况下，judge1 和 judge2 的相关系数为 0.5632，P = 0.000，可见当控制了变量 judge3 的影响后，judge1 和 judge2 的相关系数值大大降低，但仍然具有统计学意义上的相关性。

（三）**Distances** 过程

Distances 过程是专门进行距离相关分析用的，由于该方法大多数人用得非常少，里面又涉及太深的统计原理，这里本书只对界面做了解释，就不再深入了。如要用到，请参考有关的多元统计专业书。

从 SPSS 的"Analyze" -> "Correlate" -> "Distances"，进入距离分析的主对话框，如图 10-9 所示。

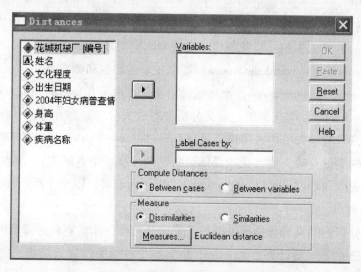

图 10-9　距离分析的主对话框

【Variables】框：用于选入需要进行距离相关分析的变量，至少需要选入两个。

【Label Cases by】框：选择一个变量用于给各个记录加上标签，可以不选。

【Compute Distances】单选框组：其中有两个选择，Between cases 表示作变量内部观察值之间的距离相关分析，Between variables 表示作变量之间的距离相关分析。

【Measure】单选框组：用于选择分析时采用的距离类型：Dissimilarities 为不相似性测距，Similarities 为相似性测距。

1. 选择 Dissimilarities 时，各种数据类型可用的测距方法有：

（1）计量资料。

Euclidean distance：以两变量差值平方和的平方根为距离；

Squared Euclidean distance：以两变量差值平方和为距离；

Chebychev：以两变量绝对差值的最大值为距离；

Block：以两变量绝对差值之和为距离；

Minkowski：以两变量绝对差值 p 次幂之和的 p 次根为距离；

Customized：以两变量绝对差值 p 次幂之和的 r 次根为距离。

（2）计数资料。

Chi-square measure：χ^2 值测距；

Phi-square measure：ψ^2 值测距，即将 χ^2 测距值除合计频数的平方根。

（3）二分类变量。

Euclidean distance：二分差平方和的平方根，最小为 0，最大无限；

Squared Euclidean distance：二分差平方和，最小为 0，最大无限；

Size difference：最小距离为 0，最大无限；

Pattern difference：0~1 的无级测距；

Variance：以方差为距，最小为 0，最大无限；

Lance and Williams：Bray-Curtis 非等距系数，介于 0~1。

2. 选择 Similarities 时，各种数据类型可用的测距方法有：

（1）计量资料。

Pearson correlation：以 Pearson 相关系数为距离；

Cosine：以变量矢量的余弦值为距离，介于 -1~+1。

（2）二分类变量。

Russell and Rao：以二分点乘积为配对系数；

Simple matching：以配对数与总对数的比例为配对系数；

Jaccard：相似比例，分子与分母中的配对数与非配对数给予相同的权重；

Dice：Dice 配对系数，分子与分母中的配对数给予加倍的权重；

Rogers and Tanimoto：Rogers and Tanimoto 配对系数，分母为配对数，分子为非配对数，非配对数给予加倍的权重；

Sokal and Sneath 1：Sokal and Sneath Ⅰ型配对系数，分母为配对数，分子为非配对数，配对数给予加倍的权重；

Sokal and Sneath 2：Sokal and Sneath Ⅱ型配对系数，分子与分母均为非配对数，但分子给予加倍的权重；

Sokal and Sneath 3：Sokal and Sneath Ⅲ型配对系数，分母为配对数，分子为非配对数，分子与分母的权重相同；

Kulczynski 1：Kulczynski Ⅰ型配对系数，分母为总数与配对数之差，分子为非配对数，分子与分母的权重相同；

Kulczynski 2：Kulczynski 平均条件概率；

Sokal and Sneath 4：Sokal and Sneath 条件概率；

Hamann：Hamann 概率；

Lambda：Goodman-Kruskai 相似测量的 λ 值；

Anderberg's D：以一个变量状态预测另一个变量状态；

Yule's Y：Yule 综合系数，属于 2×2 四格表的列联比例函数；

Yule's Q：Goodman-Kruskal γ 值，属于 2×2 四格表的列联比例函数。

（3）其他类型变量。

Ochiai：Ochiai 二分余弦测量；

Sokal and Sneath 5：Sokal and Sneath V形相似测量；

Phi 4 point correlation：Pearson 相关系数的平方值；

Dispersion：Dispersion 相似测量。

同时，还可以选择数据转换形式：

None：不作数据转换；

Z-Scores：作标准 Z 分值转换；

Range −1 to 1：作−1 至+1 的标准化转换；

Range 0 to 1：作 0 至 1 的标准化转换；

Maximum magnitude of 1：作最大量值 1 的标准转换；

Mean of 1：作均数单位转换；

Standard deviation of 1：作标准差单位转换。

四、回归分析

（一）一元线性回归分析

1. 线性回归分析概念

在数量分析中，经常会看到变量与变量之间存在一定的联系，而不只是前面所讨论的单个变量的某些孤立的特性，如均值、方差等。我们要了解的是变量之间是如何发生相互影响的，这就是回归分析。

为了具体说明，下面以家庭月可支配收入如何影响消费支出举例说明。如果把不同的可支配收入 X（千元）对应的消费支出 Y（千元）画在平面图上，那么可以得到散点图 10-10。

从图 10-10 可以看到，可支配收入确实对消费支出有影响。也应该存在一条穿过这一散点图的直线或曲线来描述可支配收入 X 是如何影响消费支出 Y 的。这里的消费支出 Y 取决于可支配收入，作为因变量（或被解释变量、响应变量），可支配收入 X 不依赖于消费，作为自变量（或解释变量、独立变量、预测因子、回归子等）。

2. 一元线性回归分析实现

下面以 SPSS 为例介绍一元线性回归方程估计的实现过程。在 SPSS 中进行一元线性回归方程估计的操作步骤为：

（1）建立数据文件，定义"消费支出"变量为 Y，定义"可支配收入"变量为 X，并录入。

（2）选择主菜单【Analyze】=>【Regression】=>【Linear】，打开【Linear Re-

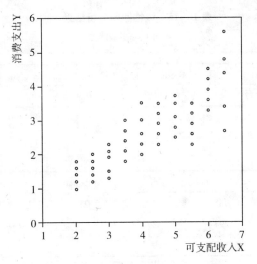

图 10-10　家庭可支配收入与消费支出之间的散点图

gression】主对话框，如图 10-11 所示。在左边列表框中选定变量 Y，单击按钮，使之进入【Dependent】框，选定变量 X，单击按钮使之进入【Independent(s)】框。

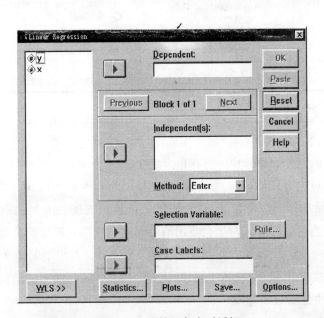

图 10-11　线性回归主对话框

（3）单击【OK】按钮，得到结果如表 10-15 所示。

表 10-15 线性回归分析结果

Model Summary

Model	R	R Square	Adjusted R Square	Std. Error of the Estimate
1	0.977[a]	0.954	0.948	0.1918

a　Predictors：(Constant)，X

ANOVA[a]

Model		Sum of Squares	df	Mean Square	F	Sig.
1	Regression	6.055	1	6.055	164.655	0.000[b]
	Residual	0.294	8	0.037		
	Total	6.349	9			

a　Dependent Variable：Y

b　Predictors：(Constant)，X

Coefficients[a]

Model		Unstandardized Coefficients		Standardized Coefficients	t	Sig.
		B	Std. Error	Beta		
1	(Constant)	0.607	0.189		3.206	0.013
	X	0.542	0.042	0.977	12.832	0.000

a　Dependent Variable：Y

输出结果中的【Unstandardized Coefficients】指未标准化的系数估计值（B）及其标准误（Std. Error）。可以看出，系数估计值分别为 $b_0 = 0.607$，$b_1 = 0.542$。b_1 对应的 T 检验统计量的值为 12.832，P 值为 0.00，拒绝可支配收入对消费支出没有影响的零假设，即认为可支配收入对消费支出有着显著的影响。F 检验是对回归总体线性关系是否显著的一种假设检验。本例中 F 值为 164.655，对应的 P 值为 0.00，结果拒绝回归总体线性关系不显著的零假设，即认为回归总体线性关系显著。

（二）多元线性回归模型

1. 多元线性回归模型介绍

一元线性回归分析所反映的是一个因变量与一个自变量之间的关系。但是，在实际的经济活动中，某一现象的变动常受多种现象变动的影响。例如，家庭消费支出除了受可支配收入水平的影响外，还会受以往消费和收入水平的影响。这就是说，影响因变量的自变量通常不是一个，而是多个。在许多场合，仅仅考虑单个变量是不够的，还需要就一个因变量与多个自变量的联系来进行综合考察，才能获得比较满意的

结果。这就产生了测定多因素之间相关关系的问题。

研究在线性相关条件下，两个和两个以上自变量对一个因变量的数量变化关系，称为多元线性回归分析，表现这一数量关系的数学公式，称为多元线性回归模型。多元线性回归模型是一元线性回归模型的扩展，其基本原理与一元线性回归模型相类似，只是在计算上比较麻烦而已。

假定因变量 Y 与 p 个自变量 X_1，X_2，…，X_p 之间的回归关系可以用线性函数来近似反映。

多元线性总体回归模型的一般形式如下：

$$Y_i = \beta_1 + \beta_2 X_{1i} + \beta_3 X_{2i} + \cdots + \beta_p X_{pi} + u_i$$

其中，Y_i 是被解释变量，X_{1i}、X_{2i}，…，X_{pi} 是解释变量，u_i 是随机干扰项，i 指第 i 项观测。β_1、β_2、…、β_p 是偏回归参数。

2. 多元线性回归模型实现

下面以 SPSS 为例介绍多元线性回归的实现过程。

例：某种商品的需求量 Y、价格 X_1 和消费者收入 X_2 的统计资料如表 10-16 所示，试估计 Y 对 X_1 和 X_2 的线性回归方程。

表 10-16　某种商品的需求量、价格和消费者收入的统计资料

年份	年份需求量 Y（吨）	价格 X_1（元）	收入 X_2（元）
1	59190	23.56	76200
2	65450	24.44	91200
3	62360	32.07	106700
4	64700	32.46	111600
5	67400	31.15	119000
6	64440	34.14	129200
7	68000	35.3	143400
8	72400	38.7	159600
9	75710	39.63	180000
10	70680	46.68	193000

用 SPSS 估计参数步骤如下：

（1）在 SPSS 中输入变量数据，设变量名分别为 Y、X_1、X_2。

（2）选择主菜单【Analyze】=>【Regression】=>【Linear...】，显示如图 10-12 所示的对话框。

（3）选择 Y 进入【Dependent】因变量框，选择 X_1、X_2 进入【Independent(s)】自变量列表框，单击【OK】按钮。

（4）回归结果输出如表 10-17 所示。

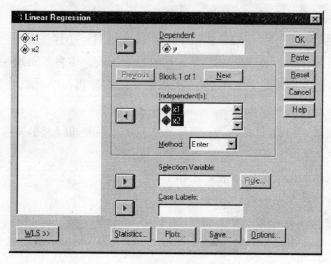

图 10-12　多元线性回归主对话框

表 10-17　回归输出结果

Model Summary

Model	R	R Square	Adjusted R Square	Std. Error of the Estimate
1	0.950	0.902	0.874	1738.9846

a　Predictors：（Constant），X_2，X_1

ANOVA

Model		Sum of Squares	df	Mean Square	F	Sig.
1	Regression	195318937.424	2	97659468.712	32.294	0.000
	Residual	21168472.576	7	3024067.511		
	Total	216487410.000	9			

a　Predictors：（Constant），X_2，X_1

b　Dependent Variable：Y

Coefficients

Model		Unstandardized Coefficients		Standardized Coefficients	t	Sig.
		B	Std. Error	Beta		
1	（Constant）	62650.928	4013.010		15.612	0.000
	X_1	−979.057	319.784	−1.381	−3.062	0.018
	X_2	0.286	0.058	2.211	4.902	0.002

a　Dependent Variable：Y

输出结果说明：

（1）Unstandardized Coefficients B：参数估计值，有样本回归方程：

$$\hat{Y} = 62650.928 - 979.057X_1 + 0.286X_2$$

（2）Unstandardized Coefficients Std. Error：参数估计值对应的标准误差，分别为 $S(b_0) = 4013.010$，$S(b_1) = 319.784$，$S(b_2) = 0.058$。

（3）Std. Error of the Estimate：估计的标准误差 S，本例中 $S = 1738.9846$。

（4）R 为复相关系数。$R = 0.950$，说明 Y 与自变量 X_1、X_2 之间的相关程度为 95.0%。

（5）R Square：R^2，即样本判定系数。$R^2 = 0.902$ 说明 Y 的变动中有 90.2%可以由自变量 X_1 和 X_2 解释，其中 Adjusted R Square，即调整的判定系数为 0.874。

（6）t 是 t 统计量值，Sig 是实际显著性水平即 p 值。所以 $t_1 = -3.062$，$p_1 = 0.018$。在 α 取 5%的情况下，$p < \alpha$，所以拒绝 H_0，认为 X_1 对 Y 的线性作用显著。

（三）逻辑回归分析

1. 逻辑回归分析概念

线性回归模型的一个局限性是要求因变量是定量变量（定距变量、定比变量）而不能是定性变量（定序变量、定类变量）。但是在许多实际问题中，经常出现因变量是定性变量（分类变量）的情况。可用于处理分类因变量的统计分析方法有：判别分析（Discriminant analysis）、Probit 分析、Logistic 回归分析和对数线性模型等。在社会科学中，应用最多的是 Logistic 回归分析。Logistic 回归分析根据因变量取值类别不同，又可以分为 Binary Logistic 回归分析和 Multinomial Logistic 回归分析，Binary Logistic 回归模型中因变量只能取两个值 1 和 0（虚拟因变量），而 Multinomial Logistic 回归模型中因变量可以取多个值，在此只讨论 Binary Logistic 回归，简称 Logistic 回归。

2. 逻辑回归分析实现

下面以 SPSS 为例介绍 Logistic 回归的实现。

例：某个人能否拥有房子，受到多种因素的影响，如家庭情况、工龄、收入情况等，但最终的可能性只有两个，要么拥有住房，要么没有住房。我们把 Y=1 定义为拥有住房，Y=0 定义为其他情况。有无住房及收入情况的统计资料如表 10-18 所示。

表 10-18 有无住房及收入情况的统计

住房 Y	收入 X	住房 Y	收入 X	住房 Y	收入 X
0	10	0	10	0	11
1	17	1	17	0	8
1	18	0	13	1	17
0	14	1	21	1	16

续表

住房 Y	收入 X	住房 Y	收入 X	住房 Y	收入 X
0	12	1	16	0	7
1	9	0	12	1	17
1	20	0	11	1	15
0	13	1	16	1	10
0	9	0	11	1	25
1	19	1	20	0	15
0	12	1	18	0	12
0	4	1	16	1	17
1	14	0	10	0	17
1	20	0	8	1	16
0	6	0	18	1	18
1	19	1	22	0	11
0	11	1	20		

解：（1）在 SPSS 中录入上表中数据（变量为 Y 和 X），并保存数据文件；在主菜单中选择【Analyze】=>【Regression】=>【Binary Logistic】。

（2）在【Logistic Regression】对话框中，选择 Y 进入【Dependent】框作为因变量，选择 X 进入。

【Covariates】作为自变量如图 10-13 所示。单击【Method】的下拉菜单，SPSS 提供了以下 7 种方法：

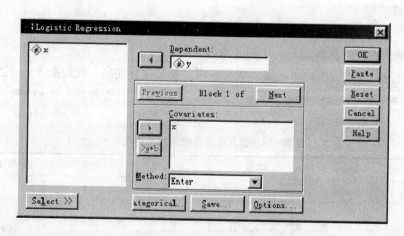

图 10-13　Logistic Regression 主对话框

【Enter】：所有自变量强制进入回归方程；

【Forward：Conditional】：以假定参数为基础作似然比检验，向前逐步选择自变量；

【Forward：LR】：以最大局部似然为基础作似然比检验，向前逐步选择自变量；

【Forward：Wald】：作 Wald 概率统计法，向前逐步选择自变量；

【Backward：Conditional】：以假定参数为基础作似然比检验，向后逐步选择自变量；

【Backward：LR】：以最大局部似然为基础作似然比检验，向后逐步选择自变量；

【Backward：Wald】：作 Wald 概率统计法，向后逐步选择自变量。

本例选默认项【Enter】方法。

（3）单击【Logistic Regression】对话框中的【Options】按钮，显示子对话框如图 10-14 所示，在子对话框中选择【Classification plots】和【Hosmer-Lemeshow goodness-of-f】等选项，并单击【Continue】返回主对话框。

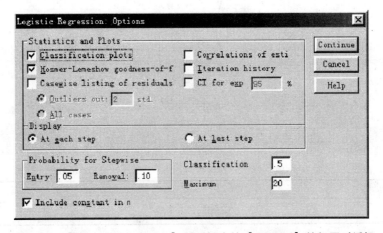

图 10-14　【Logistic Regression】对话框中的【Options】按钮子对话框

（4）单击主对话框中的【OK】按钮，输出结果如表 10-19 所示：

表 10-19　回归输出结果

Omnibus Tests of Model Coefficients				
		Chi-square	df	Sig.
Step1	Step	32.379	1	0.000
	Block	32.379	1	0.000
	Model	32.379	1	0.000

续表

Model Summary

Step	−2 Log likelihood	Cox & Snell R Square	Nagelkerke R Square
1	36. 856[a]	0. 477	0. 636

a Estimation terminated at iteration number 6 because parameter estimates changed by less than 0. 001.

Hosmer and Lemeshow Test

Step	Chi−square	df	Sig.
1	11. 266	7	0. 127

		y = 0		y = 1		Total
		Observed	Expected	Observed	Expected	
Step 1	1	5	4. 909	0	0. 091	5
	2	4	5. 548	2	0. 452	6
	3	5	4. 281	0	0. 719	5
	4	6	4. 406	0	1. 594	6
	5	2	1. 816	2	2. 184	4
	6	0	1. 313	5	3. 687	5
	7	1	1. 011	5	4. 989	6
	8	1	0. 537	5	5. 463	6
	9	0	0. 179	7	6. 821	7

Classification Table[a]

Observed			Predicted		
			y		Percentage Correct
			0	1	
Step 1	y	0	21	3	87. 5
		1	3	23	88. 5
Overall Percentage					88. 0

a The cut value is 500.

Variables in the Equation

		B	S. E.	Wald	df	Sig.	Exp（B）
Step 1[a]	x	0. 563	0. 145	15. 005	1	0. 000	1. 757
	Constant	−7. 981	2. 129	14. 046	1	0. 000	0. 000

a Variables（s）entered on step 1：x.

下面解释上面结果的一些常用的检验统计量：

（1）-2 对数似然值（-2 Log likelihood，-2LL）。

似然（likelihood）即概率，特别是由自变量观测值预测因变量观测值的概率。与任何概率一样，似然的取值范围在 0~1。对数似然值（Log likelihood，LL）是它的自然对数形式，由于取值范围在［0，1］的数的对数值负数，所以对数似然值的取值范围在 0~-∞。对数似然值通过最大似然估计的迭代算法计算而得。因为-2LL 近似服从卡方分布且在数学上更为方便，所以-2LL 可用于检验 Logistic 回归的显著性。-2LL 反映了在模型中包括了所有自变量后的误差，用于处理因变量无法解释的变动部分的显著性问题，又称拟合劣度卡方统计量（Badness-of-fit Chi-square）。当-2LL 的实际显著性水平大于给定的显著性水平 α 时，因变量的变动中无法解释的部分是不显著的，意味着回归方程的拟合程度较好。

（2）Cox 和 Snell 的 R^2（Cox & Snell's R-Square）。

Cox 和 Snell 的 R^2 试图在似然值基础上模仿线性回归模型的 R2 解释 Logistic 回归模型，但它的最大值一般小于 1，解释时有困难。

（3）Nagelkerke 的 R^2（Nagelkerke's R-Square）。

为了对 Cox 和 Snell 的 R^2 进一步调整，使得取值范围在 0~1，Nagelkerke 把 Cox 和 Snell 的 R^2 除以它的最大值。

（4）Hosmer 和 Lemeshow 的 拟 合 优 度 检 验 统 计 量（Hosmer and Lemeshow's Goodness of Fit Test Statistic）。

与一般拟合优度检验不同，Hosmer 和 Lemeshow 的拟合优度检验通常把样本数据根据预测概率分为十组，然后根据观测频数和期望频数构造卡方统计量（即 Hosmer 和 Lemeshow 的拟合优度检验统计量，简称 H-L 拟合优度检验统计量），最后根据自由度为 8 的卡方分布计算其 p 值并对 Logistic 模型进行检验。如果该 p 值小于给定的显著性水平 α（如 $\alpha = 0.05$），则拒绝因变量的观测值与模型预测值不存在差异的零假设，表明模型的预测值与观测值存在显著差异。如果 p 值大于 α，我们没有充分的理由拒绝零假设，表明在可接受的水平上模型的估计拟合了数据。

（5）Wald 统计量。

同线性回归方程的参数显著性检验相似，Wald 统计量用于判断一个变量是否应该包含在模型中，Wald 统计量近似服从于自由度等于参数个数的卡方分布。判断变量是否显著类似于线性回归。

五、非参数检验

非参数检验是不依赖总体分布的统计推断方法，是指在总体不服从正态分布且分布情况不明时，用来检验数据资料是否来自同一个总体假设的一类检验方法。由于这

类方法一般不涉及总体参数而得名。这类方法的假定前提比参数检验方法少得多，也容易满足，适用于计量信息较弱的资料且计算方法也简单易行，所以在实际中有广泛的应用。

下面以 SPSS 为例介绍非参数检验的具体应用。在 SPSS 中，几乎所有的非参数分析方法都被放入了 Nonparametric Tests 菜单，具体来讲有以下几种：

Chi-square Test：用卡方检验来检验变量的几个取值所占百分比是否和期望的比例没有统计学差异。比如在人群中抽取了一个样本，可以用该方法来分析四种血型所占的比例是否相同（都是 25%），或者是否符合我们所给出的一个比例（如 10%、30%、40% 和 20%）。

Binomial Test：用于检测所给的变量是否符合二项分布，变量可以是两分类的，也可以是连续性变量，然后按你给出的分界点划分。

Runs Test：用于检验某变量的取值是否围绕着某个数值随机地上下波动，该数值可以是均数、中位数、众数或人为指定。一般来说，如果该检验 P 值有统计学意义，则表明有其他变量对该变量的取值有影响，或该变量存在自相关。

One-Sample Kolmogorov-Smirnov Test：采用柯尔莫哥诺夫—斯米尔诺夫检验来分析变量是否符合某种分布，可以检验的分布有正态分布、均匀分布、Poission 分布和指数分布。

Two-Independent-Samples Tests：成组设计的两样本均数比较的非参数检验。

Tests for Several Independent Samples：成组设计的多个样本均数比较的非参数检验，此处不提供两两比较方法。

（一）卡方检验（Chi-square Test）

1. 卡方检验步骤

假设一个定性变量 Y 具有 k 个可能取值或有 k 种分类（标为 1，2，…，k），Y 的概率分布自然地由概率函数 $P(Y=i)$（$i=1, 2, …, k$）所确定。现在要考查已观察到的一组样本（容量为 n）与某确定的分布 G 拟合的程度，相当于研究 $P(Y=i)$（$i=1, 2, …, k$）与 G 之间的差异，看这个差异是否属于偶然变异，根据原假设认为差异是偶然变异所致这样的原则，卡方检验的步骤如下：

（1）提出假设。

H_0：$P(Y=i) = G_i$（$i=1, 2, …, k$，G_i 为 G 分布）

H_1：$P(Y=i) \neq G_i$

（2）构造统计量。

$$\chi^2 = \sum_{i=1}^{k} \frac{(O_i - E_i)^2}{E_i} \sim \chi^2_{(k-1)}$$

其中，O_i 为观测频数，期望频数 $E_i = n/k$。

（3）作出判断。

如果 $\chi^2 > \chi^2_{\alpha(k-1)}$ 或 $p < \alpha$，则拒绝零假设。

2. 卡方检验的实现

例：掷一颗六面体 300 次，结果如表 10-20 所示，试问这颗六面体是否均匀？（$\alpha = 0.05$）

表 10-20　掷一颗六面体点数观测频数表

点数 i	1	2	3	4	5	6
观测频数 Q_i	43	49	56	45	66	41

解：（1）定义变量名为 Y，取值为 1、2、3、4、5、6，分别代表六面体的六个点，在 SPSS 中输入数据。

（2）选择主菜单【Analyze】=>【Nonparametric Tests】=>【Chi-square】。

（3）在显示的【Chi-square Test（卡方检验）】主对话框中，把 Y 选入【Test Variable】作为检验变量，如图 10-15 所示。

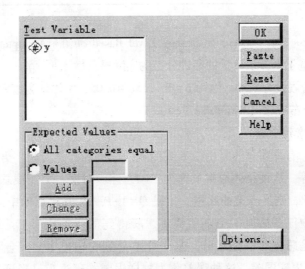

图 10-15　卡方检验主对话框

（4）单击【OK】后，输出结果如表 10-21 所示。

表 10-21　卡方检验输出结果

Y			
	Observed N	Expected N	Residual
1.00	43	50.0	−7.0
2.00	49	50.0	−1.0
3.00	56	50.0	6.0
4.00	45	50.0	−5.0
5.00	66	50.0	16.0
6.00	41	50.0	−9.0
Total	300		

Test Statistics（检验统计量）	
	Y
Chi-Square	8.960
Df（自由度）	5
Asymp. Sig.（渐进显著性水平）	0.111

这里的 Asymp. Sig.（The Significance Level Based on the Asymptoticdistribution of a Test Statistic）是基于卡方统计量的渐进分布的实际显著性水平（渐进 p 值），它以数据集为一个大样本的假设为基础。因为 p＝0.111>α＝0.05，所以认为该六面体是均匀的。

（二）二项分布检验（Binomial Test）

1. 二项分布检验步骤

实际问题中，有许多总体是由二项式组成的。例如，是与非、男与女、正面与背面、正确与错误等。这种总体通常就称为二项总体。对于一个二项总体，如果其中的一类所占比重为 P，则另一类的比重一定是 Q＝1－P。在既定总体中，P 是一个定值。然而，从该总体中任意抽取一个随机样本，所得到的样本比率 P，却是一个随机变量。因为样本仅是总体的一小部分，基于样本得到的信息 P，不会刚好等于总体的 P，二者之间难免出现误差，这种误差称为抽样误差。理论上已经证明，二者之间出现较小误差的概率比较大，而出现较大误差的概率相对来说就比较小，这就是通常所说的"小概率不可能出现"的原理。当研究对象属于二项总体时，可以用二项分布来检验假设，判断所抽取的样本是否来自具有既定值的总体。其检验步骤如下：

（1）提出假设。

H_0：$P＝Pt$（$0 \leq Pt \leq 1$）

H_1：$P \neq Pt$

（2）计算统计量值和 p 值。

（3）根据 p 值作出统计判断。

2. 二项分布检验实现

例：掷一枚球类比赛用的挑边器 40 次，出现 A 面和 B 面在上的次数如表 10-22 所示，试问这枚挑边器是否均匀？

表 10-22　掷挑边器 A 面和 B 面在上的次数表

| 1 | 1 | 0 | 1 | 1 | 0 | 1 | 1 | 1 | 1 | 0 | 1 | 1 | 0 | 1 | 0 | 1 | 0 | 1 | 0 | 1 | 1 | 1 | 0 | 1 | 1 | 0 | 1 | 1 | 1 | 1 | 1 | 0 | 1 | 1 | 0 | 1 | 1 | 0 | 1 | 1 | 0 |

其中：0 表示 A 面向上，1 表示 B 面向上。

解：（1）在 SPSS 中输入上表中的数据（变量名为 Y）。选择主菜单的【Analyze】=> 【Nonparametric Tests】 => 【Binomial Test】。

（2）显示如图 10-16 所示的【Binomial Test（二项检验）】主对话框，把 Y 选入【Test Variable】，其他选项采用默认值。

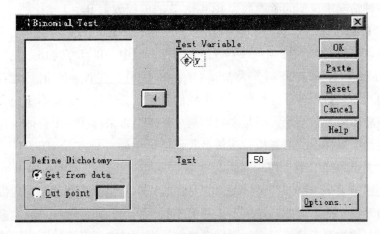

图 10-16　二项检验主对话框

（3）单击主对话框中的【OK】按钮，输出结果如表 10-23 所示：

表 10-23　二次分布检验输出结果

		Category	N	Observed Prop.	Test Prop.	Asymp. Sig. （2-tailed）
Y	Group 1	1	28	0.70		
	Group 2	0	12	0.30	0.50	0.018
	Total		40	1.00		

a　Based on Z Approximation.

实证研究指南

（三）游程检验（Run Test）

1. 游程检验的原理与步骤

游程检验是一种利用游程的总个数来判断样本随机性的统计检验方法。所谓游程，就是指在样本单位的抽取序列中，某一类型的单位被另一类型的单位在其前后隔开所形成的一个连续串。例如，令 X_1，X_2，$\cdots$，X_n 为样本容量 n 的一个随机样本的观察值，假设它存在两种不同类型的单位，一类记为 A，另一类记为 B。这样，当将其按任何顺序排列时，可以得到一个由 A 和 B 两种元素组成的序列。形成的序列有以下几种可能的典型方式（假设 A 的单位数为 $N_1=8$，B 的单位数为 $N_2=7$）：

第一种情况：AAAAAAAABBBBBBB；

第二种情况：AAAABBBBAAAABBB；

第三种情况：ABBAAABABBBABAA；

第四种情况：ABABABABABABABA。

在第一种情况中，A 的游程数为 $R_1=1$，B 的游程数为 $R_2=1$；

在第二种情况中，A 的游程数为 $R_1=2$，B 的游程数为 $R_2=2$；

在第三种情况中，A 的游程数为 $R_1=5$，B 的游程数为 $R_2=4$；

在第四种情况中，A 的游程数为 $R_1=8$，B 的游程数为 $R_2=7$。

设 R 为总游程数，$R=R_1+R_2$。在第一种情况中，$R=1+1=2$；第二种情况中，$R=2+2=4$；第三种情况中，$R=5+4=9$；第四种情况中，$R=8+7=15$。显然，R 的最小值为 2，最大值在 $N_1 \neq N_2$ 时，为 $\text{Min}(N_1, N_2)+1$，在 $N_1=N_2$ 时，为 N_1+N_2。

游程检验的基本原理是这样的：如果我们希望从总体的一个样本所包含的信息中得出关于该总体的某些结论，或是要判别两个样本是否来自同一个总体，那么所采用的样本必须是随机样本。游程检验法使得我们能够检验"样本是随机的"这一假设，在任一既定大小的样本中，游程总数标志着样本是否是随机样本。如果游程总数太少，例如上述的第一、第二两种情况，它意味着样本中包含着某种主观的带有倾向性的因素，缺乏独立性，因此，肯定不是随机样本。同理，如果游程总数太多，达到最大值，例如上述的第四种情况，也同样有理由认为这是由于系统的短周期波动影响着观察的结果。也就是说，游程总数太少或太多的样本序列绝对不是随机序列。为了知道 R 是否太少或太多，即检验样本序列的随机性，必须了解游程总数 R 的概率分布。实际检验步骤如下：

（1）提出假设。

H_0：样本是随机的；

H_1：样本不是随机的。

（2）构造统计量并计算 p 值。

用于把样本数据分成两类（A 和 B）的分割点可以是指定的某个具体数值，也可以是均值、中位数、众数等。当 X_i>分割点时设为 A 类，否则为 B 类，其相应的单位

数分别为 N_1 和 N_2。在大样本情况下，游程总数 R 的分布接近于正态分布。

（3）作出判断。

2. 游程检验实例分析

例：假设从总体中抽取一个样本，记录其先后出现的样本值如表 10-24 所示，试利用游程检验法来检验样本序列的随机性。（$\alpha = 0.05$）

表 10-24　从总体中抽取样本值统计表

31	23	36	43	51	44	12	26	43	75	2	3
15	18	78	24	13	27	86	61	13	7	6	8

解：（1）在 SPSS 中输入数据（变量名为 X），然后选择主菜单【Analyze】=>【Nonparametric Tests】=>【Runs】。

（2）在如图 10-17 所示的【Runs Test（游程检验）】主对话框中，把变量 X 选择入【Test Variable List（检验变量）】列表框，并采用默认的分割点（Cut Point）：中位数（Median）。

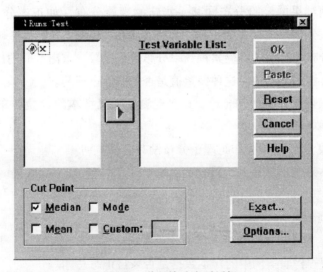

图 10-17　游程检验主对话框

（3）单击主对话框中【OK】按钮，输出结果如表 10-25 所示：

表 10-25　游程检验输出结果

Runs Test	
	X
Test Value（检验值：中位数）	25.0000
Cases<Test Value	12
Cases≥Test Value	12
Total Cases	24
Number of Runs（总游程数 R）	10
Z	-1.044
Asymp. Sig.（2-tailed）（ρ 值）	0.297

根据输出结果，$p = 0.297 > \alpha = 0.05$，所以接受零假设，即样本是随机的。

（四）单样本柯尔莫哥诺夫—斯米尔诺夫检验（One-sample K-S test）

1. 样本柯尔莫哥诺夫—斯米尔诺夫检验步骤

柯尔莫哥诺夫—斯米尔诺夫检验（Kolmogorov-Smirnov Test，K-S 检验）用于检验一组样本观测结果的经验分布同某一指定的理论分布（如正态分布、均匀分布、泊松分布、指数分布）之间是否一致。K-S 检验的基本思路为：将顺序分类数据的理论累积频率分布同观测的经验累积频率分布进行比较，求出它们的最大偏离值，然后在给定的显著性水平上检验这种偏离值是否是偶然出现的。

设理论累积频数分布为 F（x），n 次观测的随机样本的经验分布函数 Fn（x），K-S 检验的步骤如下：

（1）零假设 H_0：经验分布与理论分布没有显著差别。

（2）把样本观测值从小到大排列为：X（1），X（2），…，X（n），并计算经验累积分布函数。

（3）作出判断。

2. 样本柯尔莫哥诺夫—斯米尔诺夫检验案例分析

例：检验游程检验案例中的样本数据是否来自正态总体。

解：（1）在 SPSS 中输入数据（变量名为 X），选择【Analyze】=>【NonparametricTests】=>【1-Sample K-S】。

（2）在如图 10-18 所示的【One-Sample Kolmogorov-Smirnov Test（单样本 K-S 检验）】主对话框中，把变量 X 选入【Test Variable】列表框，并选择【Test Distribution（检验分布）】中的【Normal（正态分布）】。

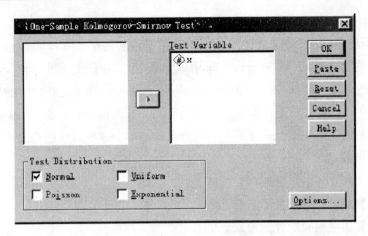

图 10-18 样本柯尔莫哥诺夫—斯米尔诺夫检验主对话框

（3）单击主对话框中的【OK】按钮，输出结果如表 10-26 所示：

表 10-26 样本柯尔莫哥诺夫—斯米尔诺夫检验输出结果

One-Sample Kolmogorov-Smirnov Test			
			X
		N	24
Normal Parameters[a,b]		Mean	31.0417
		Std. Deviation	24.5790
Most Extreme Differences		Absolute	0.149
		Positive	0.149
		Negative	-0.119
Kolmogorov-Smirnov Z			0.728
Asymp. Sig. (2-tailed)			0.664

a Test distribution is Normal.

b Calculated from data.

由结果 $p=0.664>\alpha$，所以该样本来自正态分布总体。

（五）两个独立样本检验

1. 两个独立样本检验的步骤

虽然在某些情况下样本所属总体的分布类型往往是不明的，但有时还需要判断两个独立样本是否来自相同分布的总体，Mann-Whitney U 检验、Kolmogorov-Smirnov Z 检验、Moses Extreme Reactions 检验和 Wald-Wolfowitz 游程检验等就是用于解决此类问题的有效方法。其中 Mann-Whitney U 检验是解决该问题最常用的方法。这些方法的基本假设有：①随机抽样。②两个样本是独立的。③数据变量为定序变量或更高层

次的变量。

Mann-Whitney U 检验又称秩和 U 检验，用于检验两个独立样本是否来自相同的总体（与 T 检验类似）；Kolmogorov-Smirnov Z 检验，用于推测两个样本是否来自具有相同分布的总体；Moses extreme reactions 检验两个独立样本之观察值的散布范围是否有差异存在，以检验两个样本是否来自具有同一分布的总体；Wald-Wolfowitz 游程检验考察两个独立样本是否来自具有相同分布的总体。这些方法的检验步骤为：

（1）提出假设。

H_0：两个独立样本来自相同的总体。

H_1：两个独立样本来自不同的总体。

（2）计算相应检验统计量值或 p 值。

若 $p>\alpha$，接受 H_0，两个样本来自相同的总体；否则，拒绝 H_0，两个样本来自不同的总体。

2. 两个独立样本检验实例分析

例：设有甲、乙两种安眠药，要比较它们的治疗效果。现独立观察 20 个失眠者（其中 10 人服用甲药，另 10 人服用乙药），服用安眠药后睡眠时间延长的时数如表 10-27 所示。现延长的睡眠时数的分布情况不明，试问这两种药物的疗效有无显著性差异？

表 10-27　服用甲、乙两种安眠药延长睡眠的时数

序号 安眠药	1	2	3	4	5	6	7	8	9	10
甲	1.9	0.8	1.1	0.1	0.1	4.4	5.5	1.6	4.6	3.4
乙	0.7	-1.6	-0.2	-1.2	-0.1	3.4	3.7	0.8	0.0	2.0

解：（1）录入数据。服用安眠药后时间延长的变量为 Y，用变量 G 表示所对应的实验组，G=1 表示失眠者服用甲药组别，G=2 表示失眠者服用乙药组别。

（2）选择主菜单【Analyze】=>【Nonparametric Tests】=>【2 Independent Samples】。在【Test Type（检验类型）】中选择四种检验方法。把 Y 选入【Test Variable】列表框，把 G 选入【Grouping Variable】并单击【Define Groups（定义组）】按钮。在定义组对话框中【Group 1】的右框中输入 1，在【Group 2】的右框中输入 2，并单击【Continue】返回主对话框，如图 10-19 所示。

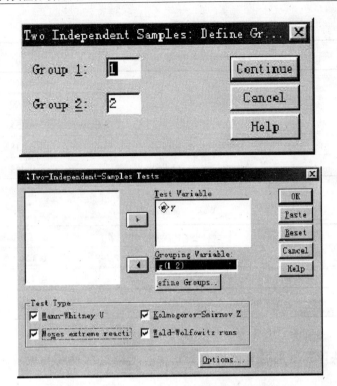

图 10-19　两个独立样本检验主对话框

（3）单击主对话框中的【OK】按钮，输出结果如表 10-28 所示：

表 10-28　两个独立样本检验的输出结果

Mann-Whitney Test	
	Y
Mann-Whitney U	24.000
Wilcoxon W	79.000
Z	−1.968
Asymp. Sig.（2-tailed）	0.049
Exact Sig.［2 ∗（1-tailed Sig.）］	0.052

Moses Test		
		Y
Observed Control Group Span		15
	Sig.（1-tailed）	0.070
Trimmed Control Group Span		14
	Sig.（1-tailed）	0.500
Outliers Trimmed from each End		1

续表

Two-Sample Kolmogorov-Smirnov Test

Most Extreme Differences	Absolute		0.500
	Positive		0.000
	Negative		−0.500
Kolmogorov-Smirnov Z			1.118
Asymp. Sig. (2-tailed)			0.164

Wald-Wolfowitz Test

		Number of Runs	Z	Exact Sig. (1-tailed)
Y	Minimum Possible	8 *	−1.149	0.128
	Maximum Possible	10 *	−0.230	0.414

* There are 2 inter-group ties involving 4 cases.

因四种方法计算出来的 p 值均大于 0.05，所以这两种药物的疗效无显著性的差异。

（六）多个独立样本检验

多个独立样本检验方法主要有：Kruskal-Wallis H 检验、中位数（Median）检验和 Jonckheere-Terpstra 检验。Kruskal-Wallis H 检验为单向方差分析，检验多个样本在中位数上是否有差异；中位数检验法用于检验多个样本是否来自具有相同中位数的总体；Jonckheere-Terpstra 检验法用于检验多个独立样本是否来自相同总体，它适用于定量数据和定序分类数据，当要检验的多个总体是定序变量时，Jonckheere-Terpstra 检验法比 Kruskal-Wallis H 检验法更为有效。

例：消费者协会采用 1 到 20 分来评价四家冷藏食品公司的油炸鸡。请问，公司的鸡在质量上是否有所不同？表 10-29 给出了四家公司的评分（$\alpha = 0.05$）。

表 10-29　四家冷藏食品公司油炸鸡的评分

公 司	评分 y	G
A	2 2 5 6 10	1
B	18 19 16 20 12 18	2
C	18 15 17 12 14 12 11	3
D	4 1 3 8 7 8 9	4

解：（1）变量 y 表示评分，G 表示相应的公司，在 SPSS 中录入数据。

（2）选择【Analyze】=>【Nonparametric Tests】=>【K Independent Samples】。在对话框中，在【Test Type】中选择【Kruskal-Wallis H】和【Median】；把 y 选入【Test Variable List】；把 G 选入【Grouping Variable（分类变量）】并单击【Define Range（定义范围）】，在定义范围对话框的【Minimum】的右框中输入 1，在【Maximum】的右框中输入 4，单击【Continue】返回主对话框，如图 10-20 所示。

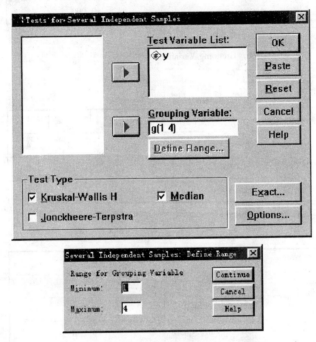

图 10-20　多个独立样本检验主对话框

（3）单击【OK】，输出结果如表 10-30 所示。

表 10-30　多个独立样本检验的输出结果

Kruskal-Wallis Test

Ranks

	G	N	Mean Rank
Y	1	6	7.83
	2	6	22.00
	3	7	17.71
	4	7	6.86
	Total	26	

Test Statistics

	Y
Chi-Square	18.171
df	3
Asymp. Sig.	0.000

a   Kruskal Wallis Test

b   Grouping Variable: G

Median Test

Frequencies

		G			
		1	2	3	4
Y	>Median	1	6	6	0
	<=Median	5	0	1	7

Test Statistics

	Y
N	26
Median	11.5000
Chi-Square	19.238
df	3
Asymp. Sig.	0.000

a   8 cells (100.0%) have expected frequencies less than 5. The minimum expected cell frequency is 3.0.

从结果可以看出，两种检验方法的 p 值均小于 0.05，所以拒绝零假设，四家公司的产品质量存在显著性的差异。

（七）两个相关样本检验

两个相关样本检验的方法主要有：Wilcoxon 检验、Sign（符号）检验、McNemar 检验和 Marginal Homogeneity 检验等。Wilcoxon 检验用于检验两个相关样本是否来自相同的总体，但对总体分布形式没有限制；Sign 检验通过计算两个样本的正负符号的个数来检验两个样本是否来自相同总体；McNemar 检验用于两个相关二分变量的检验；Marginal Homogeneity 检验用于两个相关定序变量的检验，是 McNemar 检验的扩展。

例：为研究长跑运动对增强普通高校学生的心功能效果，对某院 15 名男生进行实验，经过 5 个月的长跑锻炼后看其晨脉是否减少。锻炼前后的晨脉数据如表 10-31 所示。

表 10-31　锻炼前后的晨脉数据

锻炼前	70	76	56	63	63	56	58	60	65	65	75	66	56	59	70
锻炼后	48	54	60	64	48	55	54	45	51	48	56	48	64	50	54

解：（1）在 SPSS 中输入数据。变量 X_1 表示锻炼前晨脉数据，变量 X_2 表示锻炼后晨脉数据。

（2）选择【Analyze】=>【Nonparametric Tests】=>【2 Related Samples】。在如图 10-21 显示的【Two-Related-Samples Tests】中先后单击变量 X_1 和 X_2，在【Current Selections】框中的【Variable 1】和【Variable 2】中依次出现所选择的两个相关变量，然后单击右边一个右箭头按钮，变量名被选入【Test Pair(s) List】列表框中；选择【Test Type】框中的【Wilcoxon】、【Sign】、【McNemar】和【Marginal Homogeneity】检验方法。

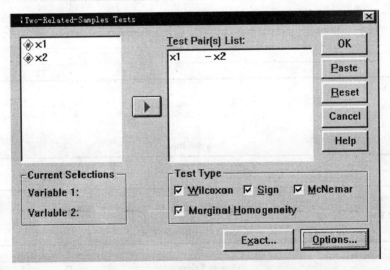

图 10-21　两个相关样本检验主对话框

（3）单击【OK】按钮，输出结果如表 10-32 所示：

表 10-32　两个相关样本检验的输出结果

Warnings

The McNemar Test for X_1 & X_2 is not performed because both variables are not dichotomous with the same values.

Wilcoxon Signed Ranks Test

Ranks

		N	Mean Rank	Sum of Ranks
X_2-X_1	Negative Ranks	12	9.17	110.00
	Positive Ranks	3	3.33	10.00
	Ties	0		
	Total	15		

a　$X_2 < X_1$

b　$X_2 > X_1$

c　$X_1 = X_2$

Test Statistics

	X_2-X_1
Z	-2.842
Asymp. Sig. (2-tailed)	0.004

a　Based on positive ranks.

b　Wilcoxon Signed Ranks Test.

Sign Test

Frequencies

		N
X2-X1	Negative Differences	12
	Positive Differences	3
	Ties	0
	Total	15

a　$X_2 < X_1$

b　$X_2 > X_1$

c　$X_1 = X_2$

Test Statistics

	X_2-X_1
Exact Sig. (2-tailed)	0.35

a　Binomial distribution used.

b　Sign Test.

Manginal Homogencity Test

	X_1 & X_2
Distinct Values	17
Off-Diagonal Cases	15
Observed MH Statistic	799.000
Mean MH Statistic	878.500
Std. Deviation of MH Statistic	27.491
Std. MH Statistic	-2.892
Asymp. Sig. (2-tailed)	0.004

从输出结果可以看出，p<0.05，说明经过 5 个月的长跑锻炼后学生的晨脉减少了。

（八）多个相关样本检验

多个相关样本的检验方法有：Friedman 检验、Kendall W 检验和 Cochran Q 检验等。Friedman 检验为双向方差分析，考察多个相关样本是否来自同一总体；Cochran Q 检验作为两相关样本 McNemar 检验的多样本推广，特别适用于定性变量和二分字符变量；Kendall W 检验，通过计算 Kendall 和谐系数 W，以检验多个相关样本是否来自同一分布的总体。

例：某商店想了解顾客对几种款式不同的衬衣的喜爱程度。某日咨询了 9 名顾客，请他们对 3 种款式的衬衣按喜爱程度依次排序（最喜爱的给秩 1，其次的给秩 2，再次的给秩 3），结果如表 10-33 所示，试问顾客对 3 种款式的衬衣的喜爱程度是否相同？

表 10-33　顾客对不同款式衬衣的喜爱程度数据

款式 ＼ 顾客号	1	2	3	4	5	6	7	8	9
款式 1	1	2	2	1	3	1	2	1	1
款式 2	3	1	3	3	2	2	3	3	3
款式 3	2	3	1	2	1	3	1	2	2

解：（1）在 SPSS 中输入数据（变量名分别为 X_1、X_2、X_3）。

（2）选择【Analyze】=>【Nonparametric Tests】=>【K Related Samples】。在显示的主对话框中，选择【Test Type】栏中的【Friedman】、【Kendall's W】和【Cochran's Q】。单击【OK】按钮。

（3）输出结果如表 10-34 所示：

表 10-34　多个相关样本检验的输出结果

Warnings
The Cochran Test for X_1 X_2 X_3 is not performed because all variables are not dichotomous with the same values.

Friedman Test				
Ranks			**Test Statistics**	
	Mean Rank		N	9
X_1	1.56		Chi-Square	4.667
X_2	2.56		df	2
X_3	1.89		Asymp. Sig.	0.097

Kendall's W Test

Ranks

	Mean Rank
X_1	1.56
X_2	2.56
X_3	1.89

Test Statistics

N	9
Kendall's W	0.259
Chi-Square	4.667
df	2
Asymp. Sig.	0.097

a Kendall's Coefficient of Concordance.

本例无法进行 Cochran 检验，Friedman 和 Kendall W 检验的 p 值均大于 0.05，所以顾客对 3 种款式衬衣的喜爱程度是不相同的。

六、聚类分析

（一）聚类分析概念和思想

在社会、经济及自然现象的研究中，存在大量分类研究的问题。例如，为了研究不同地区农民家庭不同收入的分布规律，需要对不同地区、不同农民家庭、不同收入进行分类；在制定农业发展区域规划时，需要根据不同地区的气候条件、土壤类型、粮食产量水平、灌溉水平、经济物质条件等对各地区进行分类；等等。尽管传统的分类方法起源很早，但利用数学和计算机手段对复杂对象进行定量分类的方法还只有几十年的历史。过去人们主要靠经验和专业知识进行定性分类处理，致使许多分类带有主观性和任意性，不能很好地揭示客观事物内在的本质差别与联系，特别是对于多因素、多指标的分类问题。为了克服定性分类的不足，有必要引入数学方法，形成数值分类一般有两种情况：

聚类分析的基本思想是根据对象间的相关程度进行类别的聚合。在进行聚类分析之前，这些类别是隐蔽的，能分为多少种类别事先也是不知道的。聚类分析的原则是同一类中的个体有较大的相似性，不同类中的个体差异很大。例如，有 A、B、C、

D、E 五个地区（即样本单位或样品）的农民家庭收入（指标或变量 X_1）分别为 X_{11}、X_{21}、X_{31}、X_{41}、X_{51}（X_1 的取值），农民家庭人口数量（指标或变量 X_2）分别为 X_{12}、X_{22}、X_{32}、X_{42}、X_{52}（X_2 的取值），数值高低不一，参差不齐，不易综合判断五个地区的农民家庭收入水平状态，为此，可以运用一定的方法将相似程度较大的数据或单位划为一类，划类时关系密切的聚合为一小类，关系疏远的聚合为一大类，直到把所有的数据或单位聚合为唯一的类别。这种分类就是最常用、最基本的一种聚类分析方法——系统聚类分析（或称为分层聚类分析）。此外还有动态聚类法、模糊聚类法、有序聚类法等。

系统聚类法的具体聚类过程是：①聚类开始时，样本中的各个样品（或变量）自成一类；②通过计算样品（或变量）间的相似性测度，把其中最相似的两个样品（或变量）进行合并，合并后，类的数目就减少一个；③重新计算类与类之间的相似性测度，再选择其中最相似的两类进行合并；④这种计算、合并的过程重复进行，直至所有的样品（或变量）归为一类。

（二）聚类分析步骤

聚类分析的一般步骤可以分为：

1. 数据变换处理

在聚类分析过程中，需要对各个原始数据进行相互比较运算，而各个原始数据往往由于计量单位不同而影响这种比较和运算。因此，需要对原始数据进行必要的变换处理，以消除不同计量单位对数据值大小的影响。

2. 计算聚类统计量

聚类统计量是根据变换以后的数据计算得到的一个新数据。它用于表明各样品或变量间的关系密切程度。常用的统计量有距离和相似系数两大类。

3. 选择聚类方法

根据聚类统计量，运用一定的聚类方法，将关系密切的样品或变量聚为一类，将关系不密切的样品或变量加以区分。选择聚类方法是聚类分析最终的，也是最重要的一步。上面已实例说明聚类分析的过程。

（三）聚类分析实例分析

例：我国各地区三次产业产值如表 10-35 所示，试根据三次产业产值进行聚类分析。

表 10-35　我国各地区三次产业产值

单位：亿元

地区	第一产业 X_1	第二产业 X_2	第三产业 X_3	地区	第一产业 X_1	第二产业 X_2	第三产业 X_3
北京	86.56	786.85	1137.90	湖北	748.22	1752.91	1203.08
天津	74.03	660.00	602.35	湖南	828.31	1294.17	1088.92
河北	790.60	2084.33	1381.08	广东	1004.92	3991.97	2922.23
山西	207.26	856.13	537.72	广西	574.25	678.19	650.60
内蒙古	341.62	479.53	371.14	海南	164.00	90.63	184.29
辽宁	531.46	1855.22	1495.05	重庆	298.67	585.38	545.21
吉林	429.50	597.29	530.99	四川	941.24	1527.07	1111.95
黑龙江	463.05	1506.76	863.03	贵州	264.89	326.03	250.96
上海	78.50	1847.20	1762.50	云南	408.43	828.37	557.10
江苏	1016.27	3640.10	2543.58	西藏	31.31	20.24	39.63
浙江	631.31	2709.08	1647.11	陕西	283.49	567.60	530.38
安徽	739.70	1253.53	812.22	甘肃	202.21	382.00	285.54
福建	610.04	1444.73	1275.41	青海	41.63	88.42	90.11
江西	450.44	740.33	661.21	宁夏	48.69	94.01	84.76
山东	1215.81	3457.03	2489.36	新疆	291.05	430.73	394.89
河南	1071.39	2012.74	1272.47				

解：（1）在 SPSS 中录入数据。

（2）选择【Statistics】=>【Classify】=>【Hierarchical Cluster】，打开分层聚类对话框。

（3）把变量 X_1、X_2、X_3 选入【Variable】框，把变量 region 选入【Label Cases】，系统默认为样品聚类。

（4）单击【Statistics】按钮，选择要输出的统计量，统计量对话框中的各选项如表 10-36 所示。

表 10-36　统计量对话框中的各项选项

Agglomeration schedule 凝聚状态表	显示聚类过程的每一步合并的类或样品、被合并的类或样品之间的距离以及样品或变量加入一类的类水平
Proximity matrix - 相似矩阵	给出各类之间的距离或相似测度值

续表

Cluster Membership 类成员	显示每个样品被分配到的类或显示若干步凝聚过程。具体内容有三个选项： None：不显示类成员表，是默认值 Single solution：要求列出聚为一定类数的各样品所属的类 Range of solutions：要求列出某个范围中每一步各样品所属的类

本例均使用默认设置。

（5）单击【Plots】按钮，选择统计图表，统计图表对话框各选项如表 10-37 所示：

表 10-37 统计图表对话框中的各选项

Dendrogram 树形图	树形图表明每一步中被合并的类及其系数值，把各类之间的距离转换成 1~25 的数值
Icicle 冰柱图	冰柱图把聚类信息综合到一张图上。 纵向冰柱图（Vertical）：参与聚类的个体各占一列，标以样品（或变量）号或标签；聚类过程中的每一步占一行，标以步的顺序号。 横向冰柱图（Honrizontal）：参与聚类的样品（或变量）各占一行，聚类的每一步各占一列。如果不加限定的选择项，则显示聚类的全过程

本例仅选择树形图，其他选项不变。

（6）单击【Method】按钮选择聚类方法，其对话框中各选项如表 10-38 所示：

表 10-38 聚类方法对话框中的各选项

Cluster 聚类方法选择	有组间连接法、最短距离法、最长距离法、重心法、中位数法、离差平方和法可以选择
Measure 对距离和相似系数的不同测量方法	有欧氏距离（Euclidean distance）、欧氏距离平方（Squared Euclideandistance）、切比雪夫距离（Chebychev）、明考斯基距离（Minkowski）、块距离（绝对值距离）（Block）和自定义距离（Customized）可以选择
Transform Values 转换数值的方法，标准化方法	如果参与聚类的变量的量纲不同会导致错误的聚类结果。在聚类之间必须先标准化数据，以消除量纲的影响。 如果参与聚的变量量纲相同，可以使用系统默认值 None，即不进行标准化处理。 标准化处理方法有： Zscores：把数值减去均值后再除以其标准差； Range -1 to 1：标准化到 -1~+1； Range 0 to 1：标准化到 0~1； Maximum magnitude of 1：标准化到最大值为 1； Mean of 1：标准化在一个均值范围内； Standard deviation of 1：标准化到单位标准差

实证研究指南

续表

Transform Measures 测度的转换方法	对距离测度数值进行转换，有三种方法： Absolute Values：把距离值标准化； Change sign：把相似性值变为不相似值，或相反； Rescale to 0~1 range：首先去掉最小值然后除以范围把距离标准化。对于已经按某种换算方法标准化了的测度一般不再使用此方法进行转换

本例使用默认选项。

（7）单击【SAVE】按钮，显示保存新变量对话框，选项如表 10-39 所示：

表 10-39　保存新变量对话框中的选项

None	不建立新变量
Single solution	单一结果
Range of solutions	指定范围内的结果

对于本例，使用默认值。

（8）设置完各种选项后，单击【OK】按钮，输出聚类结果，如表 10-40 所示。

表 10-40　输出聚类结果

Case Processing Summary[a,b]

Cases					
Valid		Missing		Total	
N	Percent	Percent	N	Percent	N
31	100.0	0	0.0	31	100.0

a. Squared Euclidean Distance used（使用测量方法：欧氏距离平方）

b. Average Linkage（Between Groups）（使用聚类方法：组间连接）

Average Linkage（Between Groups）（组间连接）

Agglomeration Schedule（凝聚过程表）（略）

Vertical Icicle（纵向冰柱图）（略）

Dendrogram（树形图）

* * * * * * H I E R A R C H I C A L C L U S T E R A N A L Y S I S * * * * * *

Dendrogram using Average Linkage（Between Groups）

Rescaled Distance Cluster Combine（转换成 1~25 的类间距离）

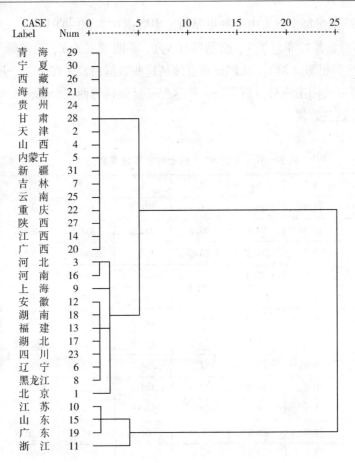

从树形图看，把各省市分为两类或三类。

七、主成分分析

（一）主成分分析思想

主成分分析（Principal Components Analysis，PCA）也称主分量分析，是一种通过降维来简化数据结构的方法：如何把多个变量（指标）化为少数几个综合变量（综合指标），而这几个综合变量可以反映原来多个变量的大部分信息。为了使这些综合变量所含的信息互不重叠，应要求它们之间互不相关。

例如，在评价企业的经营业绩时，要考虑许多指标，如利润、产值、产品数量、产品质量、固定资产、流动资产等。若要全部列出，可以有几十个变量。因此用少量的几个综合变量代替原来的许多变量是有实际意义的。由这几个综合变量出发还有可能得到一个总的指标，按该总指标来排序、分类，问题就可能简单化。

（二）主成分分析的实现

下面以案例分析主成分分析的实现过程。

例：美国 50 个州每十万人中七种犯罪的比率数据如表 10-41 所示。这七种犯罪是：杀人罪（X_1）、强奸罪（X_2）、抢劫罪（X_3）、斗殴罪（X_4）、夜盗罪（X_5）、偷盗罪（X_6）和汽车犯罪（X_7）。我们很难直接从这些数据出发来评价各个州的治安和犯罪情况，但可以使用主成分分析方法，把这些变量概括为两三个综合变量，这样就可以简单地分析这些数据了。

表 10-41 美国 50 个州七种犯罪比率数据

州	X_1	X_2	X_3	X_4	X_5	X_6	X_7
亚拉巴马州	14.2	25.2	96.8	278.3	1135.5	1881.9	280.7
阿拉斯加州	10.8	51.6	96.8	284.0	1331.7	3369.8	753.3
亚利桑那州	9.5	34.2	138.2	312.3	2346.1	4467.4	439.5
阿肯色州	8.8	27.6	83.2	203.4	972.6	1862.1	183.4
加利福尼亚州	11.5	49.4	287.0	358.0	2139.4	3499.8	663.5
科罗拉多州	6.3	42.0	170.7	292.9	1935.2	3903.2	477.1
康涅狄格州	4.2	16.8	129.5	131.8	1346.0	2620.7	593.2
特拉华州	6.0	24.9	157.0	194.2	1682.6	3678.4	467.0
佛罗里达州	10.2	39.6	187.9	449.1	1859.9	3840.5	351.4
佐治亚州	11.7	31.1	140.5	256.5	1351.1	2170.2	297.9
夏威夷州	7.2	25.5	128.0	64.1	1911.5	3920.4	489.4
爱达荷州	5.5	19.4	39.6	172.5	1050.8	2599.6	237.6
伊利诺伊州	9.9	21.8	211.3	209.0	1085.0	2828.5	528.6
印第安纳州	7.4	26.5	123.2	153.5	1086.2	2498.7	377.4
艾奥瓦州	2.3	10.6	41.2	89.8	812.5	2685.1	219.9
堪萨斯州	6.6	22.0	100.7	180.5	1270.4	2739.3	244.3
肯塔基州	10.1	19.1	81.1	123.3	872.2	1662.1	245.4
路易斯安那州	15.5	30.9	142.9	335.5	1165.5	2469.9	337.7
缅因州	2.4	13.5	38.7	170.0	1253.1	2350.7	246.9
马里兰州	8.0	34.8	292.1	358.9	1400.0	3177.7	428.5
马萨诸塞州	3.1	20.8	169.1	231.6	1532.2	2311.3	1140.1
密歇根州	9.3	38.9	261.9	274.6	1522.7	3159.0	545.5
明尼苏达州	2.7	19.5	85.9	85.8	1134.7	2559.3	343.1
密西西比州	14.3	19.6	65.7	189.1	915.6	1239.9	144.4
密苏里州	9.6	28.3	189.0	233.5	1318.3	2424.2	378.4
蒙大拿州	5.4	16.7	39.2	156.8	804.9	2773.2	309.2
内布拉斯加州	3.9	18.1	64.7	112.7	760.0	2316.1	249.1

续表

州	X_1	X_2	X_3	X_4	X_5	X_6	X_7
内华达州	15.8	49.1	323.1	355.0	2453.1	4212.6	559.2
新罕布什尔州	3.2	10.7	23.2	76.0	1041.7	2343.9	293.4
新泽西州	5.6	21.0	180.4	185.1	1435.8	2774.5	511.5
新墨西哥州	8.8	39.1	109.6	343.4	1418.7	3008.6	259.5
纽约州	10.7	29.4	472.6	319.1	1728.0	2782.0	745.8
北卡罗莱那州	10.6	17.0	61.3	318.3	1154.1	2037.8	192.1
俄亥俄州	7.8	27.3	190.5	181.1	1216.0	2696.8	400.4
北达科他州	0.9	9.0	13.3	43.8	446.1	1843.0	144.7
俄克拉荷马州	8.6	29.2	73.8	205.0	1288.2	2228.1	326.8
俄勒冈州	4.9	39.9	124.1	286.9	1636.4	3506.1	388.9
宾夕法尼亚州	5.6	19.0	130.3	128.0	877.5	1642.1	333.2
罗得岛州	3.6	10.5	86.5	201.0	1489.5	2844.1	791.4
南卡罗莱那州	11.9	33.0	105.9	485.3	1613.6	2342.4	245.1
南达科他州	2.0	13.5	17.9	155.7	570.5	1704.4	147.5
田纳西州	10.1	29.7	145.8	203.9	1259.7	1776.5	314.0
得克萨斯州	13.3	33.8	152.4	208.2	1603.1	2988.7	397.6
犹他州	3.5	20.3	68.8	147.3	1171.6	3004.6	334.5
佛蒙特州	1.4	15.9	30.8	101.2	1348.2	2201.0	265.2
弗吉尼亚州	9.0	23.3	92.1	165.7	986.2	2521.2	226.7
华盛顿州	4.3	39.6	106.2	224.8	1605.6	3386.9	360.3
西弗吉尼亚州	6.0	13.2	42.2	90.9	597.4	1341.7	163.3
威斯康星州	2.8	12.9	52.2	63.7	846.9	2614.2	220.7
怀俄明州	5.4	21.9	39.7	173.9	811.6	2772.2	282.0

SPSS 没有提供主成分分析的专用菜单项，但通过因子分析很容易就可以实现。

解：（1）新建一数据文件，定义变量：State（州）、X_1（杀人罪）、X_2（强奸罪）、X_3（抢劫罪）、X_4（斗殴罪）、X_5（夜盗罪）、X_6（偷盗罪）、X_7（汽车犯罪），这些变量中除 State 为字符串型变量外，其余变量均为数值型变量。

（2）选择菜单【Analyze】=>【Data Reduction】=>【Factor…】，打开如图 10-22 所示的【Factor Analysis（因子分析）】主对话框。选定左边列表中的变量 X_1、X_2、X_3、X_4、X_5、X_6、X_7，单击按钮使之进入【Variables】列表框。

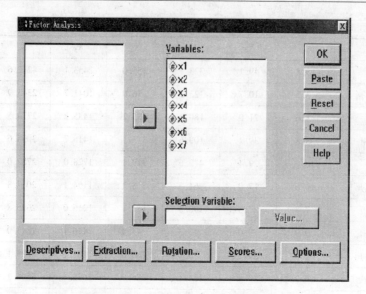

图 10-22　主成分/因子分析主对话框

（3）单击主对话框中的【Descriptive...】按钮，打开【Factor Analysis：Descriptives】子对话框（见图 10-23），在【Statistics】栏中选择【Univariate descriptives】（单变量描述统计量）项要求输出各变量的均值与标准差，在【Correlation Matrix】（相关系数矩阵）栏内选择【Coefficients】（系数）项要求计算相关系数矩阵，单击【Continue】按钮返回【Factor Analysis】主对话框。

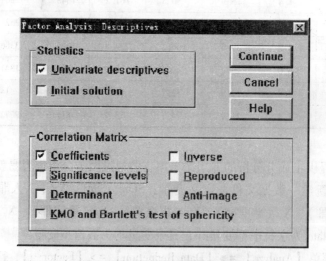

图 10-23　描述统计量子对话框

（4）单击主对话框中的【Extraction...】按钮，打开如图 10-24 所示的【Factor Analysis：Extraction】子对话框。在【Method】列表中选择默认因子抽取方法——

【Principal components（主成分分析法）】，在【Analyze】栏中选择默认的【Correlation matrix】项要求从相关系数矩阵出发求解主成分，在【Extract】栏中选择默认项【Eigenvalues over：1】，单击【Continue】按钮返回主对话框。

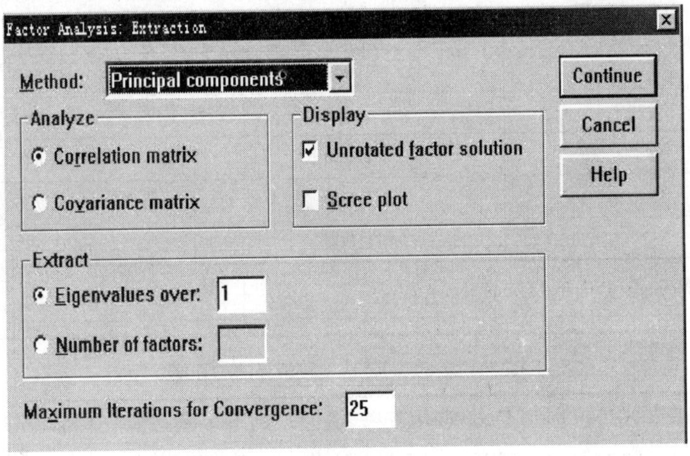

图 10-24 因子提取方法子对话框

（5）单击主对话框中的【OK】按钮，输出结果如表 10-42 所示。

表 10-42 主成分结果输出

Descriptive Statistics （描述统计量）			
	Mean	Std. Deviation	Analysis N
X_1	7.444	3.867	50
X_2	25.734	10.760	50
X_3	124.092	88.349	50
X_4	211.300	100.253	50
X_5	1291.904	432.456	50
X_6	2671.648	725.383	50
X_7	377.526	193.394	50

Correlation Matrix （相关系数矩阵）							
	X_1	X_2	X_3	X_4	X_5	X_6	X_7
X_1	1.000	0.601	0.484	0.649	0.386	0.102	0.069
X_2	0.601	1.000	0.592	0.740	0.712	0.614	0.349
X_3	0.484	0.592	1.000	0.557	0.637	0.447	0.591
X_4	0.649	0.740	0.557	1.000	0.623	0.404	0.276
X_5	0.386	0.712	0.637	0.623	1.000	0.792	0.558
X_6	0.102	0.614	0.447	0.404	0.792	1.000	0.444
X_7	0.069	0.349	0.591	0.276	0.558	0.444	1.000

Communalities（共同度）

	Initial	Extraction
X_1	1.000	0.861
X_2	1.000	0.803
X_3	1.000	0.650
X_4	1.000	0.794
X_5	1.000	0.848
X_6	1.000	0.726
X_7	1.000	0.671

Extraction Method：Principal Component Analysis.

Total Variance Explained（可解释的总方差）

	Initial Eigenvalues			Extraction Sums of Squared Loadings		
Component	Total	% of Variance	Comulative %	Total	% of Variance	Cumulative %
1	4.115	58.787	58.787	4.115	58.787	58.787
2	1.239	17.699	76.486	1.239	17.699	76.486
3	0.726	10.365	86.852			
4	0.317	4.521	91.373			
5	0.258	3.685	95.058			
6	0.222	3.172	98.230			
7	0.124	1.770	100.000			

Extraction Method：Principal Component Analysis.

Component Matrix（主成分/因子矩阵）

	Component	
	1	2
X_1	0.609	-0.700
X_2	0.876	-0.189
X_3	0.805	0.047
X_4	0.805	-0.382
X_5	0.893	0.226
X_6	0.725	0.448
X_7	0.599	0.559

（6）需要注意的是，表10-42输出结果中给出的是因子负荷，并没有给出主成

分。我们可以把因子负荷除以相应的相关矩阵特征值平方根，例如，0.609/4.115 = 0.3002，-0.7/1.239 = -0.6289。结果如表 10-43 所示。

表 10-43 因子与主成分

	F_1	F_2	Y_1	Y_2
X_1	0.609	-0.700	0.3002	-0.6289
X_2	0.876	-0.189	0.4318	-0.1698
X_3	0.805	0.047	0.3968	0.0422
X_4	0.805	-0.382	0.3968	-0.3432
X_5	0.893	0.226	0.4402	0.2030
X_6	0.725	0.448	0.3574	0.4025
X_7	0.599	0.559	0.2953	0.5022
特征值	4.115	1.239		
贡献率	58.79%	17.70%		
累计贡献率	58.79%	76.49%		

前两个主成分的累计贡献率已达 76.49%，因此前两个主成分就能够很好地概括这组数据。由于第一主成分对所有变量都有近似相等的负荷，因此可认为是对所有犯罪率的度量。第二主成分在变量 X_7 和 X_6 上有高的正负荷，而在变量 X_1 和 X_4 上有高的负负荷；在 X_5 上存在小的正负荷，而在 X_2 上存在小的负负荷。所以，该主成分是用于度量暴力犯罪在犯罪性质上占的比重。

八、时间序列的平稳性检验——单位根检验

在研究经济问题时，许多检验和估计理论如 ARMA 估计理论以及 Granger 因果检验等都是基于平稳时间序列。如果一个序列的均值和自协方差不依赖于时间，就说它是平稳的。非平稳序列的典型例子是随机游动 $y_t = y_{t-1} + \varepsilon_t$，$\varepsilon_t$ 是平稳随机扰动项。序列 y 有一个常数预测值，方差随时间增长。随机游动是差分平稳序列，因为 y 一阶差分后平稳。$y_t - y_{t-1} = (1-L) y_t = \varepsilon_t$，差分平稳序列称为单整，记为 I（d），d 为单整阶数。单整阶数是序列中单位根数，或者是使序列平稳而差分的阶数。对于上面的随机游动，有一个单位根，所以是 I（1），同样，平稳序列是 I（0）。单位根是检验平稳性的最主要方法之一。下面介绍 EViews 中的单位根检验过程。

EViews 提供了两种单位根检验：Dickey-Fuller（DF）、增广 DF（ADF）检验和 Phillips-Perron（PP）检验。

（一）ADF 检验

为说明 ADF 检验的使用，先考虑一个 AR（1）过程

$$y_t = \mu + \rho y_{t-1} + \varepsilon_t$$

其中，μ，ρ 是参数，ε_t 假设为白噪声。如果 $-1<\rho<1$，y 为平稳序列。如果 $\rho=1$，y 是非平稳序列（带漂移的随机游动）。如果这一过程在一些点开始，y 的方差随时间增长趋于无穷。如果 ρ 的绝对值大于 1，序列发散。因此，一个序列是否平稳，可以检验 ρ 是否严格小于 1。DF 和 PP 都用单位根作为原假设。$H_0 : \rho=1$ 因为发散序列没有经济学含义，所以备选假设为单边假设 $H_1 : \rho=1$。

从方程两边同时减去 y_{t-1}

$$\Delta y_t = \mu + \gamma y_{t-1} + \varepsilon_t$$

其中，$\gamma=\rho-1$

所以原假设和备选假设可改为 $\begin{cases} H_0 : \gamma=0 \\ H_1 : \gamma<0 \end{cases}$

单位根检验可以看作对 γ 进行 T 检验。EViews 将 DF、ADF 检验都看成 ADF 检验。ADF 检验考虑如下三种回归形式：

$$\Delta y_t = \gamma y_{t-1} + \sum_{i=1}^{p} \beta_i \Delta y_{t-i} + \varepsilon_t$$

$$\Delta y_t = \mu + \gamma y_{t-1} + \sum_{i=1}^{p} \beta_i \Delta y_{t-i} + \varepsilon_t$$

$$\Delta y_t = a_0 + \gamma y_{t-1} + a_2 t + \sum_{i=1}^{p} \beta_i \Delta y_{t-i} + \varepsilon_t$$

即通过在模型中增加的滞后项，以消除残差的序列相关性。在检验回归中包括常数，常数和线性趋势，或二者都不包含。

（二）Phillips-Perron（PP）检验

Phillips 和 Perron（1988）提出一种非参数方法来控制序列中高阶序列相关。对 AR（1）的 PP 检验为：

$$\Delta y_t = \alpha + \beta y_{t-1} + \varepsilon_t$$

ADF 检验通过在方程右边添加滞后差分项来修正高阶序列相关。PP 检验 γ 参数的 t 统计量来修正 AR（1）的 ε 序列相关。这种修正方法是非参数的，因为使用了 ε 在零频率的谱估计。零频率对未知形式的异方差性和自相关性较稳健。EViews 使用 Newey-West 异方差自相关一致估计：

$$\hat{\omega}^2 = \gamma_0 + 2 \sum_{j=1}^{q} \left(1 - \frac{\upsilon}{q+1}\right) \gamma_j$$

$$\gamma_j = \frac{1}{T} \sum_{t=j+1}^{T} \hat{\varepsilon}_t \hat{\varepsilon}_{t-j}$$

q 是截断滞后值。PP 统计量由下式计算：

$$t_{pp} = \frac{\gamma_0^{1/2} t_b}{\hat{\omega}} - \frac{(\hat{\omega}^2 - \gamma_0) T s_b}{2\hat{\omega}s}$$

t_b 是 t 统计量；s_b 是 β 的标准差；s 是检验回归标准差。PP 统计量渐进分布同 ADF 的 t 统计量一样。EViews 显示 Mackinnon 临界值。对 PP 检验，必须为 Newey-West 纠正定义截断滞后因子 q，即要包括的序列相关期数。对话框开始包括 N-W 自动截断滞后选择（floor 函数返回的是不超过括号中数的最大整数）：

$$q = floor[\, 4(T/100)^{2/9} \,]$$

这仅基于检验回归中使用的观测值数，可定义为任何整数。

（三）单位根检验的实现（EVIEWS）

1. 步骤

（1）建立数据。

（2）利用散点图，初步判断非平稳形式。

（3）在主菜单选择 Quick/series Statistics/Unit root test。

（4）输入序列名，单击【OK】按钮进入单位根检验对话框。

（5）选择检验类型，有两种：ADF（DF）；P-P 检验。

（6）选择单位根阶数：分为 0 阶（level）原序列，1 阶差分序列（1st 差分），2 阶差分序列。

（7）选择检验方程的形式：分为 intercept；trend and intercept；none。

（8）滞后差分：选择滞后阶数。

2. 实例分析

由于在进行协整检验的时候必须对数据的原始序列进行平稳性检验，具体案例中协整检验的案例。

九、格兰杰因果检验（Granger 因果检验）

Granger 因果检验是用于检验两个变量之间因果关系的一种常用方法。于 1969 年由 J. Granger 提出，20 世纪 70 年代 Hendry 和 Richard 等加以发展。

（一）Granger 因果检验定义

给定一个信息集 A_t，它至少包含（X_t，Y_t），如果利用的过去 X_t 比不利用它时可以更好地预测 Y_t，称 X_t 为 Y_t 的 Granger 原因。

（二）检验模型

如果 X_t、Y_t 为平稳过程，对于模型：

$$\begin{cases} X_t = C_1 + \displaystyle\sum_{j=1}^{p} \alpha_j X_{t-j} + \sum_{j=1}^{q} \beta_j Y_{t-j} + u_{1t} \\ Y_t = C_2 + \displaystyle\sum_{j=1}^{p} \gamma_j Y_{t-j} + \sum_{j=1}^{q} \delta_j X_{t-j} + u_{2t} \end{cases}$$

u_1、u_2 为白噪声。存在下列情况：

(1) 如果 $\beta_j = \delta_j = 0$，$(j = 1, 2, \cdots, q)$ 则 X_t、Y_t 相互独立。

(2) 如果 $\beta_j = 0$，$\delta_j \neq 0$，$(j = 1, 2, \cdots, q)$ 则 X_t 为 Y_t 的原因。

(3) 如果 $\beta_j \neq 0$，$\delta_j = 0$，$(j = 1, 2, \cdots, q)$ 则 Y_t 为 X_t 的原因。

(4) 如果 $\beta_j \neq 0$，$\delta_j \neq 0$，$(j = 1, 2, \cdots, q)$ 则 X_t、Y_t 互为因果。

(三) F 检验

对于 $X_t = C_1 + \sum\limits_{j=1}^{p} \alpha_j X_{t-j} + \sum\limits_{j=1}^{q} \beta_j Y_{t-j} + u_{1t}$ 进行假设检验，设置：

$H_0 : \beta_j = 0$； $H_1 : \beta_j \neq 0$ $j = 1, 2, \cdots, q$

首先对模型应用 OLS，记残差平方和为 ESS（q, p）；再对模型 $X_t = C_1 +$ $\sum\limits_{j=1}^{p} \alpha_j X_{t-j} + \sum\limits_{j=1}^{q} \beta_j Y_{t-j} + u_{1t}$ 应用 OLS，记残差平方和 ESS（P）。构造统计量：

$$F = \frac{[ESS(p) - ESS(p, q)]/p}{ESS(p, q)/(n - p - q - 1)} \sim F(p, n - p - q - 1)$$

给定置信水平 α，查临界值 F_{α}，如果 $F > F_{\alpha}$，则拒绝 H_0，接受 H_1。实际应用时，需要对检验模型两个方程式同时检验，才能作出判断。在应用软件中给出了具体的存在因果关系的概率值。

需要强调的是，在进行 Granger 因果检验前，必须首先对 X_t、Y_t 进行 ADF 检验，如果不是平稳序列，经过一次或者多次差分使之平稳化，然后对两个平稳化后的序列进行 Granger 检验。

(四) 实例分析

为了分析我国固定资产投资与银行信贷之间的因果关系，收集了 1993～2003 年的固定资产投资（INVE）与银行贷款（LOAN）的数据，如表 10-44 所示：

表 10-44　我国固定资产投资（INVE）与银行贷款（LOAN）的数据序列

年份	1993	1994	1995	1996	1997	1998	1999	2000	2001	2002	2003
固定资产投资	13072	17042	20019	22974	24941	28406	29855	32918	37214	43500	55118
银行贷款	32943	39976	50544	61157	74914	86524	93734	99371	112315	131294	158996

在 EViews 中具体操作过程如下：

(1) 在 EViews 中建立文档，录入固定资产投资（INVE）和银行贷款（LOAN）序列的数据。

(2) 根据 Granger 因果检验方法，要求固定资产投资（INVE）和银行贷款（LOAN）序列的数据序列是平稳序列，经检验（INVE）和银行贷款（LOAN）序列为平稳序列，具体步骤略。

(3) 在 EViews 主对话框中，单击【Quick】-> 【Group Statistics】-> 【Granger Causality Test】，得出序列列表对话框，如图 10-25 所示。

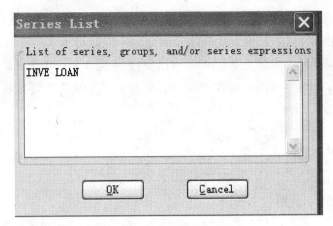

图 10-25　序列列表对话框

（4）在【Series List】对话框中输入"INVE"和"LOAN"，单击【OK】按钮，到滞后期设置对话框，如图 10-26 所示。

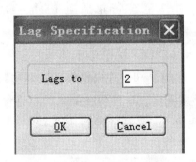

图 10-26　滞后期设置对话框

（5）在本例中，设置滞后期为 2（可以根据实际情况调整），单击【OK】按钮得到检验结果，如表 10-45 所示。

表 10-45　Granger Causality Tests 结果

Pairwise Granger Causality Tests			
Date：05/11/07　　Time：17：13			
Sample：1993 2003			
Lags：2			
Null Hypothesis：	Obs	F-Statistic	Probability
LOAN does not Granger Cause INVE	9	0. 01598	0. 98421
INVE does not Granger Cause LOAN		5. 05800	0. 08030

从表 10-45 的结果来看，检验结果接受零假设 "LOAN does not Granger Cause INVE"，认为银行贷款不是促进投资增长的原因。但是对于 "INVE does not Granger Cause LOAN" 零假设，F 值为 5.05800，对应的 P 值为 0.08030<10%，因此在 10% 的显著性水平下，拒绝零假设，即在 10% 的显著性水平下认为投资增长是银行信贷增长的原因。

十、协整检验

（一）协整概念介绍

当两个变量都是非平稳时间序列，则可能存在伪回归，所以要检验序列的平稳性（如单位根检验）。但是大多数序列都是非平稳的，为防止伪回归，这时的处理办法有两个：差分和协整。但是差分会导致长期趋势的损失，因此协整分析成为研究经济变量间常用的方法之一，被广泛运用于线性回归的诊断性检验、避免伪回归的预检验，以及对经济理论的正确性检验。

时间序列变量之间的协整关系研究是由 Engle - Granger 首先提出的，并经 Johansen 和 JuseliusI 等人逐步发展和完善。这一方法论的基本思想是，如果两个（或两个以上）的时间序列变量（例如人民币汇率与外汇储备、进出口、日元汇率）是非平稳的，但它们的某种线性组合却表现出平稳性，则这些变量之间存在长期稳定关系（协整关系）。在经济学意义上，这种协整关系的存在便可以通过其他变量的变化来影响另一变量水平值的变化。若变量间没有协整关系，则不存在通过其他变量来影响另一变量的基础。

（二）协整检验

协整检验（Cointegration Test）即检验变量间是否有协整关系。协整检验方法主要有两种：Engle-Grange（1987 年）提出的两步法和 Johansen（1988 年，1990 年）等人提出的多变量极大似然法。Engle - Granger 提出的两步法是基于如下单一方程的求解。

$$y_t = \beta_1 \times 1_t + \beta_2 \times 2_t + \cdots + \beta_n \times n_t + v_t$$

对上述回归方程用 ADF 检验回归残差 v_t 是否平稳，如果平稳，则说明变量间存在协整关系，并称该方程为协整方程。它表述了变量间的长期稳定关系。尽管上述方程是一种有效的协整回归，但可能并不是协整关系的唯一反映，因为当 n≥2 时，也有可能存在几种协整关系。事实上，正如 Granger 指出的那样，上述方程左边的任意一个回归量都可被用作被回归量，产生 r 个协整向量，这里 r≤n-1，解决这一问题的方法是使用 Johansen 的多变量极大似然法。此方法在考虑两个以上变量间的协整关系时，能精确地确定出协整向量的数目，克服了 EG 方法的缺点。两变量的协整检验步骤：

Step1：X_t 和 Y_t 都是随机游走的序列，将 X_t 对 Y_t 用 OLS 回归，得残差序列 e_t；

Step2：检验 e_t 的平稳性。若 e_t 平稳，则 X_t 和 Y_t 是协整的，否则就不是协整的。

（三）案例分析

为了深入分析研究中国城镇居民的生活费支出与可支配收入的具体数量关系，收集了中国城镇居民月人均可支配收入（SR）和生活费支出（ZC）1992～1998 年各月度数据序列，如表 10-46 所示：

表 10-46 城镇居民月人均生活费支出和可支配收入序列

序列	月 \ 年份	1992	1993	1994	1995	1996	1997	1998
可支配收入 SR	1	151.83	265.93	273.98	370.00	438.37	521.01	643.40
	2	159.86	196.96	318.81	385.21	561.29	721.01	778.62
	3	124.00	200.19	236.45	308.62	396.82	482.38	537.16
	4	124.88	199.48	248.00	320.33	405.27	492.96	545.79
	5	127.75	200.75	261.16	327.94	410.06	499.90	567.99
	6	134.48	208.50	273.45	338.53	415.38	508.81	555.79
	7	145.05	218.82	278.10	361.09	434.70	516.24	570.23
	8	138.31	209.07	277.45	356.30	418.21	509.98	564.38
	9	144.25	223.17	292.71	371.32	442.30	538.46	576.36
	10	143.86	226.51	289.36	378.72	440.81	537.09	599.40
	11	149.12	226.62	296.50	383.58	449.03	534.12	577.40
	12	139.93	210.32	277.60	427.78	449.17	511.22	606.14
生活费支出 ZC	1	139.47	221.74	234.28	307.10	373.58	419.39	585.70
	2	168.07	186.49	272.09	353.55	471.77	528.09	598.82
	3	110.47	185.92	202.88	263.37	350.36	390.04	417.27
	4	113.22	185.26	227.89	281.22	352.15	405.63	455.60
	5	115.82	187.62	235.70	299.73	369.57	426.81	466.20
	6	118.20	12.11	237.89	308.18	370.41	422.00	455.19
	7	118.03	186.75	239.71	315.87	376.90	428.70	458.57
	8	124.45	187.07	252.52	331.88	387.44	459.29	475.40
	9	147.70	219.23	286.75	385.99	454.93	517.06	591.41
	10	135.14	212.80	270.00	355.92	403.77	463.98	494.57
	11	135.20	205.22	274.37	355.11	410.10	422.96	496.69
	12	128.03	192.64	250.01	386.08	400.48	460.92	516.16

资料来源：易丹辉. 数据分析与 Eviews 的应用 [M]. 北京：中国统计出版社，2002.

　　由于所用数据为时间序列数据，需要检验其平稳性，并用 EG 两步法考察它们之间是否存在协整关系。根据协整关系的检验方法，首先回答人均可支配收入（SR）和生活费支出（ZC）序列是否为非平稳序列，即考察其单整阶数。

　　在 EViews 中具体操作过程如下：

　　（1）在 EViews 中建立文档，录入人均可支配收入（SR）和生活费支出（ZC）序列的数据。双击人均可支配收入（SR）序列，出现工作文件窗口，在其左上方单击【EView】键出现下拉菜单，单击【Unit Root Test】，出现对话框，如图 10-27 所示，选择带截距项（Intercept），滞后差分项（Lagged differences）选 2 阶，单击【OK】按钮，得到估计结果如表 10-47 所示。

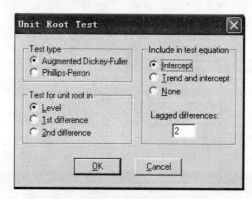

图 10-27　单位根检验主对话框

表 10-47　SR 序列的 ADF 检验结果

ADF Test Statistic	−0.862611	1% Critical Value *	−3.5121
		5% Critical Value	−2.8972
		10% Critical Value	−2.5855

* MacKinnon critical values for rejection of hypothesis of a unit root.

Augmented Dickey-Fuller Test Equation

Dependent Variable：D（SR）

Method：Least Squares

Date：06/08/05　Time：10：31

Sample（adjusted）：4 84

Included observations：81 after adjusting endpoints

Variable	Coefficient	Std. Error	t-Statistic	Prob.
SR（−1）	−0.034595	0.040105	−0.862611	0.3910
D（SR（−1））	−0.409380	0.108905	−3.759060	0.0003
D（SR（−2））	−0.336998	0.107273	−3.141502	0.0024
C	22.63601	15.75919	1.436369	0.1549

续表

R-squared	0.221103	Mean dependent var	5.952346
Adjusted R-squared	0.190756	S. D. dependent var	60.73081
S. E. of regression	54.63220	Akaike info criterion	10.88725
Sum squared resid	229820.1	Schwarz criterion	11.00549
Log likelihood	436.9334	F-statistic	7.285920
Durbin-Watson stat	2.151282	rob（F-statistic）	0.000230

从表 10-47 检验结果看，在 1%、5% 和 10% 三个显著性水平下，单位根检验的 Mackinnon 临界值分别为 -3.5121、-2.8972 和 -2.5855，t 检验统计量值 -0.862611 大于相应临界值，从而不能拒绝 H_0，表明人均可支配收入（SR）序列存在单位根，是非平稳序列。

为了得到人均可支配收入（SR）序列的单整阶数，在单位根检验（Unit Root Test）对话框中，指定对一阶差分序列作单位根检验，如图 10-28 所示，选择带截距项（Intercept），滞后差分项（Lagged differences）选 2 阶，单击【OK】按钮，得到估计结果如表 10-48 所示。

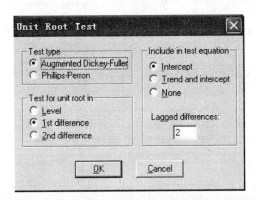

图 10-28 单位根检验回归方程设定（一阶差分序列）

表 10-48 SR 差分序列的 ADF 检验结果

ADF Test Statistic	-8.374339	1% Critical Value *	-3.5132
		5% Critical Value	-2.8976
		10% Critical Value	-2.5858

＊MacKinnon critical values for rejection of hypothesis of a unit root.

Augmented Dickey-Fuller Test Equation

Dependent Variable：D（SR, 2）

Method：Least Squares

Date：06/08/05   Time：10：40

Sample（adjusted）：5 84

Included observations：80 after adjusting endpoints

续表

Variable	Coefficient	Std. Error	t-Statistic	Prob.
D（SR（-1））	-2.188331	0.261314	-8.374339	0.0000
D（SR（-1），2）	0.674099	0.190534	3.537949	0.0007
D（SR（-2），2）	0.225326	0.111513	2.020631	0.0468
C	12.59155	6.180708	2.037234	0.0451
R-squared	0.718058	Mean dependent var		0.348250
Adjusted R-squared	0.706929	S.D. dependent var		99.32732
S.E. of regression	53.77189	Akaike info criterion		10.85609
Sum squared resid	219747.6	Schwarz criterion		10.97519
Log likelihood	-430.2434	F-statistic		64.51970
Durbin-Watson stat	2.095341	Prob（F-statistic）		0.000000

从表 10-48 检验结果看，在 1%、5% 和 10% 三个显著性水平下，单位根检验的 Mackinnon 临界值分别为 -3.5132、-2.8976 和 -2.5858，t 检验统计量值为 -8.374339，小于相应临界值，从而拒绝 H_0，表明人均可支配收入（SR）的差分序列不存在单位根，是平稳序列。即 SR 序列是一阶单整的，SR~I（1）。

采用同样方法，可检验得到 ZC 序列也是一阶单整的，即 ZC~I（1）。

（2）为了分析可支配收入（SR）和生活费支出（ZC）之间是否存在协整关系，我们先作两变量之间的回归，然后检验回归残差的平稳性。

以生活费支出（ZC）为被解释变量，可支配收入（SR）为解释变量，用 OLS 回归方法估计回归模型，结果见表 10-49。

表 10-49　ZC 对 SR 的 OLS 回归结果

Dependent Variable：ZC
Method：Least Squares
Date：06/08/05　Time：10:58
Sample：1 84
Included observations：84

Variable	Coefficient	Std. Error	t-Statistic	Prob.
C	18.98866	8.674160	2.189107	0.0314
SR	0.819677	0.021777	37.63950	0.0000
R-squared	0.945287	Mean dependent var		318.3649
Adjusted R-squared	0.944620	S.D. dependent var		134.7917
S.E. of regression	31.72051	Akaike info criterion		9.775326
Sum squared resid	82507.66	Schwarz criterion		9.833202
Log likelihood	-408.5637	F-statistic		1416.732
Durbin-Watson stat	1.609062	Prob（F-statistic）		0.000000

估计的回归模型为：

$$ZC_t = 18.98866 + 0.819677SR_t + \hat{u}_t$$

（3）为了检验回归残差的平稳性，在工作文档窗口中，单击【Genr】功能键，命令 ut=Resid，将上述 OLS 回归得到的残差序列命名为新序列 ut，然后双击 ut 序列，对 ut 序列进行单位根检验。由于残差序列的均值为 0，所以选择无截距项、无趋势项的 DF 检验，模型设定见图 10-29，估计结果见表 10-50。

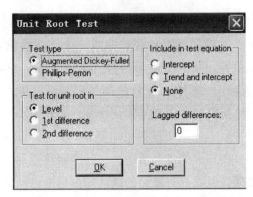

图 10-29　回归残差序列单位根检验的模型设定

表 10-50　回归残差的 ADF 检验结果

ADF Test Statistic	−7.430111	1% Critical Value *	−2.5909
		5% Critical Value	−1.9441
		10% Critical Value	−1.6178

* MacKinnon critical values for rejection of hypothesis of a unit root.

Augmented Dickey-Fuller Test Equation

Dependent Variable：D（UT）

Method：Least Squares

Date：06/08/05　Time：11:21

Sample（adjusted）：2 84

Included observations：83 after adjusting endpoints

Variable	Coefficient	Std. Error	t-Statistic	Prob.
UT（−1）	−0.804627	0.108293	−7.430111	0.0000
R-squared	0.402360	Mean dependent var		0.051836
Adjusted R-squared	0.402360	S. D. dependent var		40.23706
S. E. of regression	31.10614	Akaikeinfo criterion		9.724662
Sum squared resid	79342.53	Schwarz criterion		9.753805
Log likelihood	−402.5735	Durbin-Watson stat		1.973914

在 5% 的显著性水平下，t 检验统计量值为 -7.430111，大于相应临界值，从而拒绝 H_0，表明残差序列不存在单位根，是平稳序列，说明可支配收入（SR）和生活费支出（ZC）之间存在协整关系。

本章结语

现代计算机技术的普及使得实证检验更加方便、快捷。通过运用软件，使用者通常只需要一个命令或是一个按钮就可以轻松完成一个实证检验。不同软件在操作方法、操作难度上有很大差异，如 EViews 软件操作较为方便，只需单击软件内已有的按钮就可以完成简单的操作；而 MatLab 软件虽然功能更加强大，但是操作起来也较为复杂。前者适用于实证研究初学者或是实证研究内容较为简单的人员，后者则更加适用于统计学基础较好并且实证研究过程更加复杂的人员。因此在选择统计软件时，使用者需要根据自身需要和知识储备灵活选择。还需要注意的一点是，统计软件为实证研究的操作提供了便捷，但是具有足够的统计知识仍是进行实证研究的关键。统计软件在操作的过程中似乎降低了对使用者统计知识的要求，然而一旦使用者接触到更加复杂的检验，统计学知识仍是必不可少的。因此，实证研究人员在不断充实专业知识的同时，也需要重视统计学知识的学习，从而为高质量实证研究打下坚实基础。

本章参考文献

［1］阿依夏木·沙吾尔，等. SAS 统计软件在本科实践教学中的应用［J］. 软件导刊，2013，20（1）：108-109.

［2］王保进. 多变量分析：统计软件与数据分析［M］. 北京：北京大学出版社，2007.

［3］胡毅，王美今，余壮雄. 面板协整检验有限样本性质的模拟比较［J］. 数量经济技术经济研究，2010（2）：142-152.

［4］孔凡文，才旭，于淼. 格兰杰因果关系检验模型分析与应用［J］. 沈阳：沈阳建筑大学学报（自然科学版），2010，26（2）：405-408.

［5］李小胜，陈珍珍. 如何正确应用 SPSS 软件做主成分分析［J］. 统计研究，2010，27（8）：105-108.

［6］李子奈，叶阿忠. 高级应用计量经济学［M］. 北京：清华大学出版社，2012.

［7］李子奈. 计量经济学模型方法论［M］. 北京：清华大学出版社，2011.

［8］刘巍，陈昭. 计量经济学软件 EViews 6.0 建模方法与操作技巧［M］. 北京：机械工业出版社，2011.

［9］曲双红，李华，李刚. 基于主成分分析的几种常用改进方法［J］. 统计与决策，2011（5）：155-156.

［10］阮桂梅. 数据统计与分析 SPSS 应用教程［M］. 北京：中国人民大学出版社，2005.

［11］苏金明．统计软件 SPSS 12.0 for Windows 应用及开发指南［M］.北京：电子工业出版社，2004.

［12］汪昌云，戴稳胜，张成思．基于 EVIEWS 的金融计量学［M］.北京：中国人民大学出版社，2012.

［13］肖枝洪，郭明月．时间序列分析与 SAS 应用［M］.武汉：武汉大学出版社，2012.

［14］杨广于．Excel 数据分析与图表应用案例精粹［M］.北京：清华大学出版社，2012.

［15］尹康．常用统计软件关于岭回归计算原理的比较分析［J］.统计研究，2013（2）：109-112.

［16］余建英，何旭宏．数据统计分析与 SPSS 应用［M］.北京：人民邮电出版社，2003.

［17］张世英，樊智．协整理论与波动模型：金融时间序列分析及应用［M］.北京：清华大学出版社，2004.

［18］张文霖．主成分分析在 SPSS 中的操作应用［J］.市场研究，2006（12）：31-34.

［19］张志涌．MATLAB 教程［M］.北京：北京航空航天大学出版社，2001.

［20］陈正昌，程炳林，陈新丰，刘子键．多变量分析方法：统计软件应用［M］.北京：中国税务出版社，2005.

［21］周广肃．Stata 统计分析与应用［M］.北京：机械工业出版社，2011.

第五部分

实证研究论文写作与发表

第十一章 实证研究范式的主要学术期刊

一、多维度了解学术期刊

发表实证研究成果的学术期刊非常多，但是要了解一份学术期刊，需要从多个角度入手[①]。

首先，从科学的研究领域和分支来看，可以将期刊划分为综合期刊和专门领域或分支期刊。例如，有些期刊会在声明中明确指出，发表的论文涵括某一学科的大部分领域和分支，这样的期刊可以划分为综合期刊。而有的学术期刊则明确定位为某一领域或者分支的学术成果，这样的期刊应当属于专门领域或分支的期刊。一份期刊的定位，可以从期刊的名称体现出来。例如，《经济研究》是全国性综合经济理论期刊，坚持学术性、时代性、创新性和超前性特点，立足中国现实，面向世界经济理论研究前沿，以推动中国经济的现代化和中国经济学的现代化为己任，致力于发表研究改革开放、经济发展和体制转型过程中出现的各种经济问题的具有原创性意义的高水平的理论文章。[②]《审计研究》是审计学这一专门领域的学术期刊，以推动审计理论与实务研究发展为己任，坚持理论联系实际的办刊方针和为建设中国特色审计理论体系服务的办刊宗旨，在积极探索审计理论的同时，大力倡导审计应用理论研究，力求全面、系统地反映国内外审计理论的最新成果及审计实务的发展趋势。

其次，从期刊的创办机构了解学术期刊。通常，学术期刊的创办机构有两大类：

[①] 本部分的讨论主要基于：吴溪. 会计研究方法论. 中国人民大学出版社，2012：17~18.

[②] 参考了经济研究编辑部官方网站：http：//www.erj.cn/cn/Info.aspx？m＝20100913105517310625。

一类是一个国家或者地区的学术团体；另一类是大学的某个院系或者是志同道合的一批专家学者。少数情况下，创办机构也可能是某一职业组织（如注册会计师协会）。很多学者认为，学术团体创办的期刊通常比大学的期刊更具有代表性和包容性。例如，《会计研究》是由中国会计学会创办的，《管理科学》是由哈尔滨工业大学管理学院创办的。前者刊载的论文涵括的范围比较广泛，论文投稿的作者分布也比较分散。

最后，从期刊出版频次了解学术期刊。按照出版频次，可以将学术期刊分为月刊、双月刊、季刊、年刊等。期刊出版频次同创办时间有关系，现在是月刊的学术期刊，可能刚创办时是季刊，这可能是由于新创办的期刊知名度较低，高质量的稿源受到限制。随着期刊知名度和影响力的不断提升，期刊的出版频次和每期版面都会有所增加。

二、国际上的主要实证研究学术期刊

下面简要介绍部分经济学和管理学领域的实证研究学术期刊，有兴趣的读者可以通过图书馆或者互联网了解更加详细的期刊信息和内容。

（1）The American Economic Review。1911 年创刊，由美国经济学会每季发行一次（发行月份为 3 月、6 月、9 月、12 月），2011 年之后改为双月刊（发行月份为 2 月、4 月、6 月、8 月、10 月、12 月），另外还有每年 5 月出版美国经济学会年会的论文及会议议程的专辑。它在经济学领域被视为最具有学术声望的重要期刊之一。现任编辑为耶鲁大学的 Pinelopi Koujianou Goldberg 教授，前两任编辑分别为约翰霍普金斯大学的 Robert A. Moffitt 教授和伯南克。许多著名的学术文章见于此期刊。

（2）Journal of Econometrics。创刊于 1973 年，是专门发表计量经济学领域最新研究成果的国际权威学术期刊。在世界经济学期刊杂志影响力排名中，Journal of Econometrics 的学术影响力位列计量经济学领域第 2 位。据统计，自 2006 年以来，中国内地高校全职教师在该期刊上发表的论文仅 20 余篇，分别来自统计学、经济学和管理学等多个学科背景，署名单位均为国内一流高水平大学。

（3）The Journal of Political Economy。创办于 1892 年，美国芝加哥大学经济学和商学院主办，美国最著名的经济学期刊，发表具有分析性、解释性和经验实证的各种研究成果，内容涉及宏观和微观经济理论、货币理论、财政政策、劳动经济学、社会经济学、产业组织、国际贸易与金融等。

（4）Quarterly Journal of Economics。创办于 1886 年，美国最早的经济学学术期刊之一，由哈佛大学经济系主办。文章内容由传统的微观经济理论扩展到涵盖理论性和经验实证的宏观经济学，并经常采用统计分析方法和模式，撰稿人通常是在哈佛大学任教的美国著名经济学家。

（5）The Economic Journal。创办于 1891 年，由英国皇家经济学会主办的英国权威性经济理论刊物。在发表经济学理论和实证研究文章方面享有盛誉。从 1999 年 1 月开始，按照月份轮流出版论文、专题文章和年会文献三种不同主题内容的版本。论文版的读者对象主要是学术界和具备专业知识的读者，论文学术水平极高。

（6）The Review of Economic Studies。由一群年轻的英国和美国经济学家于 1933 年创办的经济学理论刊物，宗旨是"鼓励经济学家，特别是青年经济学家在理论和应用经济学领域的研究活动，并由本刊发表研究成果"。

（7）The Review of Economics and Statistics。创办于 1948 年，美国哈佛大学经济系主办的综合性经济学杂志。内容涵盖应用经济学，特别是定量分析领域，拥有一个由杰出经济学专家与学者组成的编辑团队和撰稿人。

（8）Journal of Economic Theory。创办于 1969 年，是美国经济理论促进会主办的理论刊物。发表富有创见的经济理论研究文章，注重对经济模型进行理论分析和相关的理论数量分析。

（9）The Review of Financial Studies。创办于 1988 年，牛津大学出版社出版的金融学术杂志。注重发表金融经济学领域重要的新研究成果，坚持理论研究与实证研究并重的办刊方针。

（10）Journal of Business。是芝加哥大学商学院主办的重要商业杂志。从 1928 年创刊以来一直坚持的办刊宗旨是：发表对工商界极为重要问题的研究、分析和讨论成果，包括实用管理战略和数据资料的实证分析和理论探索，并为多种不同的观点、见解和方法提供平台。文章内容涵盖金融和经济学的广泛领域，涉及企业财务与投资、货币与银行、营销、证券市场、管理组织与会计实务、统计与计量经济学和国际贸易与金融等。

（11）The Accounting Review。创办于 1926 年，美国会计学会在全学会这个层面分别就学术研究、学术与实务交流、会计教育三个方面创办了三份期刊。The Accounting Review 是其中之一，主要致力于学术研究的交流，目前出版频次是每年 1 卷 6 期。

（12）Journal of Accounting and Economics。创办于 1979 年，创刊主编是当时任教于罗彻斯特大学的两位学者 Ross Watts 和 Jerold Zimmerman。他们较为系统地提出了实证会计理论，该刊侧重于用经济理论解释会计现象。目前出版频次为每年 2 卷，每卷 3 期。

（13）Journal of Accounting Research。创办于 1963 年，由芝加哥大学商学院会计研究中心主办，每年 1 卷 5 期。

（14）Contemporary Accounting Research。创办于 1984 年，由加拿大会计学会主办，每年 1 卷 4 期。

（15）The Journal of Finance。创办于 1946 年，是美国金融学会的会刊，财务领

域的综合类期刊，每年 1 卷 6 期。

（16）Journal of Financial Economics。创办于 1974 年，由罗彻斯特大学创办，是财务领域的综合类期刊，每年 4 卷 12 期。

（17）Journal of Financial and Quantitative Analysis。创办于 1966 年，由美国财务学者创办，财务领域的综合类期刊，每年 1 卷 6 期。

三、对国际学术期刊的基本评价

对学术研究者而言，能否在重要的或者有影响力的学术期刊发表研究成果，对学者的晋升、薪酬和声誉都有重要且直接的影响。而且，发表科研成果本身就是研究者学术生涯的重要组成部分。因此，对学者而言，识别本学科领域内的重要学术期刊并努力发表学术成果，毫无疑问是非常重要的事情。对学术研究的初学者来说，众多的期刊为他们提供了很大的学习空间，可以根据自己的兴趣和专长选择感兴趣的期刊进行阅读。但是，也为初学者带来一个问题，那就是如何在有限的时间和精力的情况下，合理利用时间以提高阅读到重要科研成果的概率。从这个意义来说，初学者识别重要学术期刊也是非常有必要的事情。

从学术期刊创办的时间来看，国外顶级的期刊创办时间比较早，有的期刊创办时间甚至达到 100 多年，悠久的历史为期刊的发展和传播积累了深厚的底蕴。从期刊创办机构的地域分布来看，北美尤其是美国，是学术期刊发展的重要阵地，这里的学术期刊数量多、影响重大。欧洲的学术期刊也具有非常广泛的影响力。就中国目前的学术期刊来看，经济管理类学科领域的期刊还没有登上国际学术期刊阵营制高点。

四、国内主要的实证研究学刊

我国实证研究学刊经历了"从无到有、从有到优"的过程，对大多数初学者来说，学术成果最可能发表在国内的刊物，识别国内高级别的期刊，具有一定的现实意义。下面简要介绍国内部分经济管理类的实证研究学术刊物。

（1）中国社会科学。中国社会科学院主管并主办的综合性社会科学期刊，于 1980 年 1 月创刊，系月刊。主要发表我国人文社会科学领域最新和最重要的学术研究成果，设有医药视窗、财经研究、工程技术、社科纵横、图书情报、教研园地、科研管理、课题研究、专家论坛等栏目。

（2）经济研究。是 1955 年创办的全国性综合经济理论刊物，由中国社会科学院经济研究所主办，国内外公开发行。月刊，每年 12 期，每期论文 12 篇左右。

（3）财贸经济。1980 年创办，由中国社会科学院主管、中国社会科学院财经战略研究院主办。主要发表财政与税收、金融与货币、国际经济与贸易经济、城市与房

地产、成本与价格、流通经济、产业经济、服务经济、旅游经济、信息与电子商务等领域的优秀科研成果和改革经验总结。

（4）中国工业经济。原名《中国工业经济学报》，1984年由著名经济学家蒋一苇创办，中国社会科学院工业经济研究所主办的国家级权威学术月刊。著名经济学家蒋一苇、周叔莲、张卓元、陈佳贵、吕政曾任该刊主编，系月刊。

（5）数量经济技术经济研究。1984年创办，是中国社会科学院主管，中国社会科学院数量经济与技术经济研究所主办，国内外公开发行、全国性、综合性学术月刊。

（6）金融研究。创刊于1958年，中国人民银行主管，中国金融学会主办，月刊。

（7）南开管理评论。1992年创办，南开大学商学院主办，双月刊。

（8）管理世界。1985年创办，中华人民共和国国务院发展研究中心主办，月刊。

（9）世界经济。1941年创办，中国世界经济学会、中国社会科学院世界经济与政治研究所主办，月刊。

（10）会计研究。1980年创办，中国会计学会主办，月刊，会计学领域权威期刊。

（11）审计研究。1985年创办，中国审计学会主办，双月刊，审计学领域权威期刊。

（12）中国会计评论。2003年创办，由北京大学联合国内诸多高校创办，创办初期以书代刊，近些年该期刊已经发展为季刊，每期发表论文10篇左右，且主要刊发实证类学术论文。

（13）中国会计与财务研究。1999年创办，由清华大学和香港理工大学合办，季刊，中英双语同步发行。该期刊每期发表论文3篇左右，对论文篇幅不做限制，主要发表实证研究论文。

五、国内实证研究学刊的发展趋势简评

国内学术期刊开始出现民间化、多元化、国际化的趋势，境内外合作办刊的趋势也逐渐明晰，并且采用实证研究论文的期刊越来越多。但是国内高校和各主要科研基金对学术成果期刊的评价体系潜在地制约了国内学术期刊的发展。具体而言，期刊级别认定时，"重国外轻国内"的现象比较明显：对发表在国外期刊的论文认定高于国内期刊，对国内近些年兴起的英文期刊认可度明显低于国外期刊。此外，对非官方的学术期刊认定明显低于学会创办的期刊。相信随着我国社会经济的发展，越来越多基于中国问题的学术期刊将会在国际学术期刊阵地中占据一席之地。

本章结语

　　实证研究的最终结果要以文章或报告的形式呈现。研究者在公开发表的文章中阐述观点、介绍研究思路、汇报研究结果，不仅是对已有研究的总结，还能够检验研究的价值，为学科的长远发展做出贡献。目前，国内外公开发行的刊物数不胜数，如何确定目标刊物是文章发表的关键。在这个过程中，有以下问题需要注意：首先，确定目标刊物的级别。公开发行的刊物固然多，但并非每一本刊物都有高质量文章。尤其对于初学者，如果在研究伊始就将自己定位于仅仅能够发表文章，非但不能通过发表文章提升自身科研能力，对良好的科研态度也是不利的。因此，在选择文章发表的刊物时需要适当提升自己的眼界，需要时刻提醒自己，即便当前文章发表在学科顶级刊物存在困难，但这些刊物却是自己未来的努力方向。其次，需要有选择地关注刊物。不同的刊物由于创办机构不同，评审委员不同，对于不同类别的文章喜好程度也是不同的。如国内财务会计学的权威期刊包括《经济研究》、《管理世界》、《会计研究》、《中国工业经济》、《金融研究》等。其中《经济研究》更侧重于经济问题的探讨，《金融研究》则更侧重于公司财务问题同金融市场的联系。因此，如果希望在权威期刊发表文章，除了文章质量高、研究价值大之外，还需要根据研究的具体内容选择目标期刊。总之，一篇实证文章从形成到发表，每一个步骤都需要研究者倾注心血。

本章参考文献

　　[1] 黄金霞. 解读 2010 年美国学术型图书馆的十大发展趋势 [J]. 图书情报工作，2011 (1)：93-96.

　　[2] 李爱群，赵智岗，邱均平. 中美学术期刊评价存在的主要问题及未来评价方向 [J]. 重庆大学学报（社会科学版），2010 (4)：73-81.

　　[3] 李婉丽，秦茂盛. 基于"作者本位"的美国学术著作标准体系的借鉴性研究 [J]. 出版发行研究，2013 (5)：89-92.

　　[4] 邱均平，李爱群，舒明全. 中国学术期刊分类分等级评价的实证研究 [J]. 中国出版，2009 (4)：38-42.

　　[5] 邱均平，李爱群，周明华，等. 中国学术期刊评价的特色、做法与结果分析 [J]. 重庆大学学报（社会科学版），2008 (4)：64-69.

　　[6] 邱均平，燕今伟，周明华. 中国学术期刊评价研究报告 [M]. 北京：科学出版社，2009.

　　[7] 任胜利. 国际学术期刊出版动态及相关思考 [J]. 中国科技期刊研究，2012，23 (5)：701-704.

　　[8] 万锦堃，花平寰，宋媛媛，等. h 指数及其用于学术期刊评价 [J]. 评价与管理，2006，4 (3)：1-7.

［9］王军．中国经济学学术期刊的评价［J］．世界经济，2010（12）：009.

［10］杨玉圣．学术期刊与学术规范［J］．清华大学学报（哲学社会科学版），2006，21（2）：43-49.

［11］叶继元，朱强．论文评价与期刊评价——兼及核心期刊的概念［J］．学术界，2001（3）：63-71.

［12］尹玉吉．中西方学术期刊审稿制度比较研究［J］．浙江大学学报（人文社会科学版），2012，4.

［13］张贺．学术期刊大国的尴尬与梦想［J］．黑龙江科学，2012，3（12）．

［14］赵基明，邱均平，黄凯，等．一种新的科学计量指标——h 指数及其应用述评［J］．中国科学基金，2008（1）：23-32.

［15］朱剑．学术评价、学术期刊与学术国际化［J］．清华大学学报（哲学社会科学版），2009（5）．

第十二章 如何撰写实证研究论文
——以学位论文为例

在经济学课程里可以学到很多的经济学理论和模型，但是，仅有这些理论和模型，未必能很好地解决现实生活中的具体问题，也无法在学术论文中有力地支持你的观点。因此，这时候就需要实证研究。实证研究是一种定量分析方法，是对用数量所描述的内容，或者其他可以转化为数量形式的数据进行分析和处理的方法。也就是说，让数据来支持理论。

定量分析离不开计量和统计分析，而相关的课程绝大多数的经济类院系都会开设。但是，学习过这些课程未必能运用到实际中，对初学者而言，要写一篇有实证研究的报告或论文时常有不知如何着手的感觉，这里我便对实证研究的规划以及论文的写作提一些粗浅的建议。

假设研究者已经研修过实证研究所需要的相关课程，因此本书不对相关的术语及概念作详细解释。另外，本书也认为研究者已经选好了研究课题，但处于无法走出写作这一步的处境，因此，本书的目的在于介绍写作技巧及撰写实证论文的注意细节。实证研究论文可分为学位类论文和学术类论文。学位类论文为学生毕业时使用，学术类论文为正式发表于刊物时使用。两种类型的论文的体裁和格式并无本质上的差异，本书主要介绍学位类论文。接下来就详细讲述学位类实证研究论文的撰写和发表。

以下是一篇完整的、正式的、修改后可发表于学术期刊的学位类实证研究论文应包含的内容。相关的名词会有中英文对照。①

一、首页（Cover Sheet）；

二、致谢（Acknowledgements）；

---

① 本章参考了国泰安 2009 年编写的《实证研究学习园地》相关内容。

三、目录（Contents 或 Table of Contents）；

四、论文摘要（Abstract 或者 Summary），这部分有时还会包括关键词（Key Words）；

五、正文（Body）；

正文包括以下七个部分：

1. 简介（Introduction）；

2. 文献回顾（Literature Review）；

3. 方法论（Methodology）；

4. 研究成果（Results and Findings）；

5. 分析与讨论（Analysis and Discussion）；

6. 结论（Conclusions）；

7. 建议（Recommendations）；

六、参考资料（References 或 Bibliography）；

七、附录（Appendix），这部分不是必需的，但如果论文中有需要另外列出的图、表或者案例，可作为附录展示。

第一节

如何撰写学位类实证研究论文

一、首页

首页包括论文题目、作者名字、作者单位、论文递交日期等。如文章作者多于 1 人，则按顺序列出第一作者、第二作者等。中国的刊物是以对文章的贡献大小来排序的，国外的则是按姓的首字母的英文字母顺序来排序的。

二、致谢

对论文曾经给予过指导、提出过建议和帮助的导师、同事和机构，作者应该在此表示感谢。一些机构和个人允许作者在论文中使用其成果和知识产权，作者也应在此致谢。

三、目录

目录在学术类论文里不是必需的，但如果文章过长，如整一期只有一篇文章，可

以考虑使用目录。目录应包括论文的章、节和段落标题以及对应的页码。

以下是论文目录的样板：

目　录

四、论文摘要

在国外的论文当中，这部分被称为 Abstract、Summary 或者 Executive Summary。顾名思义，摘要就是摘取论文的要点、提取文章的精粹，在读者即使不阅读论文全文的情况下，也可通过摘要获得论文的关键信息。期刊的编辑或者评审在评价一篇论文的时候，首要的就是看论文摘要，若此部分写得通顺、精练，往往会给评委留下非常美好的印象。若此部分写砸了，则评委可能会对文章整体内容持否定的态度。因此，论文作者应当重视摘要部分，力争在此部分精练、清晰地表达自己的观点，让读者在阅读完摘要之后就能准确地理解作者的意思，达到窥一斑而知全豹的效果。

概括来说，论文摘要应当达到概观（Overview）的效果。摘要应包含以下内容：

①从事这一研究的目的和重要性；②研究的主要内容，指明完成了哪些工作；③获得的基本结论和研究成果，突出论文的新见解；④结论或结果的意义。读者在摘要里可以得知如下信息：作者准备做什么，文献回顾的重点是什么，作者的研究范围如何，方法论与研究目的的关系，研究成果（发现）以及研究分析的概述。

以下是一个实际的例子，摘自 *Journal of Empirical Finance*，2006 年第 13 卷第 2 期，来源于 *Elsvier Science Direct*（网络资源）。

Economic forces and the stock market revisited[1]

Jay Shanken[a, *], Mark I. Weinstein [b][2]

a Goizueta Chair in Finance, Goizueta Business School Emory University, NBER, United States [3]

b Marshall School of Business and Gould School of Law University of Southern California, United States

Accepted 23 September 2005.[4]

Available online 10 February 2006.

Abstract [5]

The pricing of the Chen, Roll, and Ross (CRR) macrovariables is re-examined and found to be surprisingly sensitive to reasonable alternative procedures for generating size portfolio returns and estimating their betas. These methods include the full-period post-ranking return approach used in many recent studies. Strong evidence of pricing is obtained only for their industrial production growth factor and, in another contrast, for the VW market index. In particular, the corporate-government bond return spread, an important factor in CRR, is insignificantly negative for the 1958-1983 period, corroborating the cross-sectional regression results.

Keywords: *Asset pricing*; *APT*; *Macro factors*[6]

Article Outline

1. Introduction
2. Experimental design
3. The unrestricted 5-factor model
3.1. Pricing results
3.2. Tests of the multibeta relation
4. The restricted 5-factor model
4.1. Econometric analysis

1. **Introduction**[8]

······（上略）

Earlier versions of this paper with the title "Macroeconomic Variables and Asset Pricing: Further Results" were presented in seminars at Arizona State University, UC Berkeley, University of British Columbia, University of Chicago, Columbia University, University of Gotemborg, Haifa University, Hebrew University, University of Iowa, London Business School, Norwegian School of Economics, University of Oklahoma, Southern Methodist University, Stockholm School of Economics, Vanderbilt University, the University of Wisconsin, Yale University, the 1986 Western Finance Association meetings, and the 1987 American Finance Association meetings. Thanks to the participants and to S. Brown, N-F. Chen, D. Conway, E. Fama, L. Harris, S. P. Kothari, M. Reinganum, A. Christie, R. Roll, J. Warner and, especially, the editor Wayne Ferson for helpful comments and discussions. Shanken is grateful for financial support under the Batterymarch Fellowship Program and from the Managerial Economics Research Center at the Simon School, University of Rochester, and the Federal Reserve Bank of Atlanta. Weinstein is grateful for support from the Dean's Scholar Program of the U. S. C. Marshall School of Business. [9]

附注：

[1] 文章标题；

[2] 作者姓名；

[3] 作者单位；

[4] 论文提交及发表时间；

[5] 论文摘要；

[6] 关键词；

[7] 目录；

[8] 正文的引论部分；

[9] 致谢。

第二节

正文

正文是一篇论文的本论，属于论文的主体，它占据论文的最大篇幅。论文所体现的创造性成果或新的研究结果，都将在这一部分得到充分的反映。因此，要求这一部分内容充实，论据充分、可靠，论证有力，主题明确。为了满足这一系列要求，同时也为了做到层次分明、脉络清晰，常常将正文部分分成几个大的段落。这些段落即所谓逻辑段，一个逻辑段可包含几个自然段。每一逻辑段落可冠以适当标题（分标题或小标题）。

一、关于引论

引论和摘要可能有相似之处，如都是对论文要点的记述，不同之处在于：摘要是描述论文的结果，引论是介绍作者的目的与手段。首先，对全文宗旨作一简单描述，并简述文章的目的是对经济结构的分析、对未来趋势的预测，还是对政策的评估；其次，简单介绍所使用的模型及变量、资料的种类及来源、所估计的模型、所采用的计量方法；最后，以最主要的实证结果为终结。引论是说明研究的性质、范围和目的，并从不同角度或一个比较宽广的视野（历史、社会、文献、问题严重性等）来解释研究的重要性。

二、关于文献回顾

（一）为什么要写文献回顾

文献回顾是记述你要研究的某个领域的理论发展现状，比方说有哪些主流理论和发现、有哪些空缺尚未填补等。在文献回顾中，作者必须给读者如下信息：论文的研究范围，论文的主题，曾经有哪些研究者提供过相关的理论与思路，这些理论与思路之间存在什么关系，以及它们各有什么优缺点。文献回顾的方式是导向性的，即从以往的文献中，引导出你的研究目的以及研究课题，对相关问题的探讨等。也就是说，文献回顾是用来引出你的论文主题以及用来支持你论文的观点的。因此，对文献材料的选择必须要有目的性和选择性。虽然文献回顾没有特别的格式要求，但切忌写成单纯的堆砌材料，或者对这些材料的简单总结。

（二）组织文献回顾的几种主要方式

1. 按年代顺序排列（Chronological）

即把与论文相关的各种思想、理论、研究方法，按照正式发表的年代（或者公认的该理论或研究方法正式产生的年代）的顺序进行阐述。这种做法的好处在于，相关理论或者研究方法的发展、研究方向的趋势都可以一目了然。使用这种方式，一般是为了加强以往研究成果对自己论文观点的支持。

2. 按论题进行排序（Thematic）

用这种方式排序，通常是在每一个段落讨论不同的论题。论题本身出自一个理论的不同研究角度，而这个思想在总体框架方面已经得到学术界的承认，但在细节方面仍存在未完善之处。如著名的布莱克—舒尔斯期权定价模型，模型本身已经得到了大部分学者的承认，但自模型诞生以来，一直有学者争议该模型的约束条件，如把欧式期权改为美式期权、增加股利，当这些约束条件变化之后，模型是否还有效，是否需要改变或增加新的约束条件。因此，按论题进行排序，可以找出研究课题的空缺或不足之处，研究者可就这些空缺或不足提出自己的见解。如果论文的重点在于新理论、新见解的提出，可以采用此排序方式。

3. 按研究方法进行排序（Methodological）

即按照对某一主题用不同的研究方法，或者用同一种研究方法去研究不同的主题。例如，用方法 A 去检验美国股票市场是弱势有效，而用方法 B 去检验则是半强势有效，因此论文可以就方法 A 和方法 B 的优点和缺点进行讨论和研究，从而可以得出美国股票市场是弱势有效还是半强势有效。或者用方法 C 研究美国股票市场是半强势有效，研究中国香港股票市场也是半强势有效，而研究中国股票市场却得出是弱势有效的结论，因此论文可以就这一研究方法进行讨论和分析，从而可以得出是研究方法失误或者中国市场不符合相关的约束条件等结论。如果论文的重点在于研究主题本身，可以采用此排序方式。

不管用哪一种方式排序，都要将搜集的文献资料归纳、整理及分析比较，阐明有关主题的历史背景、现状和发展方向，以及对这些问题的评述。主题部分应特别注意代表性强、具有科学性和创造性的文献引用和评述。

（三）例子

下例同样摘自 *Economic forces and the stock market revisited* 一文（此文把文献回顾和引言结合在一起）：

An important body of research in financial economics is concerned with the forces that determine the prices of risky securities, and there are a number of competing theories of asset pricing. These include the original capital asset pricing models（CAPM）of Sharpe（1964）, Lintner（1965）and Black（1972）, the intertemporal models of Merton（1973）,

Long（1974），Rubinstein（1976），Breeden（1979），and Cox et al.（1985），and the arbitrage pricing theory（APT）of Ross（1976）. In each case a relation between expected return and one or more measures of exposure to systematic risk is derived.

In a CAPM framework，a security's systematic risk is measured by its beta with respect to a diversified stock index，the latter viewed as a proxy for the value-weighted market portfolio of all assets. Black et al.（1972），Blume and Friend（1973），and Fama and Mac-Beth（1973）are important early examples of such work. Roll（1977）criticizes the early studies，however，emphasizing that they are really tests of the mathematical hypothesis that the stock index is mean-variance efficient，and would reflect on the CAPM only if the true market portfolio were used in the tests.

……（以下略）

（四）注意事项

（1）整理文献前，应作大量的阅读。广泛吸收前人的研究成果，才能得到启发。但在阅读时应当带有目的性，注意与论文相关的词句、段落，并适当地加以标记，以免引用文献时遗漏了出处。

（2）注意引用文献的代表性、可靠性和科学性。与论文主题相关的文献也许浩如烟海，在搜集的文献中可能出现观点雷同，若把所有的文献都不加选择地罗列出来，只会造成文章拥挤，且无目的性。

（3）引用文献要忠实文献内容。由于文献综述有作者自己的评论分析，因此在撰写时应分清作者的观点和文献的内容，不能篡改文献的内容。

三、关于方法论

方法论是研究问题的方法与原则，即"方法的方法"。在学术性论文里的方法论有以下几种：博弈论方法（Game-Theoretic Approaches）、统计学或经济计量学方法（Statistics，Econometrics）、优化方法（Optimization Techniques 或 Operation Research，有时也称狭义的"管理科学方法"）、比较方法（Comparison）、案例方法（Case-study）。而在实证研究论文里，最常见也最重要的是统计学或经济计量学方法。

经济学的研究工具是模型。模型是人们利用许多概括性和假设性的语言描述出来的简化的真实世界。在建立模型之前，首先，要提出各种假设；其次，每一种假设都会被实证数据论证。如果假设和实证数据相吻合，那么这个假设就是正确的，就会被认定为一个理论、规律或原则，就成为一个模型。统计学或计量学是验证模型的方法，实证论文是展示这种方法的途径。

在方法论部分，作者必须详细描述在研究和分析过程中所使用的方法与工具，如数据采集、数学模型、统计方法、检验方法、统计软件等，以及说明为何把这些方法和工具应用到研究中，如何应用它们，以及使用这些方法和工具的步骤等。此外，作者应当说明为何要选择这些方法和工具而不选择其他的方法和工具，并适当地比较不同的方法和工具对研究结果造成的差异和影响。方法论其实就是作者对自己研究方式的记录，读者可以通过阅读论文的方法论，了解作者的研究方式、研究模式、工具的使用方式，从而能进一步了解作者的研究目的，使研究结果更加可信。

（一）样本选择与定义数据

步骤一：样本选择。

即声明要选择哪些地区、时期的数据，以及样本的数量、数据的来源、得到数据的方法和手段等。

步骤二：定义数据。

原始数据是没有意义的，因此，在进行研究之前，必须把原始数据进行"编译"：分类、确定范围，并用标准化的数学符号来进行标记。简单地说，就是要说明你选择的数据代表了什么。

变量分类：如哪些是自变量数据、哪些是因变量数据等。

确定范围：如要选用哪些时期的数据，用哪个国家、地区的数据。

变量声明对某些数据用英文或希腊字母来分类，或者用英文单词的简写。如自变量用 X 表示，内部收益率（Internal Rate of Return）用 IRR 表示。如果是虚拟变量（Dummy Variables），还得说明赋予的值（如 0、1、2 等）。

（二）研究假设与理论应用

这是实证研究论文中的核心。论文的质量与作者的能力都将在这里得到展示。在这部分，作者应当详细描述在文献回顾里提及的发现与研究成果，并对成果进行细分，把选定的理论应用到成果中去。此处没有严格的规定去如何实现这些步骤，如何进行假设和应用理论取决于作者的选择，没有固定的套路。但是，在撰写实证论文的时候，应该时刻注意以下四点：决定所要解释的现象是什么？决定所要检验的假设或理论是什么？决定所要预测的趋势是什么？决定所要评估的政策是什么？

以下例子同样来源于 *Economic forces and the stock market revisited* 一文：

The two-pass methodology involves (i) estimation of beta(s) for each asset in a first-passtime-series regression of asset returns on the given factor(s), and (ii) estimation of the risk-return parameters, i. e., the zero-beta rate and price(s) of risk, by a CSR of the returns for the given assets on the betas estimated in the first pass. These CSRs are performed each month, and the results are aggregated by averaging the time series of estimates for each

of the risk-return parameters.

Often in the literature, the betas used as independent variables in the CSR for a given month are estimated from prior data. We use the 5-year period ending in December of the previous calendar year and update the estimates annually. The data on the macroeconomic factors used by CRR were kindly provided by Richard Roll. Since the monthly series begins in 1953, the CSRs start in 1958 and end in 1983. Results based on contemporaneous estimation of betas and risk-return parameters are also presented. In this case, a single time-series regression for each asset and a series of CSRs are run over the same sample period. 4 Note that contemporaneous full-period estimation of beta is standard in time-series tests of asset pricing models that focus on the intercepts in excess-return factor model regressions, e. g., Gibbons et al. (1989).

In order to reduce the EIV problem, CCH and CRR aggregate securities into 20 size portfolios. Given the contrast between results to be reported below and those of CCH/CRR, it is important to focus on some details of their methodology (CCH, p. 456):

During each six-year interval, firms on the NYSE that exist at the beginning of the interval and have price information on December of the fifth year are chosen and ranked according to market value at the end of the fifth year. The firms are then put into one of the twenty portfolios arranged in order of increasing size… We first regress each of the 20 portfolios on the macrovariables in the first five years to estimate the variables' betas. Then we perform cross-sectional regressions of the twenty portfolios' returns on the obtained portfolios' multiple betas month-by-month in the sixth year…

Like other studies in the literature, CCH/CRR implicitly assume that the (unconditional) risk characteristics of their portfolios are (fairly) constant over each 6-year period — a 5-year beta estimation period and a subsequent year of CSRs. Given the work of Chan (1988) and Ball and Kothari (1989), however, there is reason to doubt the appropriateness of the assumption in this context.

······ (以下略)

(三) 确定研究的分析方法

1. 统计和验证方法

研究者要根据回答不同性质的问题，采取不同的统计方法和验证方法。对于有些

研究，仅需要描述性的统计方法，对于另一些研究，可能就需要对假设进行验证。在统计学中，假设的验证需要推论的统计方法（Inferential Statistics）。对于社会科学和商务的研究，一些研究是针对所获取的样本进行统计差异（Statistical Significance）的验证，最终得出结论是拒绝（Reject）还是无法拒绝（Fail to Reject）所设定的假设条件。另一些研究则是进行关联度分析（Measures of Association），通常涉及相关分析（Correlation）和回归分析（Regression）。相关分析是通过计算来测度变量之间的关系程度，而回归分析则是为预测某一因变量的数值而创建一个数学公式。

2. 其他统计方法

这里列举一些常见的统计方法：对比分析法、平均和变异分析法、综合评价分析法、结构分析法、平衡分析法、动态分析法、因素分析法、相关分析法等。如果多变量之间是从属关系，就需要从属关系的分析技巧（Dependency Techniques），如多元回归分析（Multiple Regression）、判别分析（Discriminant Analysis）、方差的多元分析（Multivariate Analysis of Variance，MANOVA）、典型相关分析（Canonical Analysis）、线性结构关系分析（Linear Structural Relationships，LISREL）、结合分析（Conjoint Analysis）等。如果多变量之间是相互依赖关系，就需要相互依赖关系的分析技巧（Interdependency Techniques），如因子分析（Factor Analysis）、聚类分析（Cluster Analysis）、多维尺度分析（Multidimensional Scaling）等。如果收集的数据有明显的时间顺序，不考虑变量之间的因果关系，而是重点考察变量在时间方面的发展变化规律，就需要时间序列分析（Time Series Analysis）。目前流行的统计软件，如 EViews、SPSS 对上述各种分析方法都能提供非常好的支持。

以下例子同样来源于 *Economic forces and the stock market revisited* 一文：

In this section, the pricing of the 5 CRR factors is examined and tests of the validity of the 5-factor multibeta model are presented. We begin by considering the following model for excess returns:

$$R_{pt} = \alpha_p + \beta_{1p}MP_t + \beta_{2p}DEI_t + \beta_{3p}UIt + \beta_{4p}UPR_t + \beta_{5p}UTS_t + \varepsilon_{pt} \qquad (1)$$

where: Rpt = the excess return on size portfolio p for month t; MP = the percentage change in industrial production led by 1 month; DEI = the change in expected inflation; UI = contemporaneous unanticipated inflation; UPR = the excess return of low grade corporate bonds over long-term government bonds; UTS = the excess return of long-term government bonds over T-bills with 1 month to maturity and the εp values are assumed to be zero mean disturbances with constant covariance matrix conditional on the factors. Returns and factors are assumed to be independent and identically distributed over time. Using excess re-

turns allows for a changing zero-beta rate and facilitates the imposition of some restrictions considered below, but has little effect on the results.

The assumption of independence over time is often considered an adequate approximation for stock returns. It is less clear for a macrovariable like MP, since the realized growth rate may deviate substantially from the innovation. CCH, in particular, are explicit about having removed the seasonal in the industrial production factor. However, they also note that the pricing of the industrial production factor "becomes marginal" when the factors are pre-whitened through a simple autoregressive transformation. This should be kept in mind in what follows, since we use the original factors of CRR and do not attempt to extract innovations.

In estimating the linear expected return relation, we implicitly assume that the factors capture the relevant components of systematic return in the sense that the disturbances in are uncorrelated with the appropriate equilibrium benchmark. The familiar benchmarks are the market return in the static CAPM and (the marginal utility of) consumption in some versions of the intertemporal model. In this case (see Shanken, 1987 and Shanken, 1992a) there exist risk-return parameters (the γs) such that:

$$E(R_{pt}) = \gamma_0 + \gamma_1\beta_{1p} + \gamma5\beta_{5p} \qquad (2)$$

for p = 1, 2, ···, N, where N is the number of size portfolios and γ0 is the excess zero-beta rate. Although approximate versions of can be derived under the weaker assumption of no-asymptotic arbitrage (the APT of Ross, 1976), as argued in Shanken, 1982 and Shanken, 1992b, such approximations do not give rise to empirically testable restrictions on a finite set of assets.

在撰写实证研究论文时，并非要一成不变地遵循以上的顺序，如可以先写理论与模型，再写数据收集。但应当注意的是，做到了以上几点，方法论的结构才会更完整，脉络也更加清晰。

3. 计量方法

经济计量学[①]（Econometrics）名词源于希腊文 oikonomia（经济）和 metron（计量），是挪威经济学家 R. 弗里希（1895~1973 年）在 1926 年仿照生物计量学（biometrics）

———————————

① 引自百度百科和维基百科。

一词的结构创造的。这个学科的创始人除弗里希外，还有荷兰经济学家 J. 丁伯根（Jan Tinbergen）（1903～1994 年），两人也是第一届诺贝尔经济学奖的共同获奖人。计量经济学，是以数理经济学和数理统计学为方法论基础，对于经济问题试图对理论上的数量接近和经验（实证研究）上的数量接近这两者进行综合而产生的经济学分支。也有"经济计量学"的译法。该分支的产生，使得经济学对于经济现象从以往只能定性研究，扩展到同时可以进行定量分析的新阶段。"计量"的意思是"以统计方法做定量研究"，"量"字为名词，构成动宾结构，这从其英文 metric 的含义亦可看出（与数学名词"度量空间 metric space"情况类似），所以"量"字应读作"亮"（《现代汉语辞典》2012 年 6 月第 6 版"计量"条）。设若"计量"的"量"字读为"良"，则是两个动词词素的并列结构，含义略简。另如测智力的斯坦福—比奈智力量表（Stanford-Binet Intelligence Scale），按其内涵则应读"量"字为"良"，此亦可从英文 scale 的含义窥得。

计量经济学是结合经济理论与数理统计，并以实际经济数据作定量分析的一门学科。计量经济学以古典回归（Classical Regression）分析方法为出发点。依据数据形态分为：横截面数据回归分析（Regression Analysis with Cross-Sectional Data）、时间序列分析（Time Series Analysis）、面板数据分析（Panel Data Analysis）等。依据模型假设的强弱分为：参量计量经济学（Parametric Econometrics）、非参量计量经济学（Nonparametric Econometrics）、半参量计量经济学（Semiparametric Econometrics）等。

理论计量经济学（Theoretical Econometrics）以介绍、研究计量经济学的理论与方法为主要内容，侧重于理论与方法的数学证明与推导，与数理统计联系极为密切。理论计量经济学除了介绍计量经济学模型的数学理论基础和普遍应用的计量经济学模型的参数估计方法与检验方法外，还研究特殊模型的估计方法与检验模型。应用计量经济学（Applied Econometrics）则以建立与应用计量经济学模型为主要内容，强调应用模型的经济学和经济统计学基础，侧重于建立与应用模型过程中实际问题的处理。

经典计量经济学一般指 20 世纪 70 年代一切发展并广泛应用的计量经济学，它们具有显著的共同特征：①模型类型采用随机模型；②模型导向是以经济理论为导向建立模型；③模型结构：变量之间的关系表现为线性或者可以化为线性，属于因果分析模型，解释变量具有同等地位，模型具有明确的形式和参数；④数据类型：以时间序列数据或者截面数据为样本，被解释变量为服从正态分布的连续随机变量；⑤估计方法：仅利用样本信息，采用最小二乘法或者最大似然法估计变量。非经典计量经济学一般指 20 世纪 70 年代以后发展的计量经济学理论、方法及应用模型，也称现代计量经济学。

计量经济学的两大研究对象：横截面数据（Cross-sectional Data）和时间序列数据（Time-series Data）。前者旨在归纳不同经济行为者是否具有相似的行为关联性，以模型参数估计结果显现相关性；后者重点在分析同一经济行为者不同时间的资料，

以展现研究对象的动态行为。新兴计量经济学研究开始切入同时具有横截面及时间序列的资料，换言之，每个横截面都同时具有时间序列的观测值，这种资料称为面板数据（Panel Data）。面板数据研究多个不同经济体动态行为之差异，可以获得较单纯横截面或时间序列分析更丰富的实证结论。例如，诺贝尔经济学奖得主克莱夫·格兰杰指出在回归模型中对一组检验进行诠释进而揭示因果关系是可行的，其所提出的格兰杰因果关系检验不只在经济学上使用，也广受实证社会科学援用，以强化回归分析的说服力，提出更精确的因果关系论述。

（四）方法论进阶技巧：事件研究（Event Studies）简介

事件研究是一种较为高级的方法论，一般是作者积累了一定的实证论文写作经验之后才会进行研究。在这里只作简单的介绍：

1. 事件研究的目的

众所周知，如果人们都获悉关于某公司前景的某些信息，那么该公司的股票价格就会反映出这些相关信息。所以，当新的信息到达市场之后，股票价格应该发生相应的变动。如果市场是完全有效的，那么股票价格就应该即刻发生变化，以反映这些刚获得的信息。然而，事实并非总是这样。经常看到的情况是，在公司发布官方声明之前的几周，新信息就已经泄露。或者也有相反的情况——市场充分吸收这些信息，需要较长的时间。

为了衡量公司的股票价格对新信息的反映程度，我们经常使用一种叫作事件研究的方法。例如，你可能想确定一下兼并声明对公司股票价格的影响。其他一些经常用到的公司相关事件包括：股份分割、关于收入的公报、债券等级的提高（降低）以及高等法院（Major Court）的不利（或者有利）裁决等。

2. 事件研究的步骤

各公司经常召开一些特殊会议，这些会议仅由大的投资机构者和分析师参加。各公司会在这些会议中发表一些声明，这样就会发生泄密的情况。由于只有参加会议的人才能得到相关信息，所以人们经常讨论，这种相关信息的发布是否与内部交易法规相违背。如果在这些会议中发布了某些私密信息，那么与其他投资者相比，参加会议的人就获得了不公平或不对称的信息优势。如果是这样的话，他们就可以利用自己的信息优势，获得非正常的收益率。我们将利用事件研究的方法来确定，在这些特殊投资者参加的会议和相关私密信息提早发布之间是否存在某种关联。

完成一项事件研究，需要经过 8 个步骤：

（1）确定事件日期（事件发生在哪一天）。

（2）确定事件窗口。

（3）确定估计期。

（4）选择样本公司。

（5）计算正常（非事件）收益率（如果没有发生该事件，收益率应该是多少）。

（6）计算非正常收益率（AR）（由于事件发生而得到的真实收益率，减去非事件收益率，也就是如果事件不发生所得到的收益率）。

（7）计算非正常收益率之和（CAR）（AR 之和）。

（8）确定 AR 和 CAR 的统计显著性。

四、关于研究成果

这部分起承上启下的作用，即链接"方法论"与"分析与讨论"。通过使用方法论里的研究手段，会得出什么样的结论，都将在"成果与发现"里作出描述。在这部分，作者可以只对最终结果作一个简单的描述，也可以就每一个模型和理论所得出的结果作详细描述。这部分有时候可作为"分析与讨论"的介绍语，不用另外作单独的章节。有些论文在"数据分析"（Data Analysis）或者"结果"（Result）部分进行阐述结果和分析数据。

五、关于分析与讨论

这部分是对"方法论"里的研究方法所得出的结果进行数据分析，全文的一切结论由此得出，一切议论由此引发，一切推理由此导出。这部分需要列出检验数据和观察所得，有时还要对检验误差加以分析和讨论。要科学地、准确地表达必要的检验结果，扬弃不必要的部分。检验数据或结果，通常用表格或者图予以表达。

由于数据分析的过程与步骤取决于方法论，这里没有一个固定的分析方法与模式。又由于数据分析和图表制作离不开各种计量软件包和文本编辑。关于计量软件的使用方法本书前面已经作了简单的介绍，这里只列举一些在分析与讨论部分应该注意的问题。

（一）模型的设定

模型的设定，关键是因变量的转换和解释变量的取舍，尤其是解释变量的取舍，可在估计过程中不断地修正。但有时也可以对因变量和解释变量尝试做一些变换，诸如对数、指数、幂函数等。这些变换要根据实际的需要去做配适，不能盲目地做不合理的变换。

（二）计量方法

计量方法应根据问题恰当地选取，计量方法也不应做得过于简单。比如只做到最简单的最小二乘回归，但是也不必过于复杂，采用复杂的方法，则要说明简单的方法为何不行。计量方法的好坏不在于其复杂程度，而在于其是否能够帮助实证研究者做出正确的估计和理解资料中的真正信息。以下是执行计量方法时应特别注意的一些方面：

（1）横断面资料要注意残差项的异方差问题，时间数列的资料则要注意残差项的自相关问题。要确定时间序列的平稳性，若有季节变动的趋势也要做相应的季节差分处理。

（2）模型的稳定性要注意，可能需要诸如 Chow Test 或 CumSum Test 的检验。

（3）若用到 MLE 或 GMM 等复杂的数值迭代计算，则在撰写报告时要对数值方法的细节，如统计软件及数值方法的名称、起始值之选取、收敛速度、是否产生区域解、收敛条件的设定等，均需有所说明。

（4）若实证模型中有多个因变量（和与之对应的方程）值得同时分析，则可考虑采用 Seeming Unrelated Regression 甚至联立回归模型等系统模型，以更有效地利用各回归式之间的结构关系①。

（三）回归

（1）对主要回归系数（或由回归系数所导出之弹性、乘数等）估计值的大小、符号及显著与否要详加讨论，对于显著的估计值更要和理论预期值比较，若有明显的矛盾，则要探讨原因。

若能在文献中找到类似模型的估计结果，则应择要报告，并做比较。

（2）对重要回归系数若是得不到显著的估计值，则要探讨其中原因。但绝不能对不显著的估计值做出过度的解释，尤其不能宣称不显著的估计值支持或不支持某些特定结论。我们要知道估计值不显著，就是表示所使用的资料不能够提供足够的信息，若是没有足够的信息，当然不能够也不应该作出任何确切的结论。

（3）所有具有政策意义的重要论点都要经过统计检验的显著性分析。

（四）系数的假设检验

（1）除了估计值以及对应的 T 检验外，在样本量较大的情况下，则可采用 u 检验。另外，也可做一些 F 检验之对多个系数的假设检定。

（2）系数估计的主要结果均须以表列出，在表中每一系数对应之变量名称要写清楚，每一系数估计值旁均须伴随一标准差（s.e.）或 t 统计量，也可加列 p 值，对于显著的估计值也可附加诸如" ＊ "号之特殊标记以提醒读者。显示模型整体表现的统计量，诸如 R2（线性回归模型），F 检定统计量，Durbin - Watson 检定统计量（对时间数列资料），也可选择性地列于表内。在表的脚注中，必须说明表中所有的特殊符号和简称，表中变量名称的选取，应尽量采用有意义的中文简称，少用无意义的英文字母组合。制表的基本原则就是要让读者便捷、完整而清楚地了解估计的结果。

以下例子同样摘自 *Economic Forces and the Stock Market Revisited* 一文的分析报告部分：

---

① 相关性一般通过相关系数表示，在计量实证中，作为常用的统计指标名称。

Table 1.

Five-factor pricing results（1958~1983）

Specification	Constant	MP	DEI	UI	UPR	UTS	Pricing[a]
A. Contemporaneous betas							
Unrestricted（N = 20）	−0.30[b]	0.32	0	−0.04	0.12	0.36	1.39（0.23）
	−0.32	−0.47	−0.01	−0.04	−0.26	−0.38	
	[0.34]	[0.50]	[0.01]	[0.04]	[0.28]	[0.40]	
Unrestricted（N = 60）	−0.19	0.55	−0.00	−0.04	0.22	0.16	1.45（0.21）
	−0.27	−0.31	−0.01	−0.02	−0.21	−0.24	
	[0.28]	[0.32]	[0.01]	[0.03]	[0.22]	[0.25]	
Restricted[c]（N = 20）	−1.08*	2.92*	0.03	−0.11	−0.02	0.91	4.20*（0.00）
	−0.3	−0.78	−0.02	−0.08	−0.13	−0.34	
	[0.52]	[1.33]	[0.03]	[0.14]	[0.13]	[0.54]	

……（以下略）

六、关于结论与建议

结论应是论文的最终的、总体的结论。换句话说，结论应是整篇论文的结局，而不是某一局部问题或某一分支问题的结论，也不应是正文中各段的小结的简单重复。结论应当体现作者更深层的认识，且是从全篇论文的全部材料出发，经过推理、判断、归纳等逻辑分析过程而得到的新的学术总观念、总见解。在结论部分，最好还同时讨论未来研究的方向。如论文没有明显的结论，作者也可以在这里讨论经验教训，以便为后来的研究提供思路。一般来说，作者应把握以下要领：

（1）以精练的语言报告所得到的结果及其普遍意义；

（2）同类似研究结果的异同；

（3）研究结果对于理论和现实的意义；对于未来研究方向的建议。

以下例子同样摘自 *Economic Forces and the Stock Market Revisited* 一文的结论部分：

In this paper, we have examined the relation between expected returns and measures of systematic risk with respect to five macroeconomic factors studied by Chan et al. （1985）and Chen et al. （1986）. Like CCH/CRR, we use a version of Fama and MacBeth's （1973）two-pass methodology with securities grouped into portfolios based on annual rankings of the market value of equity（"size"）. However, whereas CCH/CRR estimate betas using back-

ward-looking returns, relative to the ranking dates, we employ post-ranking returns throughout as, for example, in Fama and French (1992). This seemingly small change leads to strikingly different conclusions.

With an experimental design comparable to that of CCH/CRR in other respects, only the industrial production factor (MP) is significantly priced in the overall period of 1958–1983. The sample mean of the bond return premium UPR, a highly significant factor in the earlier studies, is insignificantly negative for this period. This is particularly noteworthy in that the mean is the most efficient estimator under the usual simplifying assumptions and so questions about the best way to estimate betas play no role in this conclusion. Thus, although it seems likely a priori that the true mean is positive for this factor, the conclusion cannot be established based on the data for this period.

······（下略）

七、注意细节与相关建议

论文的好坏，关键要看作者是如何在论文中支持自己的观点。这需要作者能够清楚地定义自己所要研究的问题，研究的范围不能太宽。学术论文一般不强调研究问题的宽度，更看重的是深度。如果一篇论文涉及范围太广，在有限的时间内，作者肯定是难以做到深入的研究。在论文的主体中，作者要全力支持自己的观点，但注意不要重复前言中的内容，也要避免重复专业读者已知的知识，要将现有的知识传播工作让渡给他人去做，自己专注于知识创造的理念。在分析过程中，注意使用文献引证、脚注和附录，以保证论文正文具有高度的紧凑性、易读性和思路的流畅性。

■ 第三节

参考资料与引用[①]

被引用的参考文献虽然放在文末，但却是论文的重要组成部分。因为它不仅表示对被引用文献作者的尊重及引用文献的依据，而且为读者深入探讨有关问题提供了文献查找线索。因此，应认真对待。参考文献的编排应条目清楚、查找方便、内容准确无误。

---

① 本部分参考了《参考文献国家标准》（GB/T 7714—2005）。

一、文末参考资料格式

作者应当列出论文正文部分所有引用的资料的来源，如果参考了某些资料，即使没在论文中引用，也应当列举出来。在正式的学术论文当中，引用的方式有着特定的规范。以下是五种常用的引用方法。

（一）书籍（Book）的引用

Hendry, D. F., 1995, Dynamic Econometrics. Oxford University Press, UK..

如果作者多于一位，则按照以下方法引用：

Sharpe, W., Alexander, G. J. and Bailey, J. W., 1998, Investments (6th Edition), Prentice Hall, NJ.

即遵循姓、名、年份、书名（版本，若有）、出版社、出版社所在地的格式进行引用。

（二）期刊（Journal）的引用

Jensen, M. C. and Meckling, W. H., 1976, "Theory of the Firm：Managerial Behavior, Agency Costs and Ownership Structure", Journal of Financial Economics, Vol. 3, pp. 305–360.

即遵循姓、名、年份、论文标题、刊物名、期数、页码的格式进行引用。

（三）工作论文（Working Paper）的引用

Gao, N., 2004, "Do Ownership Structure and Governance Mechanisms Have an Influence on Deterring Corporate Financial Fraud in China", Working paper, GTA Corporation.

Firth, M., Fung, P. and Rui, O. M., 2002, "Firm Performance, Governance Structure, and Top Management Turnover in A Transitional Economy", Working Paper, Chinese University of Hong Kong.

即遵循姓、名、年份、论文标题、刊物名、工作论文发布机构名称的格式进行引用。

（四）网络资源（Internet Resource）的引用

Federal Reserve Board, 2000, Flow of Funds Accounts of the United States, http：// www. federalreserve. gov/releases/.

即遵循姓、名（或组织名）、年份、论文标题（或报告标题）、网络链接地址的格式进行引用。

（五）专利文献

遵循以下格式：

著录项目：专利申请者，专利题名，文献识别符，专利国别，专利文献种类，专利号，出版日期。

著录格式：专利申请者．专利题名．（其责任者，附加项——供选择）专利国别．专利文献种类．专利号．出版日期。

详细引用方法请参考 Harvard System References 或者同类出版物。中文引用规则可参照中华人民共和国国家标准 GB 7714—87《文后参考文献著录规则》。

（六）在国内期刊的参考文献引用时需要注意的问题

文献类型，以单字母方式标识：M—专著、C—论文集、N—报纸文章、J—期刊文章、D—学位论文、R—研究报告、S—标准、P—专利；对于专著、论文集中的析出文献采用单字母 A 标识，对于其他未说明的文献类型，采用单字母 Z 标识。对于数据库、计算机程序及电子公告等电子文献类型，以双字母作为标识：DB—数据库，CP—计算机程序，EB—电子公告。对于非纸张型载体电子文献，须在参考文献标识中同时标明其载体类型，采用双字母表示：MT—磁带，DK—磁盘，CD—光盘，OL—联机网络，并以下列格式表示包括了文献载体类型的参考文献类型标识：DB/O—L 联机网上数据库，DB/MT—磁带数据库，M/CD—光盘图书，CP/DK—磁盘软件，J/OL—网上期刊，EB/OL—网上电子公告。以纸张为载体的传统文献在引作参考文献时不注其载体类型。

参考文献著录条目编排在文末。其格式为：［序号］主要责任者．文献题名［文献类型标识］．出版地：出版者，出版年．起止页码。

示例：

［1］邹平．金融计量学［M］．上海：上海财经大学出版社，2005．

［2］陈崧．五四前的东西方文化问题论战文选［C］．北京：中国社会科学出版社，1985．

［3］马曙光，黄志忠，薛云奎．股权分置、资金侵占与上市公司现金股利政策［J］．会计研究，2005，9（9）：44-50．

［4］顾惠忠，张柏松，高璐．中国金融期货交易所正式成立［N］．证券时报，2006-9-9（1）．

［5］刘纪鹏．对《公司法》修改的十点建议［A］．//郭锋，王坚．公司法修改纵横谈［C］．北京：法律出版社，2001．

［6］张笛梅．督导工作中几个关系的探讨［EB/OL］．http：//www.gxnyxy.com.cn/uploadfile．

二、正文中的引用方式

正文中的引用方法比较简单，一般分直接引用和间接引用两种方式。

直接引用：全部摘抄自引用文章的原文，在引用文段前写上被引用文字的出处（一般是作者）与年份，如 Sharpe，1999，并在被引用的文段头尾标上引号（" "），

或者另起一段。

间接引用：作者用自己的语言来转述原文，通常要在被转述的文字前面或后面注明被引用文字的出处和年份。

本章结语

本章详细介绍了实证论文的写作规范、格式以及内容安排。虽然看上去实证论文的写作格式较为简洁，但是研究者在论文写作过程中仍有一些问题需要注意：第一，文章一旦公开发表就成为某种意义上的公共资源，文章是写给别人看的，因此研究人员一定要注意文章结构安排是否合理，语言是否通顺并且通俗易懂。毕竟研究成果不能只是孤芳自赏，高质量文章需要通过阅读者的领会和传播才能最终发挥价值。第二，要注意文章结构的合理性。同理论研究文章不同，实证研究文章既包括观点的阐述、逻辑的推理，也包括模型的设计的假设检验。因此，实证文章写作过程中需要注意理论部分同实证部分的篇幅安排。理论部分太少，可能使读者无法充分了解作者的研究思路；实证部分太少，则有可能使所研究的问题没有得到充分的检验和说明。想要避免上述问题，有两个途径是十分有效的：一是多练笔。文章的写作也是一个熟能生巧的过程，只有不断写作才能使自己的语言表达能力得到提升。二是多交流。可以同老师交流，也可以同身边的同学、同事交流。很多问题作者自己认为已经介绍清楚，但读者却是一头雾水。此外，文章最终呈现的内容可能与作者最初的思路和构想存在很大偏差。这时就需要同其他学者不断交流，在交流的过程中理清自己的思路、简练文章的语言。文章的写作不是一蹴而就的，高质量实证文章的产生就更加需要研究者有深厚的理论功底和写作功底。这些能力和技巧的养成，是可以通过坚持不懈的努力而得到提升的。

本章参考文献

[1] 陈燕，陈冠华．研究生学术论文写作方法与规范 [M]．北京：社会科学文献出版社，2004.

[2] 高小和．学术论文写作 [M]．南京：南京大学出版社，2002.

[3] 葛冬梅，杨瑞英．学术论文摘要的体裁分析 [J]．现代外语，2005，28（2）：138-146.

[4] 胡友良．学术论文格式规范举要 [J]．中国内部审计，2011（3）：82-85.

[5] 黄津孚．学位论文写作与研究方法 [M]．北京：经济科学出版社，2000.

[6] 王小唯，吕雪梅，杨波，等．学术论文引言的结构模型化研究 [J]．编辑学报，2003，15（4）：247-248.

[7] 杨放．学术论文写作应注意的几个问题 [J]．长春大学学报，2001，11（6）：83-84.

[8] 张昆．学术论文的创新方式、价值评判与写作方法论——以经济类论文写作为例 [J]．学位与研究生教育，2005（2）：25-29.

［9］郑月荣，李俊丹．对学术期刊文后参考文献著录格式的几点新建议［J］．编辑之友，2011（6）：45-47.

［10］周义程．社会科学类学术论文：评价标准、写作步骤及要领［J］．社会科学管理与评论，2013（4）.

［11］朱大明．学术论文引言中的参考文献简析［J］．编辑学报，2005，17（3）：190-191.

第十三章

如何发表实证研究论文

当完成一篇实证研究论文之后，下一步就是准备发表。在完成论文到正式发表到刊物上，中间还有不少环节需要处理，有不少细节需要注意。在这部分，我们将详细介绍正式发表论文时需要注意的几个方面，这里给出一般的情形，但是在发表时研究者需要根据编辑部和审稿人的反馈意见不断进行修改。①

■ 第一节
论文的规范与格式

既然要发表论文，那么就是给别人看的，而要发表论文，还必须符合评审人员的标准。因此，论文不仅要自己能看懂、看得下去，也要让别人看得懂、看得下去，而论文的规格则相当重要。在这一章将介绍一篇符合"行业标准"的学术论文应当遵循哪些规则以及相关的应注意的细节。

一、前置部分

论文的前置部分包括封面、致谢论文标题、论文摘要、关键词、目录等。前置部分的页码独立于正文，使用罗马字母作为页码标识（如Ⅰ，Ⅱ，Ⅲ），从"致谢"一

---

① 本章参考了国泰安 2009 年编写的《实证研究学习园地》相关内容。

页标起，位于页端的居中位置。

1. 封面

封面的规格与格式在前文已经提及，应注意论文的封面不标页码。

2. 致谢

（1）致谢应放在论文封面后的第一页，页码用罗马字母标识，在本页底部居中的位置标上"I"。论文正式发表于期刊之后，"致谢"往往会作为正文首页的页脚。

（2）按照 GB 7713—87 的规定，致谢语句可以放在正文后，体现对下列方面致谢：国家科学基金、资助研究工作的奖学金基金、合同单位、资助和支持的企业、组织或个人；协助完成研究工作和提供便利条件的组织或个人；在研究工作中提出建议和提供帮助的个人；给予相关资料、图片、表格等知识产权的转载、引用的所有者；其他应感谢的组织和个人。

3. 论文标题

论文标题应简明、具体，起到概括论文要旨的作用。同时，论文标题还应考虑到编制题录、索引和检索的需要，为选择关键词和文献分类提供方便。论文主标题不宜过长，必要时可加副标题。

4. 论文摘要

（1）论文摘要文字必须十分简练，内容亦需充分概括，篇幅大小一般限制其字数不超过论文字数的 5%。例如，对于 6000 字的一篇论文，其摘要一般不超出300 字。

（2）论文摘要不要列举例证，不讲研究过程，不用图表，也不要自我评价。

5. 关键词

（1）关键词放在论文摘要的下一行，数量控制在 3~8 个。

（2）关键词与论文标题存在密切的联系。如果论文标题没有包括任何关键词，那么需要考虑重新选择关键词，或者修改论文标题。

（3）关键词或主题词的一般选择方法是：由作者在完成论文写作后，综观全文，先出能表示论文主要内容的信息或词汇，这些出处或词汇，可以从论文标题中去找和选，也可以从论文内容中去找和选。

6. 目录

（1）目录部分应当用"目录"作标题，放在页的上端居中的位置；页码位于页的下端居中位置，用罗马字母标识。

（2）目录不包括论文的封面，但应包括致谢、论文摘要、前言、论文正文其他部分、附录和参考文献的内容。

（3）目录中可列出论文正文的第一层次和第二层次的标题，第二层次标题向内缩三格，放在第一层标题之下。如果某一标题的长度超过一行，另起一行时应内缩三格。许多学术期刊不提倡将论文分过多层次的标题，一般只有第一层的标题。

（4）各标题的页码放在页的右端，页码只标起始页，第一层标题必须标出页码，第二层以后的标题可不标出页码。

二、论文正文

1. 总体规格

（1）根据需要，论文的主体可以划分为不同的部分，每一个部分应有自己的标题。

（2）由于学术论文的选题和内容性质差别较大，其分段及其写法均不能做硬性的统一规定，但必须实事求是、客观真切、准确完备、合乎逻辑、层次分明、简练可读。

2. 论文引言

（1）论文引言（也可称为前言）应视为论文的开始，在本页的底端居中位置用阿拉伯数字标明第"1"页。

（2）引言应是高度浓缩式的，最好不要使用第二层标题。

（3）引言的篇幅大小，并无硬性的统一规定，须视整篇论文篇幅的大小及论文内容的需要来确定。一般而言，中文论文的引言，可长达 1000 多字，短的可 100 余字。

3. 文献回顾

文献回顾必须提及：①背景知识；②发现和研究成果；③该成果的发现者；④研究成果的发表时间和所刊登的刊物；⑤该成果所起的作用；⑥引用要标明出处。

4. 方法论与数据分析

这两部分并无特殊的规格要求，主要注意以下几个方面：

（1）图。①应具有"自明性"，即只看图、标题和图例，不阅读正文，就可理解图意。②应编排序号。③每一图应有简短确切的题名，连同图号置于图下。必要时，应将图上的符号、标记、代码以及实验条件等，用最简练的文字，横排于标题下方，作为图例说明。④曲线图的纵横坐标必须标注"量、标准规定符号、单位"。此三者只有在不必要标明（如无量纲等）的情况下方可省略。坐标上标注的量的符号和缩略词必须与正文中一致。

（2）表。①表的编排，一般是内容和测试项目由左至右横读，数据依序竖排。表应有自明性。②应编排序号。③每一表应有简短确切的题名，连同表号置于表上。必要时应将表中的符号、标记、代码以及需要说明事项，以最简练的文字，横排于表题下，作为表注，也可以附注于表下。④表的各栏均应标明"量或测试项目、标准规定符号、单位"。只有在无必要标注的情况下方可省略。表中的缩略调和符号，必须与正文中一致。⑤表内同一栏的数字必须上下对齐。表内不宜用"同上"、"同左"、"，，"和类似词，一律填入具体数字或文字。表内"空白"代表该数值未进行测试或无此项，"-"或"…"（因"-"可能与代表阴性反应相混）代表未发现，

页标起，位于页端的居中位置。

1. 封面

封面的规格与格式在前文已经提及，应注意论文的封面不标页码。

2. 致谢

（1）致谢应放在论文封面后的第一页，页码用罗马字母标识，在本页底部居中的位置标上"I"。论文正式发表于期刊之后，"致谢"往往会作为正文首页的页脚。

（2）按照 GB 7713—87 的规定，致谢语句可以放在正文后，体现对下列方面致谢：国家科学基金、资助研究工作的奖学金基金、合同单位、资助和支持的企业、组织或个人；协助完成研究工作和提供便利条件的组织或个人；在研究工作中提出建议和提供帮助的个人；给予相关资料、图片、表格等知识产权的转载、引用的所有者；其他应感谢的组织和个人。

3. 论文标题

论文标题应简明、具体，起到概括论文要旨的作用。同时，论文标题还应考虑到编制题录、索引和检索的需要，为选择关键词和文献分类提供方便。论文主标题不宜过长，必要时可加副标题。

4. 论文摘要

（1）论文摘要文字必须十分简练，内容亦需充分概括，篇幅大小一般限制其字数不超过论文字数的 5%。例如，对于 6000 字的一篇论文，其摘要一般不超出300 字。

（2）论文摘要不要列举例证，不讲研究过程，不用图表，也不要自我评价。

5. 关键词

（1）关键词放在论文摘要的下一行，数量控制在 3~8 个。

（2）关键词与论文标题存在密切的联系。如果论文标题没有包括任何关键词，那么需要考虑重新选择关键词，或者修改论文标题。

（3）关键词或主题词的一般选择方法是：由作者在完成论文写作后，综观全文，先出能表示论文主要内容的信息或词汇，这些出处或词汇，可以从论文标题中去找和选，也可以从论文内容中去找和选。

6. 目录

（1）目录部分应当用"目录"作标题，放在页的上端居中的位置；页码位于页的下端居中位置，用罗马字母标识。

（2）目录不包括论文的封面，但应包括致谢、论文摘要、前言、论文正文其他部分、附录和参考文献的内容。

（3）目录中可列出论文正文的第一层次和第二层次的标题，第二层次标题向内缩三格，放在第一层标题之下。如果某一标题的长度超过一行，另起一行时应内缩三格。许多学术期刊不提倡将论文分过多层次的标题，一般只有第一层的标题。

（4）各标题的页码放在页的右端，页码只标起始页，第一层标题必须标出页码，第二层以后的标题可不标出页码。

二、论文正文

1. 总体规格

（1）根据需要，论文的主体可以划分为不同的部分，每一个部分应有自己的标题。

（2）由于学术论文的选题和内容性质差别较大，其分段及其写法均不能做硬性的统一规定，但必须实事求是、客观真切、准确完备、合乎逻辑、层次分明、简练可读。

2. 论文引言

（1）论文引言（也可称为前言）应视为论文的开始，在本页的底端居中位置用阿拉伯数字标明第"1"页。

（2）引言应是高度浓缩式的，最好不要使用第二层标题。

（3）引言的篇幅大小，并无硬性的统一规定，须视整篇论文篇幅的大小及论文内容的需要来确定。一般而言，中文论文的引言，可长达1000多字，短的可100余字。

3. 文献回顾

文献回顾必须提及：①背景知识；②发现和研究成果；③该成果的发现者；④研究成果的发表时间和所刊登的刊物；⑤该成果所起的作用；⑥引用要标明出处。

4. 方法论与数据分析

这两部分并无特殊的规格要求，主要注意以下几个方面：

（1）图。①应具有"自明性"，即只看图、标题和图例，不阅读正文，就可理解图意。②应编排序号。③每一图应有简短确切的题名，连同图号置于图下。必要时，应将图上的符号、标记、代码以及实验条件等，用最简练的文字，横排于标题下方，作为图例说明。④曲线图的纵横坐标必须标注"量、标准规定符号、单位"。此三者只有在不必要标明（如无量纲等）的情况下方可省略。坐标上标注的量的符号和缩略词必须与正文中一致。

（2）表。①表的编排，一般是内容和测试项目由左至右横读，数据依序竖排。表应有自明性。②应编排序号。③每一表应有简短确切的题名，连同表号置于表上。必要时应将表中的符号、标记、代码以及需要说明事项，以最简练的文字，横排于表题下，作为表注，也可以附注于表下。④表的各栏均应标明"量或测试项目、标准规定符号、单位"。只有在无必要标注的情况下方可省略。表中的缩略调和符号，必须与正文中一致。⑤表内同一栏的数字必须上下对齐。表内不宜用"同上"、"同左"、"，，"和类似词，一律填入具体数字或文字。表内"空白"代表该数值未进行测试或无此项，"-"或"…"（因"-"可能与代表阴性反应相混）代表未发现，

"0"代表实测结果确为零。⑥若数据已绘成曲线图，可不再列表。

（3）数学公式。①正文中的公式、算式或方程式等应编排序号，序号标注于该式所在行（当有续行时，应标注于最后一行）的最右边。②较长的式，另行居中横排。如式必须转行时，只能在+，-，×，÷，<，>处转行。上下式尽可能在"="处对齐。③小数点用"."表示。对于纯小数应将0列于小数点之前。

（4）计量单位。单位名称和符号的书写方式一律采用国际通用符号。

（5）符号和缩略词。符号和缩略词应遵照国家标准的有关规定执行。如无标准可循，可采纳本学科或本专业的权威性机构或学术团体所公布的规定，也可以采用全国自然科学名词审定委员会编印的各学科词汇的用词。如不得不引用某些不是公知公用的，且又不易为同行读者所理解的，或系作者自定的符号、记号、缩略词、首字母缩写字等时，均应在第一次出现时加以说明，给予明确的定义。

（6）结论与引用。这两部分的注意细节前文已有所提及，这里不再赘述。

第二节

如何投稿

一、确定论文所属学科或领域

虽然实证论文多用于经济、金融领域，但由于社会分工愈趋细致，在各个领域分成很多学科。因此，确定自己的论文题材属于哪个领域乃至哪个学科，有助于投稿时有的放矢，不会投到一些研究方向与论文不相符的期刊。另外还需要熟悉各类期刊的研究方向和性质，以便投稿时能找准最符合各自"口味"的刊物。同样的，刊物也在寻找最合适的文章。各个学科与专业有自己的顶尖专业期刊，当然初学者的论文被这些期刊接受的可能性不会太大，但是也不必妄自菲薄，一定要基于对论文的清晰、客观认识与评判，选择合适的期刊投稿。需要指出的是，按照国外的学术道德规范，应避免一稿多投，即一篇论文不要同时投递给两家及以上的期刊。而一篇论文发表在不同的学术期刊上（一稿多发）更是学术道德规范所不容的。

二、选择投稿方式

当选定了自己要投稿的期刊之后，下一步就是向杂志社投稿了。现在国内较为主流的投稿方式是网上电子投稿，或者通过杂志社的网上投稿系统投稿，或者通过杂志

社的电子邮箱投稿。当然，还有一些杂志只接受纸质材料邮寄的方式投稿。具体投稿方式可以查询各个杂志社的投稿方式介绍。一般而言，国内投稿采用 Word 和 PDF 两种格式，当然也有少数杂志社采用国际主流的 Latex 格式。

三、稿件接收与退稿

当论文稿件送交出版社之后，一般编辑部会先初步审稿，主要大致审核论文是否规范以及是否符合期刊的专业方向要求。通过编辑部初审的论文会被送交匿名审稿人进行审稿。审稿人的审稿时间一般需要几周乃至几个月，之后将意见反馈编辑部，编辑部根据审稿意见决定论文的接受与否或者提出进一步的修改意见，并进入下一轮的匿名审稿流程。不同的期刊可能还要进行两轮、三轮甚至更多的匿名审稿流程。

本章结语

本章介绍了研究者在论文投稿过程中需要注意的问题。总体而言，格式的规范性是论文投稿过程中需要格外注意的问题。不同的期刊在论文的格式方面会有不同要求，研究者可以参照相应期刊的投稿体例的要求进行调整。相对于文章的写作过程，格式调整会略显单调与枯燥，也极容易被研究者忽视。但是对于期刊而言，尤其是权威期刊，格式是否规范不仅体现了一篇文章的整体质量，还体现了研究者的研究态度。所以，实证文章的整个写作过程都需要研究者认真对待。"细节决定成败"是每一个实证研究人员需要谨记在心的一句话。

本章参考文献

[1] 邓泽辉，唐艳春，汪春春．高校机构库国际学术论文发表情况统计分析——以华南理工大学为例 [J]．当代教育理论与实践，2012，4（8）：51-53.

[2] 樊杰．近 3 年《经济地理》发表论文的评论——现任《经济地理》主编给论文作者、审稿者与读者的汇报 [J]．经济地理，2012，31（12）：1959-1966.

[3] 耿红卫．研究生学术论文的撰写及发表策略 [J]．宁波大学学报（教育科学版），2013（1）：55-57.

[4] 郭海鸥．学术论文投稿选择期刊的几点建议 [J]．河南教育学院学报（自然科学版），2012，21（4）：90-91.

[5] 何玉国．中国博士生的学术生态调查——基于对 15 家"高校学报"类核心期刊学术论文发表情况的调查 [J]．中国研究生，2012（1）：56-58.

[6] 黄小茹，唐平．学术期刊论文发表过程中的利益冲突及其处理 [J]．编辑学报，2013（2）：26.

[7] 邱燕燕. SCI 选刊标准及科技论文投稿策略 [J]. 广东工业大学学报（社会科学版），2003，3（1）：82-85.

[8] 杨胜良，李隐峰，曹诗翠. 基于 PHP 框架的会议论文投稿系统设计 [J]. 电子科技，2014，27（1）.

[9] 袁曦临，常娥. 网络发表学术论文的影响力评价研究 [J]. 图书情报工作，2011，55（10）：51-54.

[10] 张立菊. 国内图情专业学术论文投稿观状及对策研究 [J]. 大学图书情报学刊，2011，29（4）.

[11] 朱国琴. SCI 简介及如何向 SCI 源刊投稿 [J]. 医学信息，2002，15（7）：449-451.

深圳市国泰安信息技术有限公司简介

深圳市国泰安信息技术有限公司（以下简称"国泰安"或"公司"）是一家为教育与投资业提供综合解决方案的国家级高新技术企业。自 2000 年以来，国泰安一直致力于为国内外教育和投资机构提供集"研究数据、专业实验、云平台建设、软硬件系统和增值服务"为一体的综合性解决方案。公司的产品与服务主要包括：为高等教育、职业教育、基础教育领域提供教研、教学、管理、资源、实验及增值服务全方位支持的"易"系列教育服务，涵盖中国证券、期货、外汇、宏观、行业等领域的"元"系列精准数据服务以及为金融机构提供全套量化投资服务方案的"宽"系列金融服务，对推动我国教育创新及金融创新做出了较大的贡献。

国泰安公司总部位于科技之都深圳，背靠国际经济、金融、贸易中心香港，并在北京、上海、广州、重庆、香港等 100 余个城市设有分公司或办事处，形成通达全国的服务网络。同时，国泰安业务已拓展到韩国、日本、新加坡、美国、澳大利亚、中国香港、中国台湾等 20 多个国家和地区，为全球 3000 多家教育机构、研究机构、金融机构客户提供创新服务。

国泰安拥有系统、专业的事业部体系，为包括高校、高职、中职、基础教育领域的 60 余个专业学科提供教学综合解决方案，涵盖金融财会、商贸管理、创业就业、物流会展、信息技术、工程制造、基础建设等专业，并得到了学校的高度认可和广泛应用。同时，公司还在不断整合国内外优质教育资源，进一步丰富产品线，满足学校更多专业需求，为用户提供更多优秀的教学综合解决方案。

国泰安公司现拥有 3500 多位优秀员工，研发人员以及技术工程师占公司人数的 60%。毕业于美国宾夕法尼亚大学、得克萨斯州立大学、香港理工大学、北京大学、清华大学等海内外名校的博士、硕士及海外留学人员超过公司总人数的 30%。100 多

位来自普林斯顿大学、香港大学、北京大学、清华大学、上海交通大学等国内外著名大学教授、权威学者组成国泰安顾问团队。30 余家海内外学术、业界翘楚（包括美国沃顿商学院、香港大学、日本 QUICK、韩国 EBSCO）与国泰安达成长期合作伙伴关系。

近 5 年来，国泰安研发投入 3 亿元以上，经营业绩实现连续复合增长超过 100%。至今已建立起规模庞大、分工精细的 3 大管理体系，40 多个事业部、60 余个专业学科的丰富产品线，拥有近 240 项自主创新产品专利和著作权产品，完成了 10 余家企业并购整合，实现了企业跨越式发展。

2012 年广东省电子信息（软件）自主创新产品认证的 71 个项目中国泰安独占 3 席。国泰安金融实验室与华为、大族激光等知名企业喜获深圳市重点自主创新产品殊荣；公司已通过 CMMI 三级认证、ISO 9001：2008 质量认证，且荣获了 2013 年中国年度创新软件产品（易教育平台 V1.0）、广东省守合同重信用企业、计算机信息系统集成企业 3 级、国家火炬计划重点高新技术企业、国家规划布局内重点软件企业等重要资质。

国泰安在国内率先引进欧美国家先进的教学理念，并结合中国实际探索出一套系统、先进的教学综合解决方案，将传统的实验室建设提升为融"实验室建设、校企共建、资源共享、品牌提升"为一体的综合解决方案，确保每一次项目的完成均是一份完美的答卷。

目前，公司已经为美国、英国、法国、澳洲、日本、新加坡等 20 多个国家和地区的 3000 余家客户提供了卓越的产品与服务。在中国，为北京大学、清华大学、上海交通大学、厦门大学等知名高校和北京电子科技职业学院、深圳职业技术学院、厦门城市职业学院等职校提供综合实验解决方案，积累了丰富的建设经验，可为用户提供实验室设计运营、教学资源建设、师资队伍培养、专业合作共建等全方位的服务和支持。

国泰安在行业内独家创新推出极受客户认可的丰富全面、周密精深、专属订制、面向未来的增值服务。依托国泰安四大专业服务中心：实验软件设备设计制造中心、职业教育实验服务中心、学生创业就业服务中心、校企合作服务中心，向客户提供包括专业共建、合作办学，科研、课题、论文学术合作，校际专业交流、资源共享，合作举办大型学术论坛、行业峰会，建立产学研校企合作联盟，学校品牌战略建设等增值服务，与客户一同打造品牌化、特色化的区域、国家乃至国际教育标杆。

读者可访问公司主页 http：//www.gtaedu.com/获取更多详情。

CSMAR 系列研究数据库简介

一、CSMAR 简介

构建符合研究需求的数据库，是开展实证学术研究的先决条件。国泰安 CSMAR 系列研究数据库从学术研究的需求出发强调数据的精度、可比性和延续性，大大降低了研究成本，提高了研究效率，开拓了研究思路。CSAMR 系列研究数据库有股票、公司、基金、债券、衍生品、经济、行业、货币市场、海外、板块、资讯、科技金融和专题 13 大系列，包括 87 个子库、2000 多张表、上万个指标、近 4 万个字段。

二、国际标准

（一）金融数据建模

结构设计借鉴芝加哥大学 CRSP、标准普尔 Compustat、纽约交易所 TAQ、ISDA，Thomson、GSIOnline 等国际知名数据库的专业标准。

（二）学术资源建模

借鉴国际 IMS 的 Learning Resource Metadata（学习资源元数据规范）、IEEE LTSC（学习技术标准委员会）的 LOM（学习对象元数据模型）、OCLE（Online Computer Library Center）Dublin Core 的 Dublin Core 元数据标准。

（三）高效的生产工具

中心库系统是国泰安公司自主研发的以采集、录入指引、质检、审核、统计为一体的录入，集元数据管理、自动化采集、自动化运维、自动化质检、自动化翻译、ETL 管理于一体的系统。

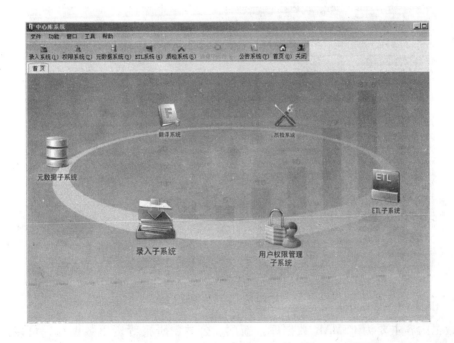

精准的数据是研究教学的基本保证，CSMAR 数据库是国内最早启用 4 级监控：事前、事中、事后检测，多点监控，质检手段融入生产全流程，保证数据质量。

（四）多样化的查询工具

1. CSMAR 数据库查询系统

CSMAR 数据库查询系统 V4.0 延续之前所有版本的优势，打造全新数据查询与分析平台。该系统可加载国泰安全部 CSMAR 数据库，在单表快速查阅、多格式数据导出基础上，更添加了自定义跨库查询、字段模糊搜索、多维条件选择、查询方案保存、在线更新等功能。

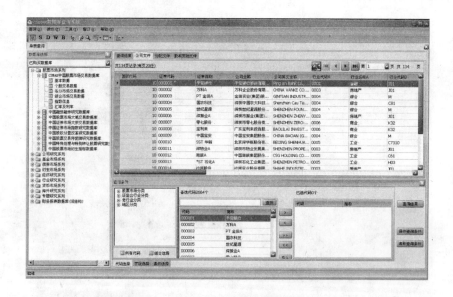

2. CSMAR Solution

数据内容主要为 CSMAR 数据库，新闻、公共、研报等资讯数据库，可以进行 CSMAR 数据查询下载、绘图、统计，可以浏览新闻、公共、下载原文、收藏研报，可以查看学术论文、关注学术会议、下载课程资料、案例资料。

三、标准化成果

（一）连续四年为中国证券投资者保护基金提供上市公司评价数据

（二）中国唯一的 A 股实际控制人图形展示

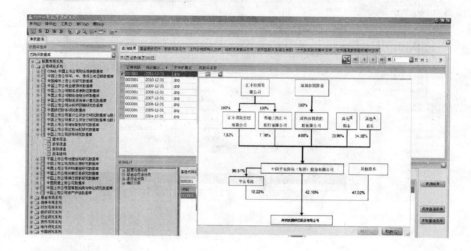

（三）WEB 版数据字典　指标检索方便

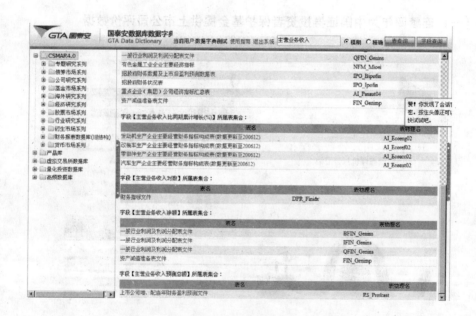

四、产品价值

　　由国泰安自主研发的世界知名 CSMAR 数据库系列，是中国目前规模最大、信息最精准全面的金融经济数据库。曾获得诺贝尔奖获得者 Robert William Fogel 的高度认可。

CSMAR 数据库系列是大中华区唯一入选美国沃顿商学院研究服务系统（WRDS）的数据库产品，多达 17000 多篇采用 CSMAR 系列研究数据库的高质量学术论文在国内外一流刊物发表。

五、客户群体及评价

（一）美国沃顿商学院研究服务系统（WRDS）唯一选用的中国数据产品

2004 年年初，美国沃顿商学院在对海峡两岸的多家研究产品提供商进行比较后，唯一选择国泰安产品纳入其全球著名的"沃顿研究服务系统"（WRDS）。

（二）摩根士丹利 Barra 之"MSCI 中国 A 股指数"的数据基础

2005 年 5 月，摩根士丹利 Barra 选拔推出"MSCI 中国 A 股指数"，该指数以国泰安的 CSMAR 数据库为计算基础，是第一个精确反映中国股票市场背后行业结构的 A 股指数。

（三）国内超过 1000 所知名大学与金融机构及 15000 名专家学者的共同选择

六、客户评语

有效开展实证会计研究，离不开数据的支持，国泰安公司开发的数据库产品对国内院校顺利、有效地提高实证研究水平起到了积极的推动作用。

——孟焰　中央财经大学会计学院院长

证券市场的健康发展要实证研究,实证研究就离不开数据支持,愿国泰安与中国资本市场实证研究共同进步!

——陆正飞　北京大学光华管理学院副院长

国泰安作为一个数据公司,已经成为行业的领导者,并将继续为中国财经类数据库的发展设立更新、更好的标准。

——柴俊　香港城市大学经济金融教授

CSMAR 数据库查询实例

1. 实例

已有研究认为，负债融资不仅能为公司获得税收优惠（Modigliani & Miller，1963），同时，它还具有一定的治理效应，如减少经理的自利行为（Grossman & Hart，1982）、减少自由现金流（Jensen，1986）、充当信息角色和管教角色（Harris & Raviv，1990）等，从而缓解股东与经理之间的利益冲突。相关实证研究结果也表明，负债和企业价值之间存在显著的正相关关系（Denis & Denis，1993；McConnell & Servaes，1995）。

以此为例，下面介绍如何从 CSMAR 数据库提取所需的数据。

2. 操作

实例中涉及两个关键数据：负债和企业价值。负债常用资产负债率来代替，企业价值常用托宾 Q 值来代替。我们以获取资产负债率这一数据为例，演示操作过程。

登录数据库后，可以看到如下界面：

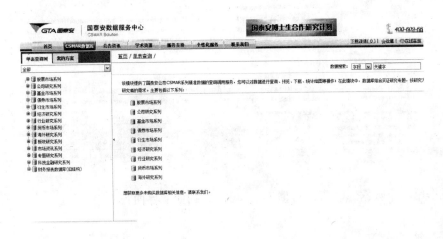

在实例中，需要资产负债率和托宾 Q 值这两个数据，资产负债率＝负债/总资产，显然这个数据涉及资产负债表。本例中假设所需的数据均来自上市公司。单击"公司研究系列"，可以看到如下界面：

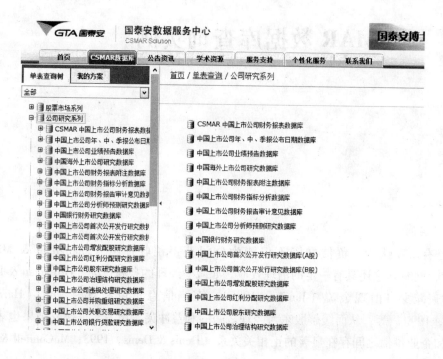

单击第一个子数据库"CSMAR 中国上市公司财务报表数据库"，可以看到如下界面：

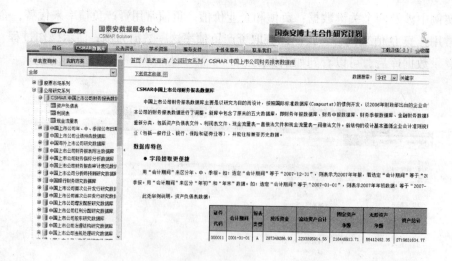

单击第一个数据库"资产负债表"，可以看到如下界面：

接下来，需要设定数据对的条件，包括股票代码、时间期限、字段选择。如果我们需要沪深 A 股的全部股票，可以单击【代码筛选】按钮，出现如下界面：

单击"组合选择"，勾选"上证 A 股"和"深证 A 股"，单击双向向右箭头，所需代码从备选代码区过渡到已选代码区，单击【确定】按钮，这时完成了对股票代码的筛选条件设置，可以看到如下界面：

在"时间设置"区域，点击下拉箭头，将时间期限设定为"开始时间 2007 年 01 月 01 日"，"结束时间 2012 年 12 月 31 日"。字段选择单击"全选"（读者可根据自己需要勾选部分字段）。在页面底端会看到如下界面：

单击"检索数据"，检索完毕后可以看到如下界面：

单击"下载数据"，这时开始下载数据。当数据下载完毕后，单击"下载详情"，可以看到如下界面：

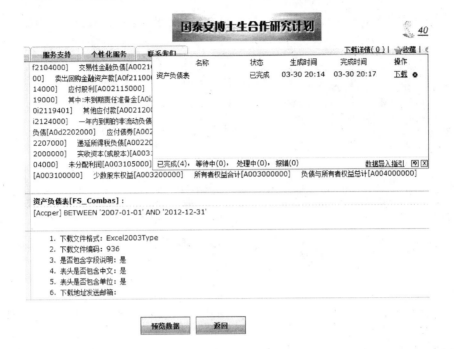

单击【下载】按钮，可以将数据存储到电脑指定位置。至此，完成了从 CSMAR 提取研究所需数据的操作。

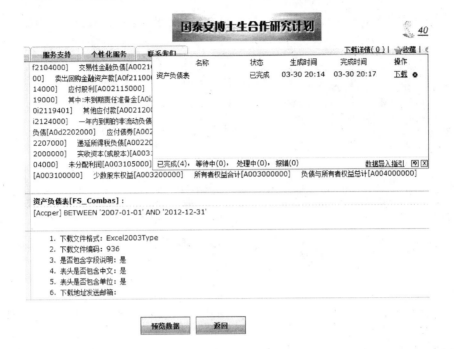

深圳市国泰安信息技术有限公司　深圳总部
地址：深圳市南山区南头关关口二路智恒战略新兴产业园30栋3楼
联系电话：400-609-6665　800-999-3099
电子邮箱：service@gtadata.com
公司网址：www.gtafe.com

上海分公司：
地址：上海浦东新区东方路877号嘉兴大厦805室
电话：021-51308935

北京分公司：
地址：北京市石景山区石景山路31号盛景国际广场C座15层
电话：010-57537018

香港分公司：
地址：香港上环德辅道中199号无限极广场2035室
电话：852-37963590

广州分公司：
地址：广州市海珠区新市头路北约新街3号5楼
电话：020-84179133

合肥分公司：
地址：合肥市经开区繁华大道九龙路决策大厦16层
电话：0551-63713006

桂林分公司：
地址：桂林市七星区朝阳路信息产业园创新大厦B-311室
电话：0773-2238786

南宁分公司：
地址：南宁市教育路5号环科院1栋10楼1002
电话：0771-5687381

成都分公司：
地址：四川省成都市青羊区东城根下街28号国信广场14层04室
电话：028-86677684

沈阳分公司：
地址：沈阳市沈河区沈州路99号太和大厦B座10楼
电话：024-24810832